CRIMINELLES

Pierre BELLEMARE
Jean-François NAHMIAS

CRIMINELLES

Le mal au féminin

EDITIONS DE NOYELLES

Correction : Emeline Guibert-Bénéteau
Mise en page : Olivier Frenot

Editions de Noyelles
123, boulevard de Grenelle, Paris
Edition exclusivement réservée aux adhérents du Club.
Réalisée avec l'autorisation des Editions First

ISBN : 978.2.298.12957.1
N° Editeur : 88534
Dépôt légal : Mai 2017
Imprimé en France par CPI (141089)

Sommaire

CRIMINELLES

MADAME BARBE-BLEUE

La vie est rude sur les côtes de Norvège, en cette seconde moitié du XIXe siècle. Les seules ressources sont la pêche à la belle saison, quand les fjords ne sont pas gelés, et une maigre agriculture vivrière. C'est là que naît, en 1859, la petite Brynhild Storset. Elle est la huitième enfant d'un couple de pauvres gens. Dans ces conditions, pas question de moisir au foyer familial : à 14 ans, Brynhild, qui a tout de même eu le temps d'apprendre à lire et à écrire, est placée comme ouvrière agricole et domestique chez des voisins plus fortunés… Dans cette grisaille, les seuls moments d'espoir sont les nouvelles venues des nombreux émigrés aux États-Unis. Notamment, la sœur de Brynhild, Nelly, qui est partie en 1874 et qui la presse de la rejoindre. C'est ce qu'elle fera en 1881. Pour elle, c'est alors la vie qui commencera et elle aura, dès ce moment, une obsession qui ne va pas la quitter : s'enrichir. Par tous les moyens !

Brynhild Storset s'installe à Chicago. C'est une ville champignon à la croissance fulgurante. Elle compte alors 600 000 habitants et ne cesse de s'agrandir. C'est aussi le lieu de prédilection des Norvégiens. Ils sont 35 000, formant ce qu'on appelle « la petite Norvège », le deuxième groupe démographique après Oslo. Nelly est du nombre et sa sœur s'installe près d'elle. Elle américanise son nom, changeant *Brynhild* en *Belle*, car, même si sa consonance est française, c'est un prénom fréquemment donné aux États-Unis à l'époque.

Elle vivote en faisant des ménages et, deux ans après son arrivée, elle épouse en 1883 un compatriote, Mads Sorensen, veilleur de nuit à la Chicago Railway. La photo de mariage, la première qu'on ait d'elle, ne manque pas d'intérêt. Le mari est du genre insignifiant : le visage rond, avec une calvitie précoce, une moustache blonde, l'air doux et calme. Belle a une tout autre personnalité : contrairement à la plupart de ses compatriotes, elle est brune ; elle est très grande, fortement charpentée, elle a l'air un peu masculin et le regard dur, mais elle possède en même temps un charme étrange, avec des lèvres étonnamment sensuelles.

Mads Sorensen a un peu d'argent et il met tout son avoir dans l'achat d'une confiserie. C'est d'ailleurs sans doute à cause de cela que Belle l'a épousé. Sa sœur Nelly dira plus tard : « L'argent la rendait folle. Lorsqu'elle s'intéressait à un homme, ce n'était jamais pour lui-même, mais pour l'argent qu'il pouvait apporter... » Les voilà donc commerçants, mais pas seulement. À travers eux, on découvre la vie étonnante des émigrés de fraîche date aux États-Unis.

Selon une pratique courante, ils adoptent un enfant. C'est, encore une fois, pour de l'argent. Les personnes qui ne peuvent pas élever le leur, qu'il s'agisse d'un veuf ou d'une jeune fille qui a fauté, le placent contre une somme relativement importante. La petite adoptée s'appelle Jenny Olsen, c'est la fille d'un Norvégien, ami de Mads, qui vient de perdre sa femme. Ce genre d'adoption reste informel, mais il a quasiment force de loi. À tel point que dix ans plus tard, quand le père de Jenny, qui s'était remarié, voudra la reprendre, il sera débouté par la justice…

Belle commence à avoir des enfants à elle, quatre en tout, dont deux décèdent en bas âge ; ce qui n'a rien d'étonnant, la mortalité infantile étant d'environ 20 %. Ce qui étonnera le lecteur, en revanche, peut-être même le choquera, c'est que les deux petits étaient assurés sur la vie. Mais il s'agit d'une pratique généralisée, en l'absence de toute couverture sociale. Dans le cas présent, la cause du décès est une « forte inflammation intestinale », ce qui correspond aux symptômes d'un empoisonnement, mais aussi à de nombreuses maladies infantiles. Quoi qu'il en soit, l'assurance paie.

Le fait d'avoir des enfants n'empêche pas le couple de continuer à en adopter. Belle pratique même la démarche à grande échelle, grâce à des annonces dans les journaux. Les nourrissons sont recueillis contre rémunération et systématiquement assurés sur la vie. Tous décèdent rapidement. On ne peut pas l'affirmer avec une absolue certitude, mais Belle a sans doute à ce moment-là commencé sa pratique meurtrière. C'était même une forme de criminalité courante dans les milieux populaires, on parlait alors d'un véritable « massacre des innocents ».

Si rien ne peut être prouvé s'agissant des enfants, l'escroquerie à l'assurance est confirmée concernant le magasin. En 1896, la confiserie brûle et il n'en reste que des cendres. Belle explique qu'une lampe à kérosène a explosé, mais on ne retrouve aucun débris. On se contente pourtant de ses déclarations et, avec l'argent, Mads Sorensen achète un nouveau magasin et une maison dans un quartier moins populaire. Le second magasin brûle deux ans plus tard, puis un troisième. À chaque fois, les assurances, décidément bien peu curieuses, paient sans sourciller... Tout cela était délictuel et sans doute criminel, mais le tournant va avoir lieu avec la mort du père de famille.

Le 30 juillet 1900, Mads Sorensen décède brusquement. Le médecin diagnostique une hémorragie cérébrale, mais pose tout de même quelques questions à la veuve. Belle explique que son mari s'est plaint d'un terrible mal de tête et qu'elle lui a donné de la quinine en poudre pour le soulager. Il a ensuite été se coucher. Lorsqu'elle est allée dans la chambre, elle l'a trouvé agonisant. Comme le docteur demande à voir le paquet de quinine, elle réplique qu'elle l'a jeté. Les questions s'arrêtent là et le praticien signe le permis d'inhumer.

S'il n'a pas montré, c'est le moins qu'on puisse dire, une curiosité excessive, ce n'est pas le cas du frère de Mads. Il trouve la chose suspecte, et il parcourt les 1 500 kilomètres qui les séparent, depuis l'État de Rhode Island où il habite. Une fois à Chicago, il demande une autopsie, mais en l'absence d'enquête officielle, elle est à sa charge et elle coûte 300 dollars, ce qui est largement au-dessus de ses moyens. Il renonce et rentre chez lui, persuadé quand même qu'il y a eu meurtre.

Il a certainement raison. Si personne n'a vu Belle assassiner son mari, il y a une quasi-preuve : il est mort le seul jour où il y avait deux assurances-vie sur sa personne. La première, de 2 000 dollars, arrivait à expiration ce 30 juillet et la seconde, de

3 000 dollars, commençait ce même 30 juillet. Les compagnies ne relèvent pas la coïncidence et elle empoche 5 000 dollars.

Avec cet argent, elle décide de s'installer à la campagne. Elle quitte Chicago, accompagnée de ses deux enfants et de Jenny, sa fille adoptive. Sans doute rassurée par la facilité avec laquelle elle a pu agir, elle va donner toute sa mesure. Jusqu'à présent, elle n'était qu'une meurtrière ordinaire, elle va maintenant entrer dans la très grande histoire du crime.

Elle s'installe dans une vaste ferme, à La Porte, dans l'État d'Indiana, à 80 kilomètres au sud-est de Chicago : 30 hectares consacrés à la culture et au bétail. En avril 1901, elle épouse un de ses compatriotes, Peter Gunness, qui a émigré à peu près en même temps qu'elle et qui est devenu veuf. Il est beaucoup plus jeune et doté d'un physique agréable. Tout comme son premier mari, il a un air de grande douceur et, tout comme lui, il est assuré sur la vie.

Mais leur union dure beaucoup moins longtemps. Au mois de décembre de la même année, Peter décède brutalement. Il se trouve dans la cuisine, quand il reçoit sur la tête une bassine de saumure tombée d'une étagère. Il est tué sur le coup... Cette fois, il y a une enquête, comme c'est la règle après une mort violente. Un policier vient à la ferme poser des questions sur cet accident assez étrange. Belle Gunness répond de manière confuse et hystérique. L'homme interroge aussi Jennie Olsen, âgée de 12 ans. Elle n'a pas du tout la même attitude que sa mère adoptive. Elle bafouille, elle se trouble, comme si elle savait quelque chose et ne pouvait ou ne voulait pas le dire, mais le policier n'insiste pas. De son côté, l'autopsie fait état d'une fracture du crâne, avec hémorragie interne, ce qui n'apprend rien de nouveau. Dans ces conditions, l'enquête est close et Belle peut toucher l'assurance de 3 500 dollars.

Elle est maintenant seule au domaine et elle y est parfaitement à l'aise. Elle a 45 ans. Elle ramasse les pommes, moissonne le blé, tue les porcs et fait des charcuteries. Elle s'habille en homme pour son travail, ses traits masculins s'accentuent. Elle a un fils posthume, Philip, dont elle accouche seule et elle est de retour aux champs deux jours plus tard.

Les années passent... Une semaine avant Noël, Jenny, dont les rapports avec Belle étaient moins bons depuis la mort de Peter Gunness, annonce qu'elle va aller à Los Angeles, dans une école de jeunes filles, pour apprendre les bonnes manières et l'art de tenir un foyer. Toutefois, elle part plus tôt que prévu et sans dire au revoir à personne, y compris aux deux jeunes gens qui la courtisaient. Belle Gunness leur déclare laconiquement :

– Elle a pensé que c'était mieux ainsi.

Les lettres qu'ils lui envoient leur reviennent. Mais comme Belle, de son côté, leur dit qu'elle lui donne régulièrement de ses nouvelles et que tout va bien, ils finissent par oublier l'événement.

À partir de ce moment, Belle Gunness change physiquement. Elle s'empâte et prend une carrure encore plus impressionnante. Elle fait maintenant 120 kg pour 1,75 m. Elle est d'une force peu commune pour une femme. À La Porte, où elle fait un peu peur, on parle d'elle comme d'un « Hercule femelle ». Certains, s'appuyant sur son accouchement qui a eu lieu en cachette, la soupçonnent même d'être un homme se faisant passer pour une femme.

Mais c'est évidemment faux : elle aime les hommes et, malgré son physique si particulier, elle leur plaît. Elle a toujours le charme étonnant qui était le sien du temps de son premier mariage. Peter Colson, qui a été son employé en 1903, puis son amant, dira plus tard : « J'aimais Mme Gunness en dépit de moi-même. Je ne le voulais pas, mais je n'y pouvais rien. Elle était caressante et ronronnait comme un chat, je ne pouvais lui résister… »

C'est à partir de cette même année 1903, que Belle Gunness va devenir une meurtrière en série et pas n'importe laquelle : un Landru féminin ! Vingt ans avant le véritable Landru, elle met au point un mode opératoire exactement semblable au sien : elle recrute des partenaires grâce à des petites annonces, elle les fait venir chez elle, les tue et les dépouille.

Le premier est contacté fin 1903. C'est un certain Olaf Linboe, 35 ans, tout juste débarqué de Norvège. Il arrive à La Porte et devient aussitôt son amant. Leurs relations sont à ce point officielles que les voisins les invitent ensemble comme un couple. Pourtant, il disparaît en juillet 1904, après, dit-elle, qu'elle lui eut refusé sa main. Elle ajoute qu'il est parti pour le Missouri. Comme c'est le moment des moissons, elle doit tout terminer elle-même et elle se dit furieuse contre lui.

Le second, Henry Gurholt, 40 ans, de Scandinavia, dans le Wisconsin, part le 12 mai 1905, « pour, dit-il à son frère, travailler à La Porte, au service d'une veuve ». Un peu plus tard, il écrit à ce dernier qu'il est devenu l'amant de sa patronne et qu'il mène une vie de rêve. Sa dernière lettre est du 4 juillet. Belle Gunness annonce aux voisins qu'il est parti faire équipage avec un vendeur de chevaux itinérant.

À partir de ce moment, les amants et les victimes se succèdent à un rythme accéléré. Pour la plupart, on ne sait qu'approximativement ce qui s'est passé, mais pour deux d'entre eux, on a pu tout reconstituer. Belle Gunness a passé une annonce dans le *Skandinaven*, un quotidien de Chicago destiné aux Nordiques :

> « *Une femme possédant une ferme, avec un très bon emplacement et un très bon état, recherche un homme bon et de confiance comme partenaire dans l'affaire. Une petite somme d'argent est nécessaire pour un placement en toute sécurité.* »

Andrew Helgelien y répond à l'été 1906. Elle a jeté ses lettres, mais il a gardé les siennes. On a aussi sa photo : un homme encore jeune, au visage un peu poupin, à la blondeur nordique. On comptera pas moins de 80 lettres de Belle. Elles sont écrites en norvégien, elle ne connaissait pas assez l'anglais pour l'utiliser. Elle parle fréquemment du pays, faisant vibrer cette corde sensible. « Je suis une vraie Norvégienne, avec des cheveux bruns et des yeux bleus. Je vous préparerai du bon café norvégien, des gaufres, je vous ferai un bon gâteau à la crème et bien d'autres petits plats. » Et elle n'oublie pas les choses de l'amour, dont elle parle à demi-mot : « J'ai toujours pris soin de ma féminité que Dieu a donné à la femme. »

Mais le plus souvent, elle donne des conseils pratiques : « Changez tout votre argent en billets de la plus grande valeur possible et cousez-les solidement à l'intérieur de vos vêtements. N'en parlez à personne, même pas à vos parents les plus proches… » Plus loin : « Venez seul. N'amenez personne ici, avant que nous ayons fait un peu connaissance. On se sentirait mal à l'aise au début, si nous avions des étrangers autour de nous. »

Andrew Helgelien arrive à La Porte le 2 janvier 1908. Le 14, ils vont à la banque sortir 1 500 dollars. Il dit à l'employé qu'il a été malade et que Belle s'est occupée de lui. On ne le reverra jamais. Son frère Asle s'inquiète et demande des nouvelles. Elle répond qu'il est parti pour New York, avec l'intention de rentrer en Norvège.

Ole Budsberg est un fermier du Kansas, lui aussi d'origine norvégienne. Il annonce à ses deux fils Mat et Oskar qu'il se rend à La Porte, dans l'Indiana, pour discuter de la gérance d'une ferme, appartenant à une veuve. Il revient, en disant qu'il a fait affaire. Il vend sa propre ferme et repart, avec un billet à ordre de 1 000 dollars, plus 800 en liquide. À partir de là, plus de nouvelles. Du moins, plus de nouvelles directes, car les enfants sont contactés par une banque de Chicago, pour obtenir le remboursement d'un emprunt de 1 000 dollars que leur père a contracté. Ils s'adressent à Belle Gunness, qui leur répond qu'Ole s'est fait voler les 2 000 dollars qu'il avait sur lui et qu'il est parti vers l'Ouest, pour se renflouer.

La série meurtrière continue ainsi pendant cinq ans, jusqu'à ce qu'un événement spectaculaire y mette un terme et révèle l'affaire au pays entier.

Le 27 avril 1908, Belle Gunness, ses trois enfants et le valet de ferme Joe Maxon se couchent, après avoir joué à des jeux de société. À l'aube du 28 avril, Joe Maxon, qui loge dans un appentis accolé à la ferme, est réveillé par l'odeur caractéristique du feu. Il se précipite : le logement est effectivement en flammes, mais elles sont trop fortes, il ne parvient pas à entrer.

Il appelle de toutes ses forces. Les voisins accourent. Le fils tente de défoncer la porte à coup de hache, en compagnie de Maxon, mais la fournaise les fait reculer. Il n'y a rien à faire.

Vers 5 h, les pompiers arrivent, avec le shérif. Le feu a diminué d'intensité et ils peuvent l'éteindre, mais il est trop tard. On retrouve, dans ce qui a été la cave, les corps de trois enfants et d'une femme sans tête. Mais étaient-ils bien dans la cave ou dans la chambre au-dessus, dont le plancher s'est effondré ? Une enquête est ordonnée. L'incendie est apparemment criminel et, bien que l'identité de la femme sans tête ne soit pas certaine, il s'agit sans doute de Belle Gunness.

Qui pouvait vouloir sa mort ? La réponse est probable : il s'agit d'un ancien valet de ferme, Ray Lamphere. Elle l'a congédié en février 1908 et elle a porté plainte depuis, auprès du shérif, disant qu'il rôdait autour de la maison. Le matin du 27, elle a été en pleurs chez son notaire pour faire son testament, de crainte que « ce Ray Lamphere ne fasse brûler la maison ».

Il est arrêté le jour même, tandis que le coroner ouvre une enquête sur la mort des trois enfants et d'une inconnue, car la femme ne peut pas encore être déclarée Belle Gunness. Pour expliquer sa mutilation, on imagine qu'une poutre lui a écrasé la tête et que le feu a consumé les restes… On est toujours en train de fouiller, lorsque, le 4 mai, le shérif reçoit la visite d'Asle Helgelien, qui a appris l'incendie dans les journaux et qui est venu chercher son frère Andrew. Le shérif s'en étonne.

– Qu'est-ce que votre frère a à voir avec cela ?

Asle Helgelien lui raconte toute l'affaire, lui dit qu'il n'a pas cru aux explications de Belle Gunness après sa disparition et conclut :

– Je suis sûr qu'il n'a pas quitté La Porte.

Il se met à fouiller avec les policiers et le résultat ne tarde pas : le lendemain matin, ils trouvent une tête, qu'Asle reconnaît immédiatement comme celle de son frère, puis un bras et les autres morceaux du corps, découpés avec une précision de chirurgien. Prévenu, le shérif arrive en toute hâte. C'est pour assister à une autre découverte. Un peu plus loin est enterré le squelette d'une jeune fille de 16 à 17 ans... Jennie Olsen n'est pas partie pour la Californie, sa mère adoptive l'a tuée avant, sans doute parce qu'elle avait surpris quelque chose à propos du meurtre de Peter Gunness et qu'elle ne voulait pas qu'elle parle.

À partir de là, les découvertes se succèdent à un rythme qui donne la nausée. Le lendemain, trois cadavres sont exhumés et il ne se passe plus un jour sans qu'on en retrouve un nouveau. C'était un véritable charnier qui se cachait autour de la ferme, le résultat des meurtres de Belle Gunness, une tueuse en série comme le pays n'en a jamais connu !

L'émotion est immense. « Madame Barbe-Bleue », comme chacun la surnomme spontanément, est devenue du jour au lendemain aussi célèbre que le président des États-Unis. À La Porte, c'est l'afflux des parents de disparus, qui ont souvent la tragique confirmation de leurs craintes. On retrouve soit un objet leur ayant appartenu, soit un reste permettant de les identifier. Ils étaient tous partis « épouser une riche veuve de l'Indiana », avec de l'argent plein leurs poches.

Les têtes montrent des blessures profondes et les estomacs de la drogue. Le mode opératoire était à chaque fois le même : Belle Gunness droguait ses victimes, avant de les achever avec une arme. Elle envoyait ses valets de ferme acheter du bétail au loin et, quand ils revenaient, l'homme qui partageait sa vie avait disparu. Le dépeçage devait avoir lieu dans la cave, le seul endroit où les enfants n'avaient pas le droit d'entrer, sous peine de subir les punitions les plus sévères...

La petite ville de La Porte se retrouve envahie par trois types de personnes : les journalistes, les familles des victimes ou les détectives qu'elles ont envoyés et les curieux, qui sont de loin les plus nombreux. C'est une véritable ruée, une cohue ! Le dimanche qui suit les premières exhumations, on ne compte pas moins de 15 000 personnes, les riches venant en voiture individuelle, les autres par le chemin de fer. Des trains supplémentaires doivent être affectés.

À leur arrivée, les uns et les autres sont accueillis par des buvettes, car ce mois de mai 1908 est particulièrement chaud et par des boutiques de souvenirs. Ces dernières proposent des cartes postales représentant la ferme incendiée, voire les cadavres. Ensuite, tout le monde se rend sur les lieux, par files entières. Le shérif et ses adjoints doivent interdire aux visiteurs d'emporter un objet, qui pourrait être un indice. Mais ils ne peuvent les empêcher de couvrir les décombres de graffitis, chacun voulant y laisser son nom. Un particulier achète 348 dollars le chien de Belle Gunness : c'est un forain, qui veut en faire une attraction à New York.

Et l'enquête dans tout cela ? Elle progresse dans certains domaines et n'avance pas dans d'autres. En ce qui concerne l'incendie, il n'y a aucun doute, il est criminel : il y avait une forte concentration de produits inflammables au même endroit. En ce qui concerne les victimes inhumées, les recherches sont arrêtées au bout d'un mois. On a pu reconstituer et identifier douze corps. Mais, à côté de cela, on a retrouvé une quantité de débris humains de petite taille et on peut penser que la veuve Gunness a donné d'autres restes à ses cochons. En tout, on estime qu'entre trente et quarante meurtres ont eu lieu à La Porte, ce qui fait de leur auteure une tueuse en série comme les États-Unis n'en ont jamais connue, sans parler des assassinats commis à Chicago, pour lesquels rien ne pourra jamais être prouvé.

Mais c'est justement le personnage principal de cette histoire qui pose un problème aux enquêteurs. Qui est la femme sans tête retrouvée dans les décombres ? Il y a des indices qui peuvent laisser croire que c'est bien elle. On a retrouvé une alliance portant la date de son mariage avec Peter Gunness, avec ses initiales, ainsi que plusieurs dents, que son dentiste affirme lui avoir appartenu. Dans ce cas, Belle Gunness se serait suicidée en compagnie de ses enfants. Les meurtres s'étaient accumulés et les soupçons aussi, elle devait se sentir traquée et elle aurait choisi de disparaître.

Les arguments allant dans le sens contraire sont pourtant les plus nombreux. D'abord, psychologiquement la thèse du suicide est peu vraisemblable : un être aussi froid et déterminé que Belle Gunness ne se serait pas laisser aller à une pareille faiblesse. Ensuite, la disparition de la tête est incompréhensible, il aurait dû en rester au moins des morceaux. Le poids de la victime n'est pas le bon non plus. La Norvégienne pesait environ 120 kg et le cadavre à peine 75 ; il mesurait environ 1,55 m, soit 20 cm de moins que Belle. La femme calcinée était moins athlétique, beaucoup moins large d'épaules, en particulier.

Tout indique donc une mise en scène pour disparaître, en faisant croire à un décès dans l'incendie. Les policiers calculent qu'elle avait gagné 30 000 dollars avec ses meurtres, or ils n'ont retrouvé que 720 dollars sur son compte. Cela signifie qu'elle a converti le reste en billets et qu'elle les a emportés. Un témoignage va dans le même sens. Il émane de John Anderson, un homme respecté à La Porte. Quarante-huit heures avant les faits, il a vu Belle Gunness discutant avec une femme assez corpulente, mais moins qu'elle, et elle l'a fait entrer dans la ferme.

Reste un point mystérieux: comment est-elle partie? Il ne manque aucun cheval, ni aucune carriole. Si elle s'en était allée à pied, elle n'aurait pas pu marcher assez vite jusqu'à la gare sans se faire repérer. Il fallait obligatoirement qu'elle ait un complice. C'est ce qu'affirme une lettre anonyme. Selon celle-ci, les complices étaient deux, l'un qui l'a conduite dans une petite ville proche, pour prendre le train; l'autre, Ray Lamphere, a mis le feu tôt le matin…

En attendant, l'absence d'identification de la femme sans tête bloque tout le processus judiciaire. Il faut se décider d'une manière ou d'une autre et c'est sans doute pourquoi le coroner déclare un peu brusquement Belle Gunness officiellement décédée dans l'incendie. Ray Lamphere est inculpé d'homicide. Le dernier acte peut avoir lieu.

Ray Lamphere risque la mort. Son procès, un des premiers procès médiatisés aux États-Unis, se déroule dans une salle de tribunal pleine à craquer. C'est l'occasion, pour le public de découvrir l'accusé, visiblement un simple d'esprit, qui semble bien plus proche d'un innocent manipulé que d'un assassin calculateur.

On apprend également son histoire. Il a été engagé comme valet de ferme, en 1907 et il est devenu assez rapidement l'amant de la patronne. Il était très épris de cette femme, de dix ans son aînée, et il a demandé à l'épouser. Elle a accepté, à condition qu'il prenne une assurance-vie, ce qu'il a négligé de faire mais qui lui a certainement sauvé la vie. Il s'est montré très jaloux de l'arrivée d'un « correspondant », venu à la suite d'une petite annonce. Belle Gunness lui a demandé d'aller dans son appentis et de ne plus en bouger. Comme il y mettait de la mauvaise volonté, elle l'a renvoyé purement et simplement peu après. Tels sont les faits. Pas un des habitants de La Porte ne croit à sa culpabilité et l'ensemble du public partage cet avis…

Ray Lamphere plaide non coupable. Son avocat commis d'office, Wirt Worden, plaide avec beaucoup d'assurance. S'il parvient à prouver que Belle Gunness est vivante, son client est sauvé. Il n'arrive pas à en apporter la preuve formelle, mais il réussit à mettre suffisamment de doute dans l'esprit des jurés. Les enfants peuvent avoir été empoisonnés avant d'être brûlés, la femme sans tête peut avoir été empoisonnée aussi. Il n'y a aucune certitude que les dents trouvées sont celles de Belle Gunness et son alliance, elle a pu la laisser exprès elle-même.

Le verdict est rendu le 26 novembre 1908 et il est largement favorable à la défense : Ray Lamphere est reconnu coupable d'incendie, mais pas de meurtre. Condamné à vingt ans de prison, il ne bénéficie guère de cette indulgence : il meurt un an seulement après, de tuberculose.

Quant au personnage principal, Belle Gunness, pendant des années, on la verra un peu partout aux États-Unis. Toutes les vérifications ne donneront rien, mais il est plus que probable qu'il s'agissait bel et bien d'une machination et qu'elle n'est pas morte dans la ferme de La Porte. Si tel est le cas, elle est l'un des rares meurtriers en série à avoir échappé à la justice.

LA PETITE BOULOTTE

22 février 1991, 8 h 00 du matin. Les infirmières du service pédiatrique de l'hôpital de Grantham, en Angleterre, voient arriver une jeune femme de 25 ans environ. Elle a les cheveux châtain foncé, elle est petite et boulotte. On ne peut pas dire qu'elle soit jolie, mais elle a un sourire éminemment sympathique.

– Vous désirez, Madame ? Pour les visites, c'est l'après-midi.

– Je ne viens pas voir un malade. J'ai appris que le service cherchait une infirmière.

– C'est exact. Si vous voulez bien attendre, le docteur ne va pas tarder.

La jeune femme acquiesce et les infirmières la laissent là. Elles retournent à leur travail, les nourrissons et les enfants dont elles s'occupent ont besoin d'elles. Elles ne pensent plus à l'arrivante qui va passer son entretien d'embauche. Et pourquoi y penseraient-elles ? Comment se douteraient-elles que c'est la mort qui vient de se présenter en personne au service pédiatrique de Grantham ?

Beverley Allitt, la jeune femme qui attend le médecin, vient tout juste de terminer ses études d'infirmière. Enfin, « terminer » n'est pas le mot exact : elle a échoué à son concours de sortie. Alors, elle a falsifié son diplôme, en espérant que cela ne se verrait pas.

Le plus étonnant, c'est qu'elle ne se trouve pas ici pour la première fois. Elle est déjà venue, mais en tant que malade, il y a bien longtemps, alors qu'elle était petite fille. Elle avait un problème de santé aussi inquiétant qu'incompréhensible. Elle présentait des estafilades sur le tronc et les membres, ainsi que des bleus sur les pieds et les mains. Elle a fini par admettre qu'elle s'infligeait elle-même ces sévices, à coups de couteau et de marteau, sans pouvoir dire pourquoi et les médecins n'ont pas trop su quoi faire devant cette situation.

Ils ont eu également beaucoup de mal face à ses autres symptômes, même s'il s'agissait là d'une maladie connue : la boulimie associée à l'anorexie. La jeune Beverley alternait les périodes d'obésité et de maigreur squelettique. Par moments, elle avalait d'énormes quantités de nourriture jusqu'à en avoir la nausée ; à d'autres, elle refusait de manger. Ce genre de comportement, qui reste mystérieux, est toujours difficile à soigner. Mais, avec le temps, tout s'est plus ou moins arrangé, les mauvais traitements contre elle-même ont cessé, seule la boulimie-anorexie a continué. Au moment où nous sommes, elle est dans une période intermédiaire, elle n'est ni obèse ni squelettique, elle est rondouillarde...

– Vous voulez bien me suivre, Mademoiselle ?

Le médecin, un homme entre deux âges, vient d'arriver. Il la conduit à pas pressés dans son bureau.

– Je n'ai pas beaucoup de temps à vous accorder. Nous sommes débordés, ici !

Il la fait asseoir et s'empare de ses papiers, auxquels il jette un regard rapide.

– Alors, vous voulez être des nôtres ?

– C'est mon plus cher désir !

– Dans ce cas, vous commencerez demain soir, à la garde de nuit. Il n'y a pas de temps à perdre.

Le médecin lui tend la main. Beverley Allitt met sa main potelée dans la sienne et lui adresse son plus charmant sourire. Il n'y a, effectivement, pas de temps à perdre et elle commencera demain soir !

Le 23 février 1991, 23 h. Il y a trois heures que Beverley Allitt a pris son service. Ses collègues lui ont souhaité la bienvenue et lui ont expliqué tout ce qui était indispensable à son travail : les enfants dont elle avait à s'occuper, les traitements qu'il fallait éventuellement leur donner, le réfrigérateur où se trouvaient les produits pharmaceutiques, etc.

Parmi les enfants relevant de sa garde, figure Liam Taylor, un nourrisson de 7 semaines, admis la veille en urgence pour une bronchite, une affection grave à son âge. Soigné énergiquement, il va aussi bien que possible. Il est sous respirateur artificiel et il dort paisiblement. Il devrait s'en sortir sans problème... Beverley Allitt a bien repéré l'endroit où se trouvait l'insuline dans le réfrigérateur. Elle s'approche avec une seringue et fait une piqûre dans le bras du bébé. Elle a procédé si doucement qu'il ne s'est pas réveillé. Maintenant, il faut attendre, non qu'il meure, elle risquerait sans quoi d'être accusée de négligence, mais qu'il soit dans un état trop grave pour être sauvé.

Dix minutes plus tard, elle donne l'alerte.

– Le petit Liam, venez vite !

Ses collègues se précipitent, on envoie chercher le docteur. Pendant près d'une heure, tous les moyens de réanimation sont employés, mais il n'y a rien à faire. Au petit matin, la mort de l'enfant est officiellement constatée. Le médecin conclut :

– Mort subite du nouveau-né. Je ne m'y attendais pas dans son cas...

Les parents sont prévenus. Ils arrivent, bouleversés. Beverley Allitt, qui a tenu à rester pour les attendre, leur adresse des mots de compassion.

– On a fait tout ce qu'on a pu, vraiment tout !

La mère se jette dans ses bras et elles s'étreignent longuement. De l'avis général, la nouvelle infirmière mérite tous les éloges.

En fait, l'araignée tueuse est au centre de sa toile et elle n'a plus qu'à choisir, parmi les petits innocents qui lui sont confiés, lequel sera sa prochaine victime... Le 5 mars 1991, Timothy Hardwick, 11 ans, est admis pour une crise d'épilepsie. Mais, dans les heures qui suivent, il devient tout bleu. Elle lui a fait une piqûre de sodium tout aussi indétectable sur la peau que celle d'insuline et, malgré les efforts du personnel, il meurt d'une crise cardiaque. Beverley Allitt semble particulièrement affectée.

– Deux morts en si peu de temps, c'est horrible !

Elle est si bouleversée que le médecin qui l'avait engagée lui propose de prendre quelques jours de repos. Mais elle refuse :

elle tient à rester avec les autres... Le 8 mars, la petite Kayley Desmond, 15 mois, est hospitalisée pour une infection pulmonaire sans grande gravité. Et, effectivement, l'enfant se rétablit presque immédiatement. Elle babille sur son lit, joue avec ses jouets. Mais la nuit, Beverley Allitt, qui est de garde, la trouve toute bleuie et alerte ses collègues. C'est une crise cardiaque. L'enfant est réanimée et, pour des raisons purement techniques, parce que tous les postes de réanimation sont occupés à Grantham, elle est transférée à l'hôpital de Nottingham. Là, elle est mise hors de danger, mais gardera des séquelles graves.

À Nottingham, il se produit un événement qu'on n'apprendra que plus tard. Une radio révèle une bulle, indice d'une injection d'air par voie intraveineuse. C'est, de toute évidence, la cause de l'arrêt cardiaque. Mais les médecins de Nottingham ne préviennent ni la police, ni les parents. Il semble qu'ils aient supposé une maladresse de leurs collègues de Grantham et n'aient pas voulu qu'ils soient inquiétés.

La série tragique continue... Deux jours seulement plus tard, Paul Crampton, 5 mois, fait un arrêt cardiaque alors qu'il était juste en observation à l'hôpital de Grantham. Il est ramené à la vie et, par chance pour lui, pour des raisons encore une fois purement techniques, il est transféré vers un autre hôpital où il guérit.

Le 5 avril 1991, la petite Becky Philips, 9 semaines, est prise de convulsions. L'équipe la sauve, elle peut même rentrer chez elle, mais prise de nouvelles convulsions, elle revient à l'hôpital où elle décède brutalement. Le médecin conclut, faute de mieux :

– Mort subite du nourrisson.

Les parents sont effondrés. Heureusement pour eux, il y a Beverley Allitt. Elle est là, avec sa silhouette boulotte, ses allures maladroites et touchantes. Elle les prend dans ses bras, elle leur dit des mots simples, mais si réconfortants. C'est à un tel point que M. et Mme Philips l'invitent chez eux... Becky avait une jumelle, Katy, qui, heureusement, est en pleine santé. Elle gazouille dans son berceau. Beverley Allitt ne tarit pas de compliments sur elle et les Philips, pour lui exprimer leur reconnaissance, lui demandent :

– Est-ce que vous voudriez être sa marraine ?

Beverley Allitt accepte de bon cœur, mais le mal dont souffrait sa jumelle affecte aussi Katy et elle est prise, à son tour, de convulsions. Elle est transportée à l'hôpital de Grantham où elle fait, elle aussi, un arrêt cardiaque. Elle est sauvée de justesse, mais restera handicapée à vie. Beverley Allitt, sa future marraine, exprime un chagrin qui va droit au cœur des parents. Beverley Allitt, qui a tenté de l'étouffer avec son oreiller !

À l'hôpital, tout le monde est bouleversé. Les tragiques événements sont au cœur des conversations. Mais on ne soupçonne aucunement une action criminelle : une malédiction s'est abattue sur le service de pédiatrie, il faut espérer que cela s'arrêtera là.

Cela ne s'arrête pas... Deux semaines plus tard, le 22 avril, Claire Peck, 15 mois cesse brusquement de respirer. Les médecins et les infirmières parviennent à la faire revenir à elle, mais elle retombe dans le coma, et après une heure et demie de combat acharné, ils ne peuvent que constater le décès. On prévient les parents. Beverley Allitt accourt à leur rencontre. La mère dira plus tard :

– Elle me regardait droit dans les yeux, avec un air d'absolue compassion. C'était tout juste si elle ne pleurait pas. Et c'était elle qui venait de la tuer ! J'en suis encore glacée d'horreur !

Beverley Allitt venait en effet de lui faire une injection mortelle de potassium... Mais, cette fois, c'en est trop ! La direction de l'hôpital regarde enfin les choses en face. On ne peut plus écarter l'hypothèse d'actes criminels commis par un membre du personnel. La police est prévenue.

Début mai, elle arrive en force dans l'hôpital de Grantham. Elle prend tout de suite les choses au sérieux et elle découvre qu'outre ces décès ou incidents graves, plusieurs événements du même genre, mais de moindre importance, ont eu lieu dans le service, de fin février à fin avril. Hung Chang, 2 ans, venu pour une fracture de la jambe, est tombé dans un état grave, dont il s'est sorti. Michael Davidson, 7 ans, hospitalisé pour un accident domestique, a été victime d'une crise cardiaque, heureusement sans suite. En outre, trois nourrissons – Christopher King, 9 mois, Christopher Peagood, 9 mois, et Patrick Ealstone, 7 semaines – ont eu des malaises incompréhensibles, qui ont nécessité l'intervention d'urgence du personnel.

Cette fois, il n'y a pas de doute : il y a un dangereux tueur dans le service pédiatrique de Grantham. D'autant que l'hôpital de Nottingham se manifeste et fait savoir que c'est l'injection d'une bulle d'air qui a causé la crise cardiaque de la petite Kayley Desmond.

Les plannings sont examinés et il apparaît que le seul membre du personnel qui était présent lors de chaque drame est Beverley Allitt. Elle est arrêtée et questionnée sans relâche. Elle nie farouchement, mais les investigations se poursuivent et de nouvelles charges s'accumulent contre elle.

– D'après l'autopsie, Liam Taylor, votre première victime, est mort d'une injection d'insuline. Or, la veille, quand on vous a montré le réfrigérateur aux médicaments, vous vous êtes particulièrement intéressée aux flacons d'insuline.

– Je me suis intéressée à tout, pas spécialement à l'insuline.

– Vous n'avez jamais été infirmière. Vous avez falsifié votre diplôme. Pourquoi ?

– Je voulais absolument soigner les gens.

– Nous avons retrouvé votre dossier au service pédiatrique de Grantham quand vous étiez enfant. Pourquoi y êtes-vous retournée ? Pour vous venger ou quelque chose comme cela ?

– C'est une coïncidence.

– Avouez !

– Jamais ! Ce n'est pas moi.

Si, c'est elle, ce ne peut être qu'elle. Beverley Allitt est inculpée de quatre meurtres et neuf tentatives de meurtre. Pour ces crimes, elle a utilisé ses propres mains, un oreiller, des piqûres d'insuline, de potassium ou d'air... L'Angleterre est sous le choc. C'est la première tueuse en série dans ses annales et ses victimes sont des nourrissons ou de jeunes enfants : c'est l'horreur absolue !

En prison, Beverley Allitt maigrit de plusieurs dizaines de kilos, devenue soudain anorexique. Mais ce jeu de montagnes russes avec les kilos est habituel chez elle et ne reflète pas d'angoisse particulière. Elle se comporte, au contraire, avec beaucoup de calme. Elle reçoit la visite de sa famille, elle écrit à ses amis. Elle parle de tout et de rien, de l'ambiance de la prison, d'une liaison homosexuelle avec une détenue. Elle réclame à ses parents des nouveaux vêtements « sympas ».

Le 15 février 1993, son procès s'ouvre devant le tribunal de Nottingham. Elle est très décontractée. Avant d'entrer, elle fume sur un banc. Après quoi, elle pénètre avec beaucoup d'assurance dans la salle. Elle est vêtue d'un jean et d'un chemisier à fleurs. Elle ne semble pas entendre les cris de fureur qui l'accueillent :

– Tu mérites d'être pendue, salope !

– Elle doit brûler en enfer !

Beverly Allitt prend place dans le box et plaide non-coupable des vingt-six chefs d'accusation... Le procès est très long. À mi-chemin, elle tombe même malade. Elle est transportée à l'hôpital psychiatrique de la prison, un endroit où les meubles sont en carton et où rien ne peut servir d'arme contre soi-même ou les autres. Elle n'a toujours pas le moindre sentiment de culpabilité. Elle écrit à ses amis qu'elle a « hâte de sortir d'ici pour retrouver [s]es copains. »

Elle ne parle jamais du procès, comme s'il ne la concernait pas. Et pourtant, c'est durant ces journées que se joue son sort. Bien qu'elle n'ait rien avoué, ses avocats ne cherchent pas à nier la réalité des meurtres, mais ils portent leurs efforts sur sa responsabilité. Beverley Allitt est déséquilibrée, c'est une évidence : une petite fille qui se taillade les bras et le tronc avec un couteau, qui se donne des coups de marteau sur les mains et les pieds n'est pas « normale ». Mais est-elle ou non responsable de ses actes ? C'est toute la question.

La défense insiste sur le fait qu'elle est revenue dans le service où elle avait été hospitalisée elle-même. Contrairement à ce que dit Beverley, ce ne peut être une coïncidence. De là, les avocats forgent l'hypothèse d'une forme très rare et même inédite du syndrome de Münchhausen, qui consiste à passer des mutilations sur soi à l'agression contre les autres. Dans les deux cas, il s'agirait d'actes échappant à tout contrôle du sujet.

Le syndrome de Münchhausen existe bien – et il en est question ailleurs dans cet ouvrage –, mais il ne se présente pas du tout de cette manière et le ministère public, comme les parties civiles, ne se privent pas de le dire. Les uns et les autres rappellent, au contraire, les déclarations des psychiatres, qui ont jugé l'accusée responsable. Si elle est retournée à Grantham, ce n'est pas poussée par une force irrésistible, c'est pour prendre une revanche. Avant, c'était elle la victime ; désormais, ce devait être les autres !

Le 28 mai 1993, c'est le verdict. Beverley Allitt est ramenée au tribunal, car la loi anglaise exige qu'elle soit présente pour entendre la sentence. Elle est reconnue coupable de toutes les charges et condamnée à treize peines de prison à vie... En droit français, le procès s'arrête là. Mais ce n'est pas le cas en Angleterre où le président peut prendre la parole pour conclure. Et il le fait de manière particulièrement incisive :

– Vous êtes hypocrite et manipulatrice ! Vous n'avez montré aucun remords pour l'horrible œuvre de destruction que vous laissez derrière vous. Vous venez d'être condamnée à vie pour les crimes les plus horribles qui soient au monde. Je demande que vous ne soyez pas libérée avant quarante ans.

Quarante ans, c'est tout de même beaucoup, c'est sans exemple, en tout cas, dans la jurisprudence britannique. En 2007, Beverley Allitt fait appel devant la Haute-Cour pour avoir une possibilité de libération. Le 6 décembre, la Haute-Cour décide qu'elle devra purger au moins trente ans de prison avant d'être libérable. Compte-tenu de la préventive qu'elle a effectuée, elle pourra demander une libération conditionnelle en 2022.

LA PLUS GRANDE CRIMINELLE

Comment devient-on la plus grande criminelle de l'histoire ? La première condition est la puissance. Il faut avoir suffisamment d'importance politique et de moyens financiers pour s'assurer l'impunité, acheter les consciences, et bénéficier de la complaisance des autorités.

Mais de nos jours, même la personne la plus riche, la plus influente politiquement, ne pourrait se dissimuler aux regards bien longtemps. À l'heure de la mondialisation, tout finit par se savoir et personne, aussi puissant soit-il, ne peut échapper à ses actes. C'est donc dans le passé et, si possible, dans une région reculée qu'une telle chose a pu se produire.

La comtesse Erzébeth Bathory répond à toutes ces conditions. Elle est née en 1560, dans les Carpates où se trouvait son château et où elle a vécu toute sa vie. Cette région montagneuse, partagée actuellement entre la Roumanie et la Slovaquie, est une des moins accueillantes d'Europe. Mais si le pays est encore rude aujourd'hui, au XVIe siècle, c'est autre chose ! Ce n'est même pas le Moyen Âge, c'est la préhistoire. Dans de rares villages, se serrent des cabanes de paysans et c'est tout. Au-delà, il n'y a rien ou, du moins, rien d'humain. C'est la forêt, avec ses hordes de loups, ses ours et, dans l'imagination des hommes, des êtres pires encore : des fantômes, des diables et des vampires. Car c'est là, dans ces brumes et dans ces glaces, que la légende a fait naître le comte Dracula.

Voilà pour le décor, quant à la puissance, celle d'Erzébeth Bathory dépasse tout ce qu'on peut imaginer. Les Bathory portent le plus grand nom d'Europe centrale. Les oncles d'Erzébeth sont roi de Pologne, roi de Transylvanie et palatin de Hongrie. Sa famille n'a de compte à rendre à personne, sauf à l'empereur Maximilien d'Autriche. La comtesse pouvait faire pratiquement tout ce qu'elle voulait et elle l'a fait ! Elle a sacrifié entre 600 et 700 jeunes filles à ses instincts pervers. De nos jours, certains historiens ont tendance à minimiser ces chiffres, mais cela ne change rien. Même si on retire une ou deux centaines à son bilan, Erzébeth Bathory reste bien la plus grande criminelle de tous les temps !

On ne sait pas grand-chose de l'enfance d'Erzébeth, sinon qu'elle est solitaire. Elle passe les premières années de sa vie à rêver dans son immense château. Mais elle ne rêve pas longtemps : elle est fiancée à 11 ans, avec Ferencz Nadasty, un noble hongrois d'un rang presque aussi élevé que le sien. Dès lors, elle vit avec sa future belle-mère qui lui apprend le latin dans les

Saintes Écritures et lui enseigne tout ce qu'il est convenable à une future épouse de la noblesse.

Mais il faut croire que ses leçons n'ont pas été entièrement retenues par la jeune fille, car, à 14 ans, elle tombe enceinte, d'un paysan ou d'un domestique selon les versions. Elle ne perd pas son sang-froid et demande à sa future belle-mère, la permission d'aller faire ses adieux à sa mère Anna, avant son mariage. La permission est accordée et, avec la complicité d'Anne Bathory, elle accouche d'une fille, qui est confiée à un couple de confiance.

La jeune Erzébeth, ayant sauvegardé sa réputation, peut donc convoler en justes noces. Elle a 15 ans, il en a 21 et ils sont aussi bien faits l'un que l'autre, quoiqu'ils soient, chacun à leur manière, d'une beauté un peu inquiétante. Ferencz Nadasty a été élevé en militaire et il en a la prestance : un corps puissant, une haute stature, un visage carré surmontant une imposante barbe noire. Mais il dégage une incontestable impression de brutalité, conforme à la réalité : il sera un soldat aussi courageux que cruel, ce qui lui vaudra le surnom de « héros noir de la Hongrie ».

Quant à Erzébeth, son corps est magnifique, son visage d'un ovale parfait, ses cheveux châtain foncé, aussi fournis que soyeux, mais ses yeux noirs en amande ont parfois des éclairs de dureté et sa bouche charnue a de temps à autre un sourire inquiétant. En outre, malgré son jeune âge, elle a nettement conscience de son rang : elle affiche en permanence un air rempli d'assurance, pour ne pas dire hautain.

Quoi qu'il en soit, leur mariage, célébré un beau jour de mai 1575, est si fastueux que tous les contemporains en restent éblouis. Les réjouissances, les festins, les danses au son des orchestres tziganes durent un mois. Toutes les cours d'Autriche, de Hongrie, de Pologne sont là. L'empereur Maximilien a offert des présents jamais vus : des vases, des coupes, de la vaisselle d'or.

Mais les fêtes terminées, le mari s'en va. Il part se battre contre les Turcs. Quant à Erzébeth, il la quitte sans grand regret et même avec un certain soulagement. Car, dès la nuit de noces et au cours des nuits qui ont suivi, Erzébeth s'est découverte, s'est révélée comme amoureuse. Elle s'est jetée sur son mari avec de tels élans, une telle ardeur, qu'il a fui. Ferencz, tout compte fait, a sans doute moins peur des ennemis que de sa nouvelle femme qui lui demande tout, qui a des exigences et des passions incompréhensibles pour lui.

Erzébeth reste donc seule dans le château, avec ses désirs et ses toilettes inutiles.

Elle écrit à son mari :

– Je veux vous voir, je m'ennuie. Emmenez-moi avec vous, allons à la cour à Vienne. Allons voir l'empereur. J'ai tellement envie de m'amuser !

Il lui répond :

– Ce n'est pas possible, je dois me battre contre les Turcs et vous, il faut que vous restiez au château, pour veiller sur ma mère, qui est malade.

La belle-mère d'Erzébeth ne tarde pas, en effet, à mourir. Ferencz Nadasty revient assister aux funérailles et, pour la première fois, les jeunes époux se disputent. Ferencz tente de nouveau d'expliquer à sa femme qu'il doit partir pour combattre le sultan. Erzébeth se révolte :

– On ne laisse pas une jeune femme seule dans un château, c'est dangereux. Et puis, je m'ennuie, je ne peux parler qu'à mes servantes. Restez, j'ai besoin de vous !

Et Ferencz, qui n'a qu'une idée, échapper à sa femme et retrouver ses Turcs, lui répond :

– Eh bien si vous vous ennuyez, prenez donc le nain Ficzko.

Ficzko est le bouffon du château. C'est un être de cauchemar, un nain difforme et cruel, que tout le monde méprise et qui se venge en faisant le plus de mal possible autour de lui. Mais il n'a jamais fait rire Erzébeth, qui, elle, l'a toujours considéré comme un être humain.

Quand il se présente devant elle, Erzébeth lui sourit. Ficzko n'en revient pas, c'est la première fois que quelqu'un lui sourit. Dès cet instant, il lui est dévoué jusqu'à la mort. Ce qu'Erzébeth ne sait pas encore, c'est qu'il va devenir son âme damnée.

C'est le lendemain qu'a lieu le premier meurtre d'Erzébeth Bathory. Est-ce vraiment un meurtre d'ailleurs ? Une punition plutôt. La comtesse n'a-t-elle pas le droit de vie et de mort sur tous ses sujets ?

Depuis longtemps son personnel la volait, Erzébeth n'y faisait pas attention. Et brusquement elle se décide à sévir. Mais de quelle manière !

Elle surprend une de ses servantes en train de lui dérober une pomme. Elle appelle Ficzko et lui ordonne de l'emmener dans la forêt, de la déshabiller, de l'attacher à un arbre, de l'enduire de miel et de la laisser là, exposée aux insectes et aux bêtes sauvages.

Quand Erzébeth repasse sur les lieux, le soir, avec son mari, celui-ci s'étonne de voir cette femme nue dont le corps n'est plus qu'une plaie dévorée par les insectes.

– Qui est-ce ? demande-t-il à Erzébeth.

– Oh, ce n'est rien ! Une servante qui m'avait volé une pomme.

– Mais vous ne croyez pas que la punition est un peu sévère ?

Erzébeth hausse les épaules et Ferencz n'insiste pas. D'ailleurs, il s'en moque ; ce que fait sa femme ne l'intéresse pas. Il va partir le lendemain pour la guerre.

Voilà, le premier pas est franchi... Maintenant, quand Ferencz Nadasty fait de brèves apparitions au château, entre deux campagnes contre les Turcs, il trouve Erzébeth changée. Elle semble absente, elle passe des journées entières avec le nain Ficzko. Mais ce qui compte pour lui, c'est que sa femme soit plus calme et qu'elle le laisse tranquille la nuit ; le reste, il ne veut pas le savoir.

Le reste, c'est qu'Erzébeth fait souffrir quotidiennement ses servantes. Elle ne s'est pas remise à tuer, ce ne sont que des jeux cruels. Par moments, elle a besoin d'avoir une victime. Elle appelle le nain, et malheur à la servante qui se trouve là !

Ainsi, cette domestique, chargée de la déshabiller, qui se montre maladroite et qui, en lui enlevant ses souliers, lui écorche la cheville. Erzébeth se met à hurler, la gifle à toute volée, lui déchirant la joue avec sa bague et elle appelle Ficzko. Celui-ci ne tarde pas à arriver.

– Que se passe-t-il, maîtresse ?

– Cette fille a fait exprès de me blesser à la cheville. Ne mérite-t-elle pas un châtiment ?

– Si maîtresse, et je sais lequel !

Le nain va chercher des cordes et lie les bras de la servante terrorisée, puis s'absente un long moment et revient avec un brasero sur lequel est posé un fer à repasser. Il s'empare de la fautive et la maintient solidement, tandis que la comtesse se saisit du fer et, insensible aux hurlements de la malheureuse, le lui applique sur la plante des pieds. Sa victime finit par s'évanouir, ce qui ne l'arrête nullement. Elle ne stoppera que lorsque les pieds ne seront plus que deux masses de chair racornie. À ce moment, elle a un sourire sauvage et s'écrie :

– Voilà ! Je lui ai fait des souliers neufs, avec de belles semelles rouges.

Les années passent. De 1585 à 1598, Erzébeth a trois enfants : deux filles d'abord, puis un garçon. Pour allaiter le garçon, Ficzko amène une nourrice. La femme est affreuse et trapue ; elle s'appelle Jo Ilona. Avec Ficzko et une seconde femme qui ne va pas tarder à se joindre à eux, une sorcière nommée Dorko, ils vont tous trois être les chiens de chasse fidèles et sanglants d'Erzébeth Bathory...

Les années passent encore, Ferencz vieillit et vieillit mal. Il reste maintenant la plupart du temps au château. Mais il ne faut pas croire qu'il s'occupe de sa femme. Au contraire, depuis qu'elle lui a donné un héritier, il considère que son rôle est terminé et que leurs relations n'ont plus de raison d'être.

Ce soldat usé prématurément se tourne vers la religion. Il devient dévot, il passe son temps en prière et à l'église. En décembre 1603, Ferencz Nadasty meurt. Et c'est, pour Erzébeth, la cassure.

Elle est maintenant définitivement seule et totalement livrée à elle-même. Elle se promène dans les immenses salles du château. Elle change jusqu'à quinze fois par jour de robe et de bijoux. Elle passe des heures devant son miroir et brusquement elle comprend ce qui la tourmentait mais qui lui avait échappé jusque-là : elle vieillit.

Bien sûr, à 43 ans elle est restée extraordinairement belle, elle est plus belle qu'à 20 ans, sans aucun doute. Tous les contemporains ont parlé de l'étrange, de la fascinante beauté d'Erzébeth Bathory à cet âge. Mais cela va-t-il durer ? Ces rides qu'elle surprend sur son visage et qui lui donnent pour l'instant un charme supplémentaire, elle sait bien ce qu'elles signifient. Ses servantes, elles, n'ont pas de rides, leur visage est sain et lisse. Et, peu à peu, une inquiétude va s'emparer d'Erzébeth et devenir une obsession : elle ne doit pas vieillir, il faut l'empêcher par tous les moyens !

Alors se produit un incident qui a des conséquences incalculables :

Erzébeth est à sa toilette et, comme l'une de ses servantes se montre maladroite, elle la gifle de toutes ses forces. Ce n'est pas la première fois. Elle a déjà fait bien pire, mais ce coup a été si violent que la joue s'est fendue et que ses doigts sont maculés de sang. Et il semble à Erzébeth qu'à l'endroit où s'est répandu le sang, sa peau est devenue plus douce, plus lisse, en un mot, plus jeune.

La sorcière Dorko trouve tout de suite l'explication :

– Bien sûr, c'est cela le secret. Pour rester jeune, il vous faudrait des bains de sang.

Alors, sur son ordre, les trois âmes damnées de la comtesse – Dorko, Jo Ilona et Ficzko – choisissent une victime parmi les servantes. Erzébeth plonge dans sa baignoire remplie de sang, elle s'en asperge tout entière et, quand elle sort, dit à Dorko :

– Regarde ma peau. J'ai 20 ans !

Dès lors, l'horreur entre dans le château d'Erzébeth Bathory. Elle n'en sortira plus... Pour ses bains de sang, il lui faut de plus en plus de victimes. Son trio maudit bat la campagne et ramène, tantôt en leur donnant de l'argent, tantôt par la force, des paysannes des environs. Erzébeth, bientôt, ne se contente plus de les faire égorger, saigner, écorcher par ses exécuteurs. Elle veut des supplices plus raffinés.

Jour après jour, son imagination perverse ne connaît plus de limites. Elle invente sans cesse de nouveaux raffinements sadiques. Ainsi, ce jour d'hiver où elle traverse la campagne enneigée, dans sa luxueuse calèche. Elle revient d'un village voisin. À ses côtés, se trouve une paysanne, que ses parents lui ont confiée pour qu'elle serve au château. Ficzko est là, lui aussi.

Soudain, prise d'une impulsion, Erzébeth prend la broche en rubis accrochée à sa poitrine et la frappe au poignet. Le sang gicle et, prise de terreur, la fille ouvre la portière et s'enfuit dans la neige. La comtesse fait arrêter la calèche ; elle hurle à Ficzko et au cocher de la rattraper... La fugitive est vite ramenée. Mais Erzébeth ne la fait pas remonter. Elle donne un ordre aux deux hommes :

– Déshabillez-la !

La paysanne est bientôt nue, la peau toute rouge et grelottante de froid. Au loin, on aperçoit un lac gelé. La comtesse ordonne d'y amener la prisonnière et de prendre, dans le coffre de la calèche, le seau qui sert à abreuver les chevaux. Malgré ses cris, elle y est conduite... Le nain a compris ce qu'il doit faire. Il brise la glace et rapporte un seau d'eau qu'il verse lentement sur le corps de la jeune fille. Au bout de trois seaux, elle est entièrement pétrifiée, une dernière giclée dans sa bouche fait taire ses cris.

Longtemps, Erzébeth Bathory, emmitouflée dans sa fourrure, tourne tout autour de cette statue de glace. Elle regarde disparaître la lueur de la vie dans son regard agrandi par l'horreur et, quand elle constate qu'elle est morte, elle lance :

– Jetez-la dans le lac !...

Il y a aussi cette chanteuse à la voix admirable qui connaissait tout le folklore des Carpates et qui gagnait sa vie en allant donner des récitals dans les châteaux et les riches demeures. La fatalité la conduit chez la comtesse. Contrairement à ce qu'on pourrait croire, Erzébeth ne lui fit aucun mal. Au contraire, elle la prend à son service. Sa voix est légère, mélodieuse, les airs qu'elle chante sont gais et ils ont un effet apaisant sur elle.

Malgré l'or dont la couvre la comtesse, la jeune femme finit par s'ennuyer dans ce château immense et, peut-être, en dépit des précautions de son hôtesse, surprend-elle des choses inquiétantes. Un jour, elle lui annonce qu'elle veut partir. Erzébeth Bathory argumente, propose de la payer davantage, mais rien n'y fait. Alors, elle cesse soudain de discuter. Elle lui dit, au contraire, avec son plus beau sourire :

– Je te comprends. Tu as besoin de changer d'air, de voir de nouveaux horizons. Chante-moi seulement une dernière chanson.

Heureuse de s'en tirer à si bon compte, la jeune fille s'exécute. Pendant ce temps, sur un signe de sa maîtresse, Ficzko s'est éclipsé. Lorsqu'il revient, Erzébeth se jette sur la chanteuse par surprise et l'immobilise, tandis que le nain lui enfonce dans la bouche jusqu'à la gorge le tisonnier rougi qu'il était allé chercher. Tandis que la malheureuse rend l'âme dans d'affreuses souffrances, la comtesse lui déclare, satisfaite :

– Tu ne voulais plus chanter pour moi : tu ne chanteras jamais plus !

Et ce repas de fête auquel elle a convié une douzaine de paysannes qu'elle a fait laver et habiller somptueusement... Les filles, surprises, éblouies, prennent place autour d'une longue table dressée, couverte de plats fins et de carafes de vin, illuminée par des chandeliers de rêve. À la fin du souper, sur ordre de la comtesse, on éteint les bougies. Il y a des bruits étouffés, de petits cris. Quand la lumière revient, du haut de son fauteuil, Erzébeth découvre, avec un sourire ravi, un spectacle d'épouvante : d'une main sûre, Ficzko, Dorko et Jo Ilona les ont toutes décapitées. Elle contemple longuement ce banquet de jeunes filles sans tête avant de se jeter, avec un cri sauvage, sur leur sang...

Elles seront, nous l'avons dit, des centaines, sans qu'on puisse avancer un chiffre précis, sacrifiées pour qu'Erzébeth Bathory conserve sa jeunesse et assouvisse ses instincts. Car, à ces bains de jouvence, la comtesse ajoute souvent des sévices sexuels. Ce qu'elle aime par-dessus tout, c'est violenter les jeunes filles au moment précis de leur mort. Erzébeth Bathory est une tueuse en série par perversité sexuelle, conduite rarissime, chez une femme !

Malgré les précautions prises par Erzébeth et ses complices, certaines personnes commencent à murmurer. Les familles des jeunes filles envoyées au château se demandent ce que deviennent leurs enfants. Même s'il s'agit de pauvres gens, les rumeurs sont si nombreuses qu'elles parviennent jusqu'à Vienne. Les autorités ecclésiastiques sont les premières à s'alarmer. Elles suspectent quelque chose relevant de la sorcellerie ou de l'hérésie et entreprennent une enquête discrète, qui s'avère positive.

Le roi Mathias II de Hongrie décide de prendre les choses en main. Il envoie sur place un cousin d'Erzébeth, le comte Thurzo. Celui-ci rencontre secrètement plusieurs personnes, dont le curé de la paroisse, Andras Berthoni, qui lui avoue que la comtesse lui a demandé une fois d'ensevelir neuf jeunes filles en pleine nuit. Avec d'autres témoignages de paysans qui parlent enfin, il peut faire un rapport au roi, qui décide l'arrestation d'Erzébeth.

Le 29 décembre 1610, à la tête d'une troupe et accompagné du curé, le comte Thurzo se présente au château et ce qu'il découvre dépasse ses pires appréhensions. Dans les pièces du château, il y a plusieurs jeunes filles couvertes de blessures, certaines mourantes. Dans une partie des caves transformées en prison, d'autres jeunes filles attendent leur sort derrière des barreaux et, dans une autre partie des caves, une cinquantaine de cercueils sont entassés à terre. Erzébeth ne cherche pas à nier, elle toise son cousin, avec l'air hautain, qui lui est coutumier :

– Et alors ? N'ai-je pas le droit de vie et de mort sur mes sujets ?

– À condition qu'elles aient fait quelque chose. Qu'ont-elles fait ?

Pour toute réponse, elle hausse les épaules…

Le roi Mathias est effaré par le rapport que lui fait son envoyé. Il est partisan d'un jugement immédiat qui enverrait Erzébeth au bourreau, mais le comte Thurzo a pitié de sa cousine et il sait trouver les mots pour lui venir en aide.

– Ses enfants et le nom des Bathory en seraient éclaboussés à jamais. Ce n'est pas parce qu'une branche est pourrie qu'il faut abattre tout l'arbre.

Mathias II de Hongrie en convient et seuls sont envoyés devant les juges, les trois complices de la comtesse : Fickzo, Dorko et Jo Ilona. Tous trois seront exécutés.

Mais le sort d'Erzébeth Bathory sera peut-être pire. Elle est condamnée à être enfermée à vie dans sa propre chambre. On mure les fenêtres en laissant une étroite ouverture en haut d'où tombe une toute petite lueur ; on mure les portes avec un trou assez large pour qu'un gardien puisse passer sa nourriture. Sur l'ordre des autorités impériales, on retire de la chambre le crucifix qui s'y trouvait…

Erzébeth Bathory a vécu trois ans et demi d'épouvantable solitude, dans ce lieu, selon l'expression qu'on a employée, « sans croix et sans lumière ». Elle s'est éteinte le 21 août 1614, à 54 ans, un âge relativement avancé à l'époque. Mais, légende ou vérité, les témoins ont tous dit qu'elle avait gardé une jeunesse remarquable, cette jeunesse qu'elle avait tant cherchée dans le crime et dans l'horreur.

LES FURIES

Dans la mythologie, les Furies étaient trois divinités : Alecto, Trisyphone et Mégère. Si les deux premières sont restées du domaine de l'érudition, la dernière est passée dans le langage commun et son nom dit bien ce qu'il veut dire.

Les Furies étaient chargées de traquer le crime. Elles inspiraient le remords et le désespoir au criminel, se déchaînant, s'acharnant contre lui, jusqu'à lui rendre la vie insupportable... Dans l'histoire qui nous occupe aussi, elles sont trois femmes, tout aussi acharnées et déchaînées que celles de la mythologie. La seule différence est que leur victime n'est pas un coupable, mais un innocent, le plus innocent de tous les êtres : un enfant.

La première de ces Furies a un début de vie terrible, qui l'assimile plus à une victime elle-même qu'à une puissance malfaisante... Patricia naît en 1975 de parents pour le moins peu ordinaires. Sa mère Dominique et son père Raymond sont frère et sœur ! Ils n'ont pas été élevés ensemble ; ils se sont connus à l'enterrement de leur père et ils ont eu le coup de foudre. Ils ont voulu se marier, mais la mairie a refusé. Alors, ils se sont mis en concubinage et c'est ainsi qu'ils ont eu Patricia.

Les sentiments qu'ils éprouvent l'un pour l'autre ne les rendent pas plus tendres avec leur fille. Dès son plus jeune âge, Patricia est violée par son père, tandis que les deux parents s'unissent pour la maltraiter. Elle est régulièrement battue, on l'oblige à s'agenouiller des heures dans la litière du chat...

Des voisins et l'assistance sociale interviennent. Le père, Raymond, est condamné, en 1989, à trois ans de réclusion, dont deux fermes, pour le viol de sa fille. À peine libéré, il récidive et il se voit infliger, cette fois, six ans de prison.

Il est donc derrière les barreaux; Patricia et sa mère sont seules au foyer, lorsqu'en 1992, la jeune fille, âgée de 17 ans, donne naissance à un petit Kevin. Elle l'a eu d'un garçon de passage, qui s'est enfui dès qu'il a appris qu'elle était enceinte. Patricia voulait recourir à l'IVG, mais, on ne sait trop pourquoi, sa mère l'a obligée à garder l'enfant et lui a imposé le prénom...

La famille est, bien entendu, surveillée par les services sociaux et il n'est pas étonnant que le juge décide, en août 1993, de retirer à sa mère le petit Kévin, alors âgé de 8 mois. Aucun mauvais traitement n'a été constaté, mais elle est visiblement incapable de s'en occuper.

C'est peu après que Patricia rencontre Simon Grenier, un forain de 36 ans, première éclaircie dans la vie bien sombre de la jeune femme. Ils se marient, s'installent à Longjumeau, dans l'Essonne et, en septembre 1995, Patricia va trouver le juge, pour tenter de récupérer son fils, qui a été placé dans une famille d'accueil.

Elle ne manque pas d'arguments : elle s'est mariée, elle a une vie stable, elle est de nouveau enceinte et Simon est disposé à reconnaître Kévin, qui a maintenant 3 ans. Le juge se laisse convaincre et lui rend l'enfant. La situation paraît s'arranger, mais une suite de circonstances va conduire au drame. Simon perd son travail. Le couple n'a plus assez d'argent pour payer le loyer de son appartement : il cumule rapidement plusieurs mois de retard. Simon et Patricia décident de déménager à la cloche de bois, éliminant ainsi toute trace derrière eux. Ainsi, un beau jour de 1996, ils se volatilisent dans la nature. Ils n'ont plus ni employeur ni domicile connu : les services sociaux perdent leur trace.

Ils vont se réfugier à Saint-Florentin, un petit village du Loiret, dans la ferme d'un oncle éloigné de Patricia. C'est là que va avoir lieu le drame. C'est là que deux femmes attendent Patricia, Joséphine et Madeleine Leblanc et que toutes les trois vont se transformer en Furies.

L'oncle en question s'appelle Sylvain Leblanc. Il vit coupé de tous, depuis qu'il s'est marié avec Joséphine, une sorte de dragon, qui insulte et terrorise tout le village.

Dans la ferme, qui a fait faillite comme exploitation et qui sert à faire vivoter la famille repliée sur elle-même, règne une atmosphère digne du Moyen Âge. Sylvain est le seul à travailler à l'extérieur, un emploi à mi-temps dans un hôpital psychiatrique. Le reste du temps, il s'occupe avec les autres des quelques vaches et des quelques cochons. Les habitants ne sont pas nombreux. Il y a Jenny, la petite sœur de Kévin, qui vient de naître. Il y a Raymond, le père doublement incestueux qui est sorti de prison et qui a voulu rejoindre sa fille. Celle-ci, d'ailleurs, malgré ce qui s'est passé, est restée très attachée à lui et l'accueille avec joie.

Enfin, il y a une des filles de Joséphine Leblanc, la seule à ne pas être encore mariée, Madeleine, une petite blonde de 22 ans, à la frimousse gentille, à qui on donnerait le Bon Dieu sans confession. Et pourtant, elle sera le dernier membre du sinistre trio, la dernière Furie !

Tout démarre brutalement, peu après l'arrivée de Patricia, de son mari et de ses deux enfants. Pour elle, les choses peuvent s'expliquer. À côté de Jenny, aimée parce que désirée et qui ne subira jamais le moindre mauvais traitement, Kévin, né dans des circonstances difficiles, va prendre le rôle de souffre-douleur. Mais pourquoi les deux autres, Joséphine Leblanc et sa fille Madeleine, décident-elles de le maltraiter, elles aussi ? Mystère.

Un autre mystère concerne l'attitude des hommes. Eux aussi sont trois, le père et le mari de Patricia, le mari de Joséphine. Lorsque commencent les sévices, ils refusent d'y participer, mais ne font rien ni pour les empêcher, ni pour les dénoncer. Ils s'en vont, ils ne veulent pas voir cela, et, quand ils reviennent, ils font semblant de ne pas remarquer les plaies et les bleus du gamin.

Toujours est-il que pour le petit Kévin, âgé de 4 ans, c'est le martyre qui commence... La nuit, parce qu'il « pisse au lit », il dort sur un matelas de mousse jeté en travers de la pièce ou parfois, « pour ne pas mouiller ses draps », dans le poulailler ou dans la porcherie, en compagnie de cochons plus gros que lui, qui pourraient très bien le dévorer.

Souvent, au cours de la nuit, l'une ou l'autre des trois femmes le réveille pour le battre. Au matin, « puni », Kévin assiste au petit-déjeuner des autres sans y participer. Il n'est d'ailleurs nourri que deux ou trois fois par semaine et n'a jamais de viande. Il est si affamé qu'il va voler en cachette les croquettes du chien…

Les hommes assistent au petit-déjeuner, mais après, ils s'en vont et leur départ sonne le début de la curée. Patricia, Joséphine et Madeleine rivalisent de violence contre Kévin. Il est battu à coups de casserole et de poêle à frire, piqué à coups de fourchette. On lui tape la tête contre les murs, on lui met la main sur la plaque chauffée de la cuisinière.

Outre les coups, il est l'objet de toutes sortes de traitements sadiques. Il est au piquet toute la journée, sans avoir le droit de bouger. On le frotte des minutes entières avec des orties. On lui fait boire du pastis pur pour s'amuser de son ivresse. On le menace de lui couper le zizi, parce qu'il a fait pipi au lit.

À cause de la terrible réputation de la famille, les visites sont rares à la ferme. Quand un visiteur se présente, on cache l'enfant. Mais un dimanche d'octobre 1996, il se produit un fait imprévu. Un menuisier qui avait fait des travaux dans la maison et qui n'avait pas été payé vient réclamer son dû à l'improviste. On n'a pas le temps de cacher le petit martyr.

Le menuisier avait entraperçu le gamin quand il était venu la première fois et il avait déjà eu une impression bizarre. Et là, il le découvre dans l'encoignure de la porte de la cuisine, la tête tournée contre le mur. Il remarque qu'il porte le même pyjama sale que lorsqu'il avait fait ses travaux, un mois plus tôt.

– Qu'est-ce qu'il fait là, cet enfant ?

Joséphine répond d'un ton bougon :

– Il est puni.

Et c'est alors que Kévin se retourne... Oh, pas longtemps, juste quelques instants, avant que la maîtresse des lieux ne lui intime l'ordre de se remettre face au mur. Mais c'est suffisant! Le menuisier a vu son visage tuméfié, boursouflé, sanguinolent... Il ne dit rien, pour ne pas donner l'alerte, mais dès qu'il est sorti de la ferme, il court trouver les gendarmes.

Ceux-ci arrivent peu après. Patricia s'est enfermée avec ses deux enfants dans la salle de bains et refuse d'ouvrir. Il faut défoncer la porte. Les gendarmes découvrent Kévin bleu de coups. Lorsque l'un d'eux le prend dans ses bras, il se rend compte qu'il est léger comme une plume. Kévin lui dit en pleurant:

– Emmène-moi!

À l'instruction, les faits ne sont pas difficiles à établir. Si la mère nie les sévices, Joséphine Leblanc et sa fille ne tardent pas à tout reconnaître. Madeleine avoue:

– Cela amusait tout le monde de le voir souffrir.

Joséphine reconnaît, de son côté:

– On s'est mis toutes à avoir envie de le tuer. Je pense qu'on avait envie de le tuer, sinon on n'aurait pas frappé aussi fort.

C'est parfaitement exact. Le martyr du petit Kévin a été relativement bref: pas plus de quelques mois. Mais il n'aurait guère pu durer plus longtemps. Les brutalités étaient si violentes qu'elles auraient entraîné sa mort à court terme. Le menuisier lui a certainement sauvé la vie. Pourtant, d'après les médecins qui l'ont examiné et soigné, il n'aura pas de séquelles physiques. Les séquelles psychologiques, c'est autre chose!

C'est de tout cela dont il va être question, au procès, qui s'ouvre, en 1999, devant les assises d'Orléans.

Trois des accusés sont poursuivis pour des faits criminels : « actes de barbarie et de torture commis de manière habituelle sur mineur de moins de 15 ans. » Ce sont Patricia Grenier et Madeleine Leblanc, 25 ans toutes les deux, et la mère de celle-ci, Joséphine Leblanc, 50 ans, une matrone visiblement peu commode. Trois autres membres de la famille – Simon, le mari de Patricia, Raymond, son père et Sylvain, l'époux de Joséphine Leblanc – sont poursuivis pour complicité.

Le président s'intéresse d'abord à la psychologie de Patricia. Comment a-t-elle pu faire et laisser faire des choses pareilles à son propre enfant ? Mais il est difficile d'en tirer grand-chose. Chaque fois qu'elle parle des sévices subis par Kévin, elle fait le parallèle avec son enfance. Elle répète ce qu'on sait déjà à propos de ce qu'elle a subi elle-même, tout en précisant qu'elle est restée très attachée à ses parents. Et il est exact que, placée à plusieurs reprises dans des foyers, elle a fugué pour venir les retrouver.

D'une manière générale, Patricia apparaît comme un être perturbé et d'une intelligence limitée. Elle a fait de très mauvaises études. Elle voulait être couturière, mais, dit-elle : « Ça n'a pas marché ». À 17 ans, elle est enceinte d'un certain Fabien, qui la quitte en l'apprenant. La suite, on la connaît, la suite, c'est Kévin !

C'est lors de la deuxième journée qu'on entre dans l'horreur. Il va y être question par le menu des tortures subies par l'enfant. Et d'abord, on peut voir les pièces à conviction. Les jurés se passent de main en main les ustensiles de cuisine saisis dans la ferme : trois casseroles en aluminium, une lourde poêle à frire et une passoire en plastique dur. À force d'avoir cogné sur le petit Kévin, les casseroles sont toutes cabossées. Et on apprend que chaque membre de la famille avait une prédilection pour tel ou tel objet de torture. Le président ordonne à Joséphine Leblanc de se lever :

– Alors, vous, vous utilisiez la petite casserole et la sauteuse. La mère de Kévin le frappait avec la poêle. C'est bien cela ?

Elle acquiesce, l'air buté.

Vient le tour de Madeleine Leblanc :

– Je me souviens juste de m'être servie de la grosse casserole verte.

Mais la mère de Kévin nie catégoriquement.

– Je n'ai jamais frappé mon fils avec les casseroles.

Le président n'admet évidement pas ce système de défense.

– Alors, pourquoi les autres vous mettent-elles en cause ?

– Je n'en sais rien, vous n'avez qu'à leur demander...

Le président le leur demande et ses compagnes de box parlent à sa place. Ce que dit en particulier Joséphine Leblanc est terrifiant :

– Elle a sauté à pieds joints sur le corps de Kévin plaqué au sol. C'est même en s'acharnant sur son fils qu'elle a fait sa troisième fausse couche. Un jour, elle lui a tapé la tête sur le carrelage, en lui tenant la tête par les oreilles. Le gamin était à moitié dans le cirage. Un autre jour, elle a menacé le petit : « Tu nous fais chier. Vivement qu'on t'enterre dans le jardin ! »

Et Joséphine Leblanc enchaîne :

– C'était devenu machinal. C'était à qui frapperait le plus fort. Ça nous défoulait et ça créait une bonne ambiance à la maison. On le battait et on l'insultait, ça faisait rire tout le monde.

Les femmes se sont tues… C'est maintenant au tour des hommes d'être interrogés. Visiblement beaucoup plus effacés que leurs compagnes, ils ont joué un rôle de second plan. Mais ils ont, en revanche, brillé par leur lâcheté. À la question :

– Pourquoi n'avez-vous rien dit ?

Simon Grenier, le père adoptif de Kévin, fait cette réponse :

– Parce que je n'étais pas chez moi…

À la même question, Raymond, le père de Patricia, avance, en guise de justification :

– J'avais fait de la prison. J'avais peur d'y retourner.

Enfin, Sylvain Leblanc, le mari de Joséphine, déclare de son côté :

– J'étais terrorisé par ma femme.

On en restera là sur ce point. Mais la suite des débats est presque aussi douloureuse. Le major de gendarmerie qui a délivré l'enfant vient relater à la barre les circonstances de l'intervention.

– Kévin avait les tempes gonflées, un gros coquard à l'œil droit et des déformations du crâne. Ses mains étaient glacées. Quand il nous a vus entrer, il s'est précipité vers nous. On a été surpris. C'est vrai, d'habitude, les enfants ont peur de l'uniforme. Kévin, lui, est resté dans nos jambes, pendant qu'on faisait le tour de la maison.

Et sa voix se charge d'émotion, quand il précise :

– Il m'a dit : « Emmène-moi, monsieur. Je veux aller avec toi... »

En illustration de ses propos, le président fait circuler les photos de Kévin prises par les gendarmes au moment de leur arrivée. Elles sont passées à Patricia comme aux autres. Elle leur jette un coup d'œil distrait, indifférent. Son avocat se croit obligé d'intervenir.

– J'ai déjà montré ces photos à ma cliente. Elle les connaît. C'est ce qui explique son manque de réaction.

Un grondement parcourt la salle et il s'apaise tout juste lorsque les psychiatres viennent à la barre pour décrire l'état de Kévin.

Après deux ans et demi passés dans une famille d'accueil, il est dans un état psychologique effrayant. Il frappe les enfants du couple chez qui il réside. Il fait des colères terribles pour un oui ou pour un non. Il est particulièrement violent contre le petit garçon de sa famille d'accueil qui a le même âge que lui. Il sait que sa famille est en prison, mais il ne fait pas le rapport avec ce qu'il a subi. Il a des angoisses de castration. Il fuit le dialogue avec tout le monde. Il ne verbalise pratiquement pas ce qu'il a vécu. Il déclare seulement, quand on l'interroge à ce sujet : « Ils étaient méchants avec moi, ils me donnaient des coups de martinet. »

Les psychologues donnent la raison de ce comportement en apparence aberrant : Kévin cherche à être maltraité, car, pour lui, c'est le rapport normal à autrui. S'il ne risque plus rien sur le plan physique, son avenir psychologique est très incertain. Et ils concluent qu'il leur semble essentiel qu'il assiste au moins à une partie des débats...

Sa venue a lieu lors de la troisième journée du procès, en milieu d'après-midi. Lorsqu'il est admis dans le tribunal, il se fait un impressionnant silence... Kévin est un blondinet de 7 ans, au regard vif. On le met au premier rang, sur les genoux d'une représentante de l'aide sociale à l'enfance. C'est le moment où les parties civiles vont prendre la parole. L'enfant, mal à l'aise, serre son nounours sur lui. La représentante lui parle à l'oreille :

– Tu vois, ce sont tes avocats qui te défendent. En face, il y a tes parents.

Il jette un regard à sa mère, qui s'effondre en larmes. Il voit la salle bondée et semble prendre peur. On le reconduit à l'extérieur. Il n'est pas resté cinq minutes et, une fois dehors, il fait savoir qu'il veut s'en aller.

Les éducateurs et pédopsychiatres sont d'ailleurs très partagés sur cette présence de l'enfant au tribunal. Beaucoup pensent que cela peut avoir un effet plus négatif que positif.

On en vient au réquisitoire. L'avocat général demande dix ans de prison minimum pour Patricia Grenier, en raison des circonstances atténuantes dues à son enfance, la même peine pour Madeleine Leblanc et douze à quinze ans pour Joséphine Leblanc, la plus coupable à ses yeux, enfin, des peines avec sursis pour les autres.

La quatrième et dernière journée s'ouvre avec les plaidoiries de la défense. Les avocats font de leur mieux, même s'ils n'ont assurément pas la tâche facile et, à 15 h 40, le jury se retire pour délibérer. Sa délibération doit être animée, car c'est seulement à 22 h qu'il fait son retour dans la salle d'audience. Le président énonce les peines. Elles dépassent les réquisitions du procureur : quinze ans pour Patricia Grenier, quinze ans pour Joséphine

Leblanc, douze ans pour Madeleine Leblanc, les hommes se voient infliger entre huit et deux ans de prison.

Le verdict le plus remarqué est évidemment celui qui concerne Patricia. Le procureur lui avait accordé des circonstances atténuantes en raison de son enfance et l'expert psychiatrique avait reconnu l'existence d'un « trouble psychique ayant altéré son discernement au moment des faits ». Les jurés, eux, n'ont retenu que le martyre de Kévin et ils ont jugé que sa mère n'avait aucune excuse.

LE CHAPELET D'IRINA

Le lieutenant Gregor Orlov, de la police du tzar, fait la grimace : bien qu'on soit en octobre, on se croirait en hiver ! Il neige, ce qui même en Russie n'est pas courant à cette époque de l'année. Prenant sur lui, Gregor Orlov avance, face aux bourrasques, dans les allées du pensionnat de jeunes filles de Smolsky, près de Moscou, où l'envoie son enquête.

Elle ne ressemble pas à ses tâches précédentes. Nous sommes en 1905 et la Russie vient d'être le théâtre d'une révolution. Elle a échoué et le lieutenant, comme presque tous ses collègues, a été affecté à la chasse aux opposants politiques. Le calme étant à peu près revenu, il vient de recevoir sa première mission policière classique, une disparition d'adolescente.

Le concierge le guide jusqu'à un bâtiment, et frappe au bureau de la directrice, Mme Galianova... Dans la pièce, le poêle marche à fond et il règne une douce chaleur. Le lieutenant claque des talons et s'incline de manière un peu raide.

– Je vous remercie de me recevoir, Madame.

Mme Galianova est âgée et sans doute malade. Elle est assise dans un grand fauteuil, la tête soutenue par des coussins et une couverture sur les genoux.

– Qu'est-ce qui vous amène, officier ?

– Il s'agit d'une de vos pensionnaires, Madame, la jeune Tatiana Païva. Avez-vous des nouvelles ?

La vieille directrice n'a pas l'air de s'intéresser beaucoup à cette question.

– Je ne vois pas pourquoi vous me demandez cela.

– Mais, Madame, personne ne l'a vue depuis une semaine. Vous ne le saviez pas ?

Mme Galianova secoue la tête :

– Non. Je ne sais même pas le nom de mes élèves. Depuis quatre ans, c'est Irina Zinovia qui s'occupe de tout au pensionnat. Allez la voir. Elle doit être en ce moment dans sa chambre. C'est une jeune fille remarquable.

Après avoir de nouveau affronté les frimas, le lieutenant Orlov frappe à la porte d'Irina Zinovia. Il a un mouvement d'étonnement en découvrant le décor. La chambre, une pièce assez vaste, ressemble à une chapelle : des icônes sont accrochées un peu partout sur les murs. Sur une petite commode, des cierges et un crucifix forment une sorte d'autel.

Irina Zinovia vient à la rencontre de son visiteur. Elle est encore jeune, elle doit avoir 35 ans à peu près, mais il y a en elle on ne sait quoi de froid, de desséché, autrement dit de vieux.

Elle est habillée d'une robe noire. À sa ceinture est accroché un chapelet, mais pas un chapelet ordinaire, un chapelet très long comme celui de certaines religieuses.

Le lieutenant Orlov répète sa question à propos de Tatiana Païva et, cette fois, il obtient une réponse.

– C'est exact, elle a quitté le pensionnat il y a huit jours. Je pensais qu'elle était retournée chez ses parents.

– Non. Ils ne l'ont pas vue. C'est à leur demande que nous faisons cette démarche.

Irina Zinovia marque un temps de réflexion et reprend :

– Dans le fond, cette nouvelle ne m'étonne pas. C'est une jeune fille qui est en train de mal tourner. Le diable rôde autour d'elle ! Elle est coquette à 16 ans, vous vous rendez compte ?

– Alors, selon vous, il s'agirait d'une fugue amoureuse ?

Le mot provoque une grimace sur le visage ingrat d'Irina Zinovia.

– Si vous voulez... Je pense qu'elle ne tardera pas à revenir ici. Mais elle sera renvoyée sur-le-champ.

Dès que le policier est parti, Irina Zinovia allume les cierges de son petit autel. Elle sort de sa poche une lettre toute froissée et s'adresse à l'icône qui lui fait face :

– Une lettre d'homme ! Elle l'avait sur elle ! Une lettre remplie de... toutes ces horreurs !

Irina Zinovia approche les feuillets chiffonnés d'un des cierges et les regarde brûler. Elle sourit et murmure :

– Tatiana ne recevra plus jamais de lettre !

Puis elle se saisit de son chapelet et l'égrène, en remuant les lèvres en silence.

L'enquête du lieutenant Orlov sur la disparition de Tatiana Païva s'achève sur un point d'interrogation et la vie reprend comme auparavant au pensionnat de Smolsky.

Irina Zinovia continue à surveiller les pensionnaires, à inspecter les dortoirs et à faire régner la discipline. Elle surgit silencieuse, dans sa robe noire, au moment où l'on ne s'y attend pas. Et gare à l'élève prise en faute ! Elle épie même les professeurs et prend connaissance de leur courrier, qu'elle recachette soigneusement après lecture.

Ce n'est que le soir, après une journée bien remplie, qu'elle s'accorde quelque détente au milieu de ses icônes. Et, son chapelet en mains, elle se laisse parfois aller à évoquer son passé...

Elle est issue d'une famille de la petite noblesse. Malheureusement, ses parents sont morts quand elle était très jeune. Une tante, la seule parente qui lui restait, l'a recueillie par devoir. Une femme acariâtre, autoritaire et injuste. Irina l'a supportée avec patience, d'abord parce qu'elle était d'une nature soumise, et puis parce que, sans se l'avouer vraiment, elle pensait à l'héritage. La tante était riche, Irina était sa seule héritière. Alors, bientôt, elle aurait sa revanche, la vie commencerait pour elle.

La tante est morte alors qu'Irina avait 18 ans, mais en léguant toute sa fortune aux bonnes œuvres.

Irina Zinovia a dû chercher un emploi pour vivre. Elle a fini par trouver une place de dame de compagnie chez la veuve d'un général. Dès ce moment, elle s'est tournée vers la religion.

Elle passait de longues heures dans sa chambre au milieu de ses icônes et elle a fait l'acquisition de son grand chapelet.

La suite, Irina l'évoque toujours avec un sentiment de rage et de honte. La veuve du général est morte quatorze ans après son arrivée, elle-même en avait alors 32, un âge où, après tout, la vie peut prendre un départ tardif... Elle a couru, le cœur battant, chez le notaire. L'homme de loi a lu sèchement les dispositions testamentaires.

– D'après son dernier testament, Madame la Générale vous lègue sa garde-robe et mille roubles.

À cet instant, Irina Zinovia a touché le fond. Mille roubles : une somme dérisoire, un pourboire, une aumône ! Quant à ses robes : des robes de deuil, laides et prétentieuses...

C'est le même problème que quatorze ans auparavant qui a recommencé pour Irina. Cette fois, elle s'est présentée au pensionnat de Smolsky pour être dame de compagnie de la directrice, Mme Galianova.

Au cours de l'entretien, la vieille dame lui a demandé :

– Pourriez-vous m'aider pour certains petits problèmes, la discipline, par exemple ? Vous savez, je suis seule et âgée. C'est une personne comme vous qu'il me faudrait.

Irina Zinovia a eu du mal à garder son sérieux devant la proposition de Mme Galianova... L'aider à s'occuper du pensionnat, et pour la discipline encore ! Comme si elle en était capable, elle qui était dépourvue de la moindre autorité, qui était tout juste bonne à faire la lecture aux vieilles dames et à écouter leurs radotages !

C'est le lendemain que s'est produit l'événement. En passant dans le parc, Irina a surpris une pensionnaire en train de contempler un petit portrait d'homme. Prise d'une impulsion qu'elle n'a pu contrôler, elle s'est précipitée sur la jeune fille, lui a arraché l'image des mains et l'a jetée au loin.

Irina Zinovia n'était pas encore revenue de son incroyable audace lorsqu'elle a vu le regard des autres pensionnaires. Ils n'exprimaient pas l'indignation ou la colère, mais la peur... C'était la révélation. Elle était capable d'inspirer la peur, elle, l'insignifiante, la délaissée. La peur, c'est-à-dire le respect. À présent, elle tenait sa revanche. Sa vie allait pouvoir commencer !

La vie reprend comme avant au pensionnat, après la disparition de Tatiana Païva. Toute l'année 1905 s'écoule sans qu'Irina n'entende parler d'elle. L'année 1906 passe à son tour, et c'est au mois de mai 1907 que survient un événement imprévu dans le programme parfaitement organisé d'Irina Zinovia.

Sofia Dolgareva vient passer quelques semaines au pensionnat. Sofia Dolgreva est la sœur de la directrice. Elle rentre d'un long voyage à travers l'Europe. Elle ne ressemble pas à sa sœur. Elle est plus jeune, d'abord, et puis elle a une tout autre personnalité.

Irina Zinovia s'en aperçoit immédiatement. Dès le premier contact, le courant ne passe pas entre elles. Sofia Dolgareva ne s'embarrasse pas pour faire part de ses sentiments à la jeune femme. Leur dialogue est animé :

– Ma sœur m'a beaucoup parlé de vous. Beaucoup trop, je trouve. Ma sœur a toujours eu tendance à faire confiance aux gens.

– Madame Galianova connaît son intérêt. Sans moi, il n'y aurait plus de pensionnat. C'est moi qui fais tout marcher ici.

– C'est justement ce qui me déplaît ! Vous avez été engagée comme dame de compagnie et non comme directrice. Vous n'êtes qu'une domestique. D'ailleurs, je vais en parler à ma sœur...

Pour la première fois depuis qu'elle est entrée au pensionnat, Irina sent planer un danger. Ce n'est pas possible ! Elle ne va pas se retrouver une nouvelle fois chassée, sans rien, humiliée, avec l'obligation de chercher une nouvelle place. Elle ne va pas redevenir l'Irina Zinovia d'avant... Plus maintenant !

Dès qu'elle le peut, elle court trouver madame Galianova. La vieille dame semble très contrariée. Sa sœur lui a déjà parlé.

– Sofia m'a dit des choses très injustes. Je lui ai dit, moi, que je vous faisais toute confiance. Elle m'a à peine écoutée. Elle m'a au contraire posé des questions.

Le visage fermé d'Irina Zinovia ne trahit aucune émotion.

– Quel genre de questions ?

– Je ne sais plus, moi... Ah si ! Il s'agissait de cette Tatiana je ne sais quoi... Enfin, vous savez, cette pensionnaire qui a fait une fugue il y a deux ans. Je lui en avais parlé dans une de mes lettres. Mais j'avoue que cette histoire m'était totalement sortie de l'esprit.

Irina Zinovia se contente de hausser les épaules sans faire de commentaire. Mais si la vieille directrice n'était pas devenue presque aveugle avec l'âge, elle l'aurait vue devenir toute pâle.

Le lendemain, comme tous les matins, Irina vient trouver madame Galianova pour lui faire son rapport. Après avoir parlé de choses et d'autres, elle lance d'une voix indifférente :

– Au fait, votre sœur est partie tout à l'heure. Elle m'a chargée de vous le dire. Elle s'en va à l'étranger, je crois...

– Comment ? Mais elle ne m'a même pas dit au revoir !

– Je pense qu'elle était fâchée, Madame. Elle n'a pas admis que vous ne soyez pas d'accord à mon sujet.

Madame Galianova n'insiste pas. Elle se borne à répondre :

– Sofia a toujours eu mauvais caractère.

Et le temps passe. Décidément, Sofia doit être très fâchée, car madame Galianova ne reçoit aucune nouvelle d'elle...

Enfin, aucune nouvelle pendant quatre mois, car le 6 octobre 1907, le lieutenant Gregor Orlov, celui-là même qui était venu pour la disparition de Tatiana, est de retour au pensionnat. Cette fois, il n'est pas seul. Une jeune fille de 16 ans l'accompagne : Alexandra Volodina, une élève de l'établissement.

Madame Galianova voit avec déplaisir le policier revenir chez elle. Elle demande de mauvaise grâce :

– Que se passe-t-il, officier ? Vous avez quelque chose à m'apprendre au sujet de Tatiana ?

– Non, Madame. Et je crois malheureusement que, quand nous aurons de ses nouvelles, elles ne seront pas bonnes.

Le policier se tourne vers la jeune fille.

– Alexandra, veux-tu répéter devant Madame ce que tu m'as dit tout à l'heure ?

La pensionnaire semble terrorisée. Elle regarde derrière elle, comme pour s'assurer qu'il n'y a personne d'autre dans la pièce, et elle commence un incroyable récit.

– C'était ce matin, dans le dortoir... Madame Zinovia m'a surprise alors que j'étais en train de lire une lettre. C'était la lettre d'un jeune homme. Madame Zinovia me l'a arrachée des mains, l'a lue. Je m'attendais à ce qu'elle me donne des coups, comme elle fait souvent. Mais elle ne s'est pas fâchée. Elle m'a dit de la suivre. Nous sommes allées dans sa chambre. Là, elle m'a demandé de m'agenouiller devant une icône et de prier pour demander pardon de ma mauvaise conduite. J'ai obéi. J'étais trop contente de m'en tirer comme cela. Et alors...

Alexandra Volodina s'est mise à trembler de tous ses membres. Elle ne peut pas continuer. C'est le policier qui poursuit à sa place. Il montre des marques rouges, qui ressemblent à des grains, sur le cou de la jeune fille.

– Alors, Irina Zinovia s'est jetée sur elle et a tenté de l'étrangler avec son chapelet. Vous avez bien entendu : avec son chapelet !

– C'était terrible ! C'était comme une chaîne qui me sciait le cou. Heureusement, j'ai pu me dégager.

– Alexandra m'a expliqué qu'elle avait fait de la gymnastique. Elle est vigoureuse. C'est à cela qu'elle doit la vie.

Le lieutenant Orlov marque un temps.

– Ce qui n'était malheureusement pas le cas de Tatiana Païva, ni de votre sœur Sofia...

– Vous perdez la raison, officier ! Cette fille ment !

La vieille dame se tait... Irina Zinovia vient d'entrer. Elle a entendu les dernières paroles. Elle lance d'une voix méprisante :

– Tout cela est absurde !

Le lieutenant de police ne s'émeut pas.

– Eh bien, nous allons voir... Nous allons fouiller l'établissement.

La fouille prend toute la journée. Ce n'est qu'à la tombée de la nuit que les policiers explorent les caves du pensionnat et découvrent, roulés dans des couvertures, enterrés et cachés derrière un tas de caisses, les cadavres de Tatiana Païva et de Sofia Dolgareva. Malgré l'état de décomposition des corps, il est visible qu'elles ont été étranglées toutes les deux.

Gregor Orlov remonte chez Irina Zinovia qui, pendant toute la perquisition, s'était réfugiée dans sa chambre. Il la trouve agenouillée devant son autel. Il annonce :

– Nous avons retrouvé vos deux victimes.

Celle qui faisait fonction de directrice du collège de Smolsky le toise de son visage ingrat :

– Je ne sais pas ce que vous voulez dire. Mais je suppose que vous avez l'intention de m'arrêter. J'aimerais vous demander la permission d'emporter mon chapelet en prison. Il compte beaucoup pour moi.

– Certainement pas. C'est l'arme du crime. Il est à la disposition de la justice.

– Pourrais-je en avoir un autre, alors ?

– Nous verrons.

LE CHAPELET D'IRINA

Irina Zinovia n'a rien avoué devant le juge d'instruction. À son procès, elle a donné l'image d'une femme froide, mais inflexible sur la morale et les principes. Pendant tous les débats, elle n'a cessé d'égrener le nouveau chapelet qu'on lui avait permis de se procurer.

C'est sans doute sa personnalité qui a influencé le tribunal au moment du verdict. Il n'a pas osé la condamner à mort : Irina Zinovia s'est vu infliger quinze ans de travaux forcés.

Mais quinze ans, c'était sans doute trop pour elle, qui avait vieilli avant l'âge. Elle a été retrouvée sous les barreaux de sa cellule, le lendemain du procès. Elle s'était pendue avec son chapelet.

LA VOLEUSE DE TÊTES

L'année 1684, quarante et unième du règne de Louis XIV, vient juste de commencer. Nicolas Leblond est installé, avec quatre camarades étudiants, au Chien debout, un estaminet du quartier des Halles, à Paris. Il termine son pichet et le repose devant lui.

– Mes amis, je vais devoir vous quitter !

Autour de lui, les rires fusent.

– Encore une histoire de dame !

Il faut dire que Nicolas Leblond est un beau garçon comme on en voit rarement : 20 ans, grand, bien bâti, avec un sourire et des yeux enjôleurs. En outre, comme s'il voulait faire honneur à son nom, il arbore une chevelure blonde magnifique, à la fois soyeuse et bouclée. Ses conquêtes amoureuses ne se comptent plus, depuis qu'il a quitté sa province pour venir étudier à la Sorbonne… Il a un hochement de tête :

– Oui, une dame, mais celle-là n'est pas comme les autres.

– Qu'est-ce qu'elle a de particulier ?

– Je ne peux pas le dire, c'est un secret.

Après s'être fait un peu prier, Nicolas, qui ne demande dans le fond qu'à parler, lance, d'une voix mystérieuse :

– C'est une comtesse !

Sur ses mots, il se lève et quitte l'estaminet. On ne le reverra jamais.

Trois mois ont passé. Nous sommes en avril 1684, non loin du Chien debout, au Châtelet, dans le bureau du directeur de la police, le lieutenant-général Gabriel de La Reynie. La Reynie dirige la police parisienne depuis longtemps déjà. Lorsqu'il a pris ses fonctions, la ville était un véritable coupe-gorge, mais il a obtenu de remarquables résultats, notamment en développant l'éclairage public, ce qui a valu à Paris le surnom de « ville lumière ».

Pourtant, en arrivant au Châtelet ce jour-là, le lieutenant de La Reynie est de fort méchante humeur. Il sort de Versailles où le roi lui a fait de sévères remontrances. Et il y a de quoi : depuis quelque temps, les disparitions de jeunes gens se sont multipliées, dont beaucoup dans le quartier du Châtelet. Les efforts de la police ont été jusqu'à présent sans résultat. Le roi lui a conseillé d'agir au plus vite, sinon…

– Vous m'avez demandé, monsieur le lieutenant-général ?

– Oui, Lecoq. Asseyez-vous.

Le sergent Lecoq est un des plus anciens et des plus remarquables policiers de La Reynie. Ils ont grosso modo le même âge, la soixantaine. Ce n'est pas Lecoq qui s'est occupé de cette affaire, sinon elle serait peut-être déjà résolue...

– Que savez-vous au juste des récentes disparitions, Lecoq ?

– Pas grand-chose, monsieur le lieutenant-général. Il s'agit de jeunes gens, une trentaine, je crois.

– Vingt-six exactement. Tous jeunes, effectivement : entre 17 et 25 ans.

– Ils avaient de l'argent sur eux ?

– Certains oui, d'autres non. On compte même trois mendiants. Le vol n'est pas le mobile.

– Ils n'avaient aucun point commun ?

– Si. Ils étaient bien faits de leur personne. Des beaux garçons, si vous voulez.

– Ah ! Une affaire de mœurs !

– Ce n'est pas certain... Toujours est-il qu'une rumeur circule. Une rumeur qui est allée jusqu'à Versailles : il s'agirait de juifs qui enlèveraient de jeunes chrétiens, pour les crucifier par haine du Christ. Inutile de vous dire que je n'y crois pas et le roi non plus. Mais ce genre de fable est de nature à créer des troubles, voire des émeutes. C'est pourquoi nous devons résoudre cette affaire au plus vite.

– Je comprends... Et il n'y a aucune piste, aucun témoignage ?

– Un seul, pour le premier d'entre eux, un certain Nicolas Leblond, un étudiant. Il dînait au cabaret Le Chien debout, pas loin d'ici, et il a dit, en quittant ses camarades, qu'il allait rejoindre une comtesse.

– Une comtesse... Cela semble extravagant !

– Mais comme tout l'est, dans cette histoire, on ne peut rien négliger.

– Je suis d'accord avec vous, monsieur le lieutenant-général. Je sais même comment procéder : je vais placer un de mes hommes comme appât.

– Il faudra qu'il soit jeune et beau.

– Je crois que j'ai ce qu'il faut.

– Alors faites vite ! Si nous échouons, je ne donne pas cher de ma place et de la vôtre.

Jean-Baptiste Léveillé, 18 ans, porte bien son nom de famille, à moins que ce ne soit un surnom qu'il ait gagné lui-même. Comment savoir ? Personne ne connaît son état civil. Tout ce qu'on peut dire, c'est qu'il est parisien, car personne ne connaît mieux que lui les moindres recoins de la grande ville.

Jean-Baptiste a été arrêté une première fois à 13 ans, alors qu'il chapardait à la devanture d'un marchand d'habits. Il était trop jeune alors pour être envoyé aux galères. Mais pas la seconde fois, lorsqu'il s'est retrouvé en prison, après avoir détroussé un bourgeois. C'est là que le sergent Lecoq l'a remarqué. Il avait besoin d'un auxiliaire dégourdi. Il lui a mis le marché en main : ou les galères ou la police. Jean-Baptiste a choisi la police…

Cela se passait il y a trois mois. Le lieutenant-général lui a dit qu'il devrait se mettre à sa disposition pour toute mission, même dangereuse. Et le moment est arrivé, car Léveillé a sans conteste tous les atouts pour tenir le rôle. Il est plus que beau, il a des allures d'ange. Il ressemble à ceux que les artistes représentent sur les fresques des églises : un nez retroussé, des fossettes charmantes, un regard candide. Ce vaurien, qui malgré son jeune âge possède le palmarès d'un malfaiteur chevronné, semble arriver tout droit du paradis...

– J'ai du travail pour toi, Jean-Baptiste.

– À vos ordres. Qu'est-ce qu'il faudra faire ?

– Passer chez le barbier et le fripier à nos frais, pour devenir présentable.

– Chic !

– Aller au cabaret, toujours à nos frais.

– Chic !

– Si rien ne se passe, au bout d'un moment, sortir et te promener.

– Et là ?

– Si une dame te demande de la suivre, lui obéir.

– Quel genre de dame ?

– Peut-être une comtesse.

Jean-Baptiste Léveillé hoche la tête.

– C'est trop beau et, quand c'est trop beau, c'est tout laid... Qu'est-ce qu'on lui reproche à cette comtesse ?

– D'avoir tué une trentaine de jeunes gens.

Le gamin a un sifflement.

– Rien que ça ! Si je comprends bien, vous me demandez de faire la chèvre.

– On ne te perdra pas de vue, ne t'inquiète pas.

– Je ne m'inquiète pas. Où est-il, le barbier ?

Le soir même, Jean-Baptiste pousse la porte du Chien debout, qui est, comme à l'accoutumée, rempli d'étudiants. Si

Léveillé est naturellement gracieux de sa personne, avec les soins vestimentaires et corporels qu'on lui a prodigués, il est tout bonnement éblouissant… Son entrée ne passe pas inaperçue : une servante bien en chair vient le prendre par le bras.

– Par ici, beau jeune homme ! C'est la première fois qu'on vous voit, dites-moi ?

Elle fait déguerpir quelques individus miséreux, afin de l'installer seul à une table. Jean-Baptiste Léveillé réplique d'une voix forte :

– J'arrive de province. Je ne connais personne à Paris !

Et il s'assied, très sûr de lui. À l'autre bout de la salle, le sergent Lecoq est méconnaissable, avec son visage grimé et ses haillons ; il est entouré de trois de ses hommes déguisés, eux aussi, en mendiants. Il s'inquiète quelque peu. Jean-Baptiste n'en fait-il pas trop ? S'il se fait attaquer, il sera obligé d'intervenir et tout sera compromis.

Mais rien de tel ne se passe. Jean-Baptiste mange et boit de bon appétit. Puis, comme rien ne se passe, conformément aux instructions, il quitte l'établissement. Il ne va pas loin : une ombre l'attendait à la sortie et l'entraîne un peu plus loin. Lecoq, qui l'avait suivi avec ses hommes, sent que le moment décisif est arrivé…

Malgré les efforts du lieutenant-général de La Reynie, les zones d'ombre l'emportent sur les endroits éclairés et Jean-Baptiste Léveillé est dans l'obscurité. Il est en train de parler avec quelqu'un. Mais qui ?

Le sergent Lecoq s'approche, en boitant, le dos voûté, une épaule plus basse que l'autre. Quand il arrive à leur hauteur, il tend la main :

– La charité, mes bons seigneurs...

La personne qui parlait avec Léveillé répond d'une voix sèche :

– Va-t'en !

Le policier a du mal à garder la pose tant sa surprise est grande. Léveillé est en compagnie d'une vieille femme. Autant qu'il a pu voir, elle est habillée tout en noir, avec recherche. On n'est pas plus élégant à Versailles ! L'affaire des trente disparus – s'il s'agit bien de cela – est en train de prendre des allures plus mystérieuses encore.

La vieille et Léveillé se mettent en marche. Après un trajet assez court, ils entrent sous un porche de la rue Courtalon, près de la rue Saint-Denis... Lecoq ne peut, pour l'instant, en savoir plus. Il doit se contenter de rester à distance avec ses hommes. Il est pratiquement sûr de toucher au but et, s'il avait pu entendre le dialogue qui vient de s'achever, il en serait tout à fait certain.

– Je viens vous voir de la part de ma maîtresse, la comtesse Jabirowska. Ma maîtresse est une comtesse polonaise. La malheureuse ! Elle est jeune et belle, mais elle est victime d'un mal étrange.

– Un mal étrange ?

– Oui. Une fièvre maligne s'empare d'elle certains soirs. Une fièvre que seul peut apaiser un jeune amoureux...

La vieille femme frappe à une porte basse, qui s'ouvre et Jean-Baptiste reste interdit. Une ombre vient vers lui. C'est une femme d'une beauté à couper le souffle : grande, blonde, admirablement faite. Elle est vêtue – si l'on peut dire – d'un déshabillé et d'une cape. Elle le détaille longuement, lui tend la main et prononce, avec un accent envoûtant :

– Viens!

La porte s'est refermée. La comtesse Jabirowska le conduit dans une grande pièce mal éclairée. Pour tout mobilier, un lit. Elle lui fait signe de s'asseoir.

– Attends-moi un instant…

Et elle disparaît, dans un bruissement de soie, par une porte au fond.

Brusquement, Jean-Baptiste quitte son nuage. Il ne s'appelle pas Léveillé pour rien. Il ressent une désagréable sensation… Il est en train de lui arriver ce qui est arrivé aux autres. Il ne voit ni pourquoi ni comment la comtesse Jabirowska ferait disparaître ses amants, mais il faut être prudent.

Jean-Baptiste se lève… Il a retrouvé ses instincts de chien de chasse, son flair. Et, justement, il sent une petite odeur suspecte. Elle vient de ce mur couvert d'une tapisserie représentant une scène mythologique. D'un geste, il la soulève… Il y a une niche derrière… Jean-Baptiste manque de se trouver mal : sur les rayons sont alignées une trentaine de têtes embaumées. Des têtes de jeunes gens, des bruns, des blonds. Leur seul point commun : ils ont dû être très beaux quand ils étaient en vie.

Jean-Baptiste Léveillé se précipite sur la porte par laquelle il était entré. Elle est fermée à clé… La vieille sans doute. Il se met à crier au secours. C'est à ce moment que l'autre porte s'ouvre…

Quatre colosses entrent dans la pièce, armés chacun d'un couteau de boucher. La comtesse Jabirowska, ou celle qui se prétend telle, les suit avec un sourire cruel.

Le jeune homme redouble ses cris. Non, ce n'était pas le paradis, mais bien l'enfer ! L'enfer où il va aller tout droit, car, avec tout ce qu'il a accumulé au cours de sa brève existence, il ne se fait pas d'illusion…

Il y a un vacarme épouvantable, des coups sourds emplissent la pièce. Les quatre assassins s'immobilisent. La comtesse pousse un cri :

– La police ! C'était un piège !

Ils s'enfuient tous les cinq à toutes jambes, mais le sergent Lecoq et ses hommes sont déjà là.

La comtesse Jabirowska est interrogée le lendemain, par le lieutenant-général de La Reynie en personne. Elle a été conduite dans une salle de tortures. Elle est assise sur un tabouret. À côté d'elle, se tient le bourreau, les bras croisés sur la poitrine. La jeune femme est toute pâle. Les méthodes de La Reynie pour faire parler les coupables et même les innocents sont bien connues dans le royaume.

– Je vais tout vous dire…

La confession qu'elle fait est plus extraordinaire encore, s'il est possible, que ses crimes.

– Ces têtes, on me les avait demandées. Un Allemand… Un savant dont je ne connais pas le nom. Il en avait besoin pour faire des expériences sur le cerveau. Mais il voulait uniquement des cerveaux de jeunes gens en bonne santé. Il me les payait d'avance dix louis chacune.

Le lieutenant-général Gabriel Nicolas de La Reynie, qui a instruit, entre autres, la fameuse affaire des poisons, a déjà entendu pas mal de choses ahurissantes dans sa vie, mais celles-là dépassent tout.

– Ainsi donc, vous faisiez commerce de têtes humaines !

– Oui…

– Et les corps, qu'en avez-vous fait ?

– Je les ai vendus aussi, à des étudiants en médecine…

Inutile de dire que l'affaire fait sensation à Versailles. Les crimes de cette créature démoniaque et superbe sont l'objet de toutes les conversations et excitent au plus haut point la curiosité.

C'est d'ailleurs ce qui a sauvé la vie de celle qui se faisait appeler Jabirowska. Quelques jours plus tard, un mystérieux et certainement haut personnage masqué se présente au Châtelet. Il demande à rencontrer seul à seul le lieutenant-général et ce dernier lui remet sans difficulté sa prisonnière.

On revoit la belle comtesse le soir-même, au milieu d'autres jeunes femmes dans une soirée un peu particulière, une orgie, que donne Monsieur, frère du roi, pour quelques intimes, dans un pavillon de chasse. Au petit matin, la comtesse Jabirowska se retrouve seule dans sa chambre au rez-de-chaussée, avec la fenêtre ouverte… Elle n'a qu'à l'enjamber pour s'enfuir.

Cette histoire nous est connue par les *Mémoires* du sergent Lecoq et elle s'arrête là. Les complices, les colosses au couteau et la vieille femme, seront tous exécutés, mais elle, on ne la reverra jamais. Bien que son identité ait été forcément connue de la police, le sergent ne la révèle pas. Elle n'était certainement pas comtesse et sans doute pas polonaise. Mais qui était-elle et qui était le savant allemand pour qui elle a fait décapiter vingt-six jeunes gens ? On ne le saura jamais. Cette affaire hors du commun s'achève par un mystère plus étonnant encore.

JANE OU L'ORGASME QUI TUE

Au XIXe siècle, Boston, sur la côte Est des États-Unis, a la réputation d'être la ville la plus puritaine et conservatrice du pays et ce n'est certes pas la petite Jane Toppan qui pourrait dire le contraire !

Elle naît, en 1854, sous le nom de Jane Kelley. C'est la plus jeune de quatre filles d'immigrés irlandais, qui vivent dans le Massachusetts. Sa mère meurt quand elle a 1 an, son père essaie d'élever seul ses filles, malheureusement, sa santé mentale est défaillante et il doit être interné. Les quatre enfants sont alors placées dans l'asile pour jeunes filles sans ressources de Boston.

Une famille d'origine anglaise et protestante, les Toppan, adopte Jane quand elle a 5 ans, mais sous la forme d'un contrat d'apprentissage. Si la petite fille prend leur nom, il s'agit d'une sorte d'embauche à l'essai. Au cas où elle ne donnerait pas satisfaction, la famille pourrait la renvoyer à tout moment à l'orphelinat.

Jane donne satisfaction à la famille Toppan : elle est gaie, docile, bien élevée. Malgré tout, il y a ses origines. Pour les Américains de souche anglo-saxonne, les Irlandais sont un peuple méprisable, sans parler de leur religion catholique, qu'ils ont en horreur. S'ils ne peuvent changer la religion de l'enfant (cela fait partie du contrat), ils la font passer, auprès de leurs amis et connaissances, pour une petite Italienne, dont les parents sont morts en mer.

M. Toppan meurt peu après l'adoption. C'est donc sa veuve, Ann Toppan, qui élève seule l'enfant. Elle lui donne une bonne éducation, de bons principes, mais pour l'affection, c'est autre chose ! Elle lui demande de l'appeler « Tata » et la traite comme une domestique. Bien que Jane porte le même nom que ses autres enfants, elle n'a jamais été considérée comme un membre de la famille.

À 18 ans, son contrat prend fin et elle reçoit 50 dollars. Elle peut partir, si elle le désire, mais elle choisit de rester comme bonne à tout faire, en échange du gîte et du couvert. Une dizaine d'années plus tard, Ann meurt et partage ses biens entre ses deux filles, Elisabeth et Edna, sans citer une seule fois Jane dans son testament. Une des filles, Elisabeth, s'installe à la maison, mais à la différence d'Ann, traite Jane avec bienveillance.

Il semble donc que Jane ait passé une enfance heureuse. Le mépris absolu que lui a manifesté sa mère adoptive ne l'a, en apparence, pas affectée. Depuis le début, elle s'est montrée d'un naturel gai, enjoué. Durant sa scolarité, elle a été bonne élève, même si elle a fait preuve d'un goût prononcé pour les histoires et d'une imagination débordante. Reprenant l'invention des Toppan, elle racontait à qui voulait l'entendre que son père était italien et qu'après avoir parcouru toutes les mers du monde, il s'était fixé en Chine où il voyait fréquemment l'empereur.

Une jeune femme un peu originale, ayant bon cœur et ne demandant qu'à profiter de l'existence : ainsi apparaît Jane Toppan aux yeux de tous. Physiquement, elle n'est pas désagréable à regarder : très brune, un peu potelée, le visage bien dessiné, même si elle n'a pas, jusque-là, trouvé l'homme de ses rêves.

En attendant, elle reste auprès d'Elisabeth Toppan, qui se comporte presque comme une sœur avec elle. Tout change pourtant, lorsque celle-ci décide de se marier. Elle épouse un diacre protestant, Oramel Brigham, qui s'installe dans la maison. Jane choisit initialement de rester chez eux comme domestique, mais les rapports avec le couple se tendent et elle préfère s'en aller. Le départ se passe de la meilleure manière. Elisabeth lui dit, en la quittant, qu'« il y aura toujours une chambre pour elle ».

Jane a 30 ans. Que va-t-elle devenir maintenant ? La réponse est stupéfiante, mais elle est formulée de manière parfaitement claire dans son esprit : elle veut être une criminelle. Elle dira plus tard : « Je voulais devenir la plus grande criminelle des États-Unis, homme ou femme ». Et elle ne va pas être loin de réussir !

C'est sans nul doute pour mener à bien ce projet qu'elle choisit d'être infirmière. Elle entre à l'école de l'hôpital de Cambridge, près de Boston. À l'époque, la formation d'infirmière est une des plus exigeantes qui soient : deux ans d'études, sept jours par semaine, réveil à 5 h 30 et douze heures de travail, avec deux semaines de vacances par an. Le moindre manquement à la discipline, comme être en retard ou se plaindre de la nourriture, entraîne le renvoi immédiat. À la fin des deux ans, les élèves sont interrogées par un jury de médecins et, si elles réussissent, obtiennent leur diplôme.

Avec ses camarades, Jane Toppan a la même attitude que lors de ses études : elle est sociable et gaie, mais elle n'a pas perdu sa manie d'inventer des histoires invraisemblables, ce qui agace. Elle raconte, par exemple, que le tsar lui a proposé une place d'infirmière. Mais elle pratique une nouvelle sorte de mensonge : elle accuse les élèves qu'elle n'aime pas d'infractions qu'elles n'ont pas commises, ce qui entraîne le plus souvent leur renvoi. C'est pourtant le positif qui l'emporte auprès de ses camarades, qui l'ont surnommée « Jenny la boute-en-train »...

À partir de la deuxième année d'études, les infirmières ont le droit d'administrer elles-mêmes, sans être sous le contrôle de quelqu'un d'autre, tous les médicaments et c'est à ce moment qu'elle passe à l'acte.

Auparavant déjà, elle éprouvait une violente attirance pour le spectacle de la mort. Elle s'attardait auprès des malades à l'agonie et elle guettait l'instant fugitif où ils cessaient de vivre. Maintenant, elle va pouvoir le provoquer, mais elle ne va pas tuer n'importe comment.

Elle a bien suivi ses cours, notamment ceux traitant des drogues et deux d'entre elles l'ont particulièrement attirée : la morphine et l'atropine. Une overdose de morphine entraîne une contraction des pupilles ; le souffle devient de plus en plus court, puis s'arrête complètement. L'atropine a un effet inverse : dilatation des pupilles, accélération du rythme cardiaque, spasmes et perte de tout contrôle musculaire. Elle se dit qu'il doit être passionnant d'injecter les deux substances l'une après l'autre et d'observer leurs effets contraires. Alors, elle le fait et c'est la révélation !

La lutte de ces deux drogues dans l'organisme du malade, les pupilles qui s'agrandissent, puis qui rétrécissent, la respiration qui se précipite, puis qui devient imperceptible, provoque en elle, ainsi qu'elle le dira plus tard lors de ses interrogatoires, une « joie voluptueuse », ce qui est la manière pudique, à l'époque, de nommer l'orgasme. Elle va même plus loin, elle se glisse dans les draps et caresse le malade, le couvre de baisers et attend la « joie voluptueuse », soit qu'elle vienne naturellement, soit qu'elle la provoque...

Une de ses victimes, miraculeusement indemne, Amelia Phinney, 36 ans, a raconté ce qui lui était arrivé et, à travers elle, on a pu découvrir le scénario proprement hallucinant des crimes de Jane Toppan... Amelia Phinney est hospitalisée pour un ulcère de l'utérus, elle se tord de douleur dans son lit et elle crie. Elle a tort : Jane déteste les cris.

Celle-ci arrive à son chevet, porte un verre à ses lèvres et lui dit de boire, car le liquide la fera « se sentir mieux ». Phinney boit. Elle a aussitôt une sensation de sécheresse dans la bouche et dans la gorge, puis un engourdissement de tout le corps, avec une grande lourdeur des paupières.

Alors qu'elle est en train de perdre conscience, une chose étrange se produit : elle sent qu'on enlève les couvertures, elle entend le lit craquer et le matelas se creuser. Jane Toppan se couche à ses côtés. Elle se pelotonne contre elle, lui caresse les cheveux et lui embrasse le visage. Ensuite, elle se met à genoux et la regarde dans les yeux d'un air interrogateur. Elle est sans nul doute, à ce moment-là, en train de regarder ses pupilles. L'infirmière porte un nouveau verre à ses lèvres, en lui enjoignant de boire. Phinney rassemble toutes les forces qui lui restent pour détourner la bouche. C'est alors que Jane saute tout à coup du lit et s'enfuit. Quelqu'un devait être en train de venir.

Amelia Phinney se réveille le lendemain, dans un état d'extrême faiblesse. Ces souvenirs sont si étranges qu'elle croit à une hallucination ; en outre, ils sont très embarrassants. Elle décide de ne rien dire et n'en parlera que des années plus tard, après l'arrestation de la coupable.

Nul ne sait combien de meurtres Jane Toppan a commis durant sa deuxième année d'études, mais elle se voit brutalement obligée d'y renoncer : elle est renvoyée de l'école d'infirmières. Ce n'est pas, contrairement à ce qu'on pourrait croire, parce que le nombre de décès dans son service a éveillé les soupçons, c'est à cause d'une bêtise : elle est sortie d'une salle sans permission. Quoi qu'il en soit, la rigidité du règlement aura, sans le savoir, sauvé la vie à beaucoup de malades et elle-même est obligée de quitter l'hôpital.

Elle ne se laisse pas abattre. Si les opinions sont partagées à son sujet chez les élèves, les docteurs sont unanimement en sa faveur. Elle décide donc de s'établir à son compte. Elle demande des lettres de recommandation aux médecins et elle en obtient autant qu'elle en veut, toutes plus dithyrambiques les unes que les autres. Elle devient infirmière libérale et sa carrière criminelle va prendre une autre direction, plus meurtrière encore !

Elle est rapidement considérée comme la meilleure infirmière de Cambridge. On ne sait pas combien de meurtres elle a commis durant cette seconde période. Plus tard, elle avouera 31 meurtres en tout, en comptant ceux commis à l'hôpital, mais il y en a certainement eu beaucoup plus.

Elle a pour premiers logeurs, un couple de personnes âgées, Israel Dunham et sa femme Lovey. Elle se lie d'amitié avec eux, du moins en apparence. Tous deux ne jurent que par Jane. Malheureusement, ils ne tardent pas à mourir l'un après l'autre, le mari d'abord, la femme ensuite. Elle ne manifeste guère de chagrin. Elle dit à qui veut l'entendre, qu'ils étaient « faibles et difficiles », « vieux et grincheux ». Elle déclare même, d'une manière plus péremptoire encore :

– Il est inutile de garder les personnes âgées en vie.

Malgré cela, elle n'éveille aucun soupçon, elle trouve sans difficulté à se reloger et elle continue à pratiquer son métier et elle est toujours aussi demandée... En 1889, une femme riche de 70 ans, Mary Mc Lear, tombe malade. Son médecin fait venir Jane Toppan, « l'une des meilleures infirmières de [s]a connaissance ». Elle meurt quatre jours plus tard. Au moment des obsèques, la famille remarque que manquent quelques-uns des plus beaux vêtements de la défunte. Ils accusent Jane Toppan. Le médecin se fâche, se porte garant d'elle et l'affaire est close. On peut se demander, à ce sujet, la raison du comportement de Jane. Elle gagnait très bien sa vie et n'avait pas besoin de voler. Sans doute était-ce un genre de trophée.

C'est peu après qu'elle revient passer quelques jours chez sa sœur adoptive Elisabeth et son mari Oramel Brigham. Il y a longtemps qu'elle n'était pas venue et elle est accueillie à bras ouverts. Elisabeth et Oramel ont oublié depuis longtemps les différends qu'ils ont pu avoir avec Jane. Elle, de son côté, est débordante de bonne humeur, elle affiche une satisfaction radieuse de ces retrouvailles.

Elle joue la comédie. Depuis le début, depuis le moment où petite fille, elle a été placée chez les Toppan, elle a haï cette famille qui lui a manifesté tant de mépris. Pendant des années, elle a donné le change, elle a fait semblant d'être heureuse, en espérant que le moment de la vengeance arriverait. Il est enfin arrivé, l'heure a sonné !

Comme on est au mois d'août 1899, elle invite Elisabeth et son mari à séjourner quelque temps dans la maison qu'elle loue sur la plage, près de Cambridge. Elle se montre charmante, elle s'empresse auprès de tous les deux, mais Oramel ne peut pas rester, il doit retourner à Boston, auprès de ses fidèles. Elisabeth Toppan reste seule avec elle, le piège s'est refermé, elle est à sa merci.

Jane prend tout son temps pour l'empoisonner et elle le fait de manière particulièrement raffinée, avec un mélange qui la maintient en vie le plus longtemps possible, tout en la tuant inexorablement. Elisabeth se croit malade et s'alite. Lorsque le processus est suffisamment avancé, Jane Toppan lui parle enfin.

– Tu vas mourir, Elizabeth. Mais avant, je vais te dire pourquoi…

Et elle lui raconte toute la rancune qu'elle a accumulée pendant des années. Puis, elle se met au lit avec elle et la câline, comme à son habitude. Elle dira plus tard : « Je l'ai tenue dans mes bras et j'ai observé avec grand plaisir le moment où la vie l'a quittée ». Lorsque tout est terminé, elle prévient Oramel Brigham. Quant au médecin qu'elle fait venir, il diagnostique une attaque.

Elle change de résidence. La nouvelle famille de logeurs chez qui elle a élu domicile est la famille Davis. Elle se tient quelque temps tranquille, puis, presque par habitude, elle tue toute la maisonnée, quatre personnes, le père, la mère et les deux filles. Puis, elle s'en va. Elle se rend à Boston, pour la seconde partie de son grand projet : épouser Oramel Brigham.

Jane a pourtant commis une erreur avec les Davis. La police intervient pour la première fois. Elle trouve étrange les morts si rapprochées de quatre personnes. Sans rien dire à Jane Toppan, la police décide l'exhumation des corps et l'envoi des échantillons à l'école de médecine de Harvard...

La raison pour laquelle elle veut épouser Oramel Brigham n'a rien à voir avec de quelconques sentiments qu'elle lui porterait. Ce qu'elle veut, c'est vivre en maîtresse des lieux, dans la maison où elle a passé sa jeunesse et où on l'a rendue esclave. Peut-être même a-t-elle l'intention, plus tard, de tuer celui qui sera devenu son mari... Toujours est-il qu'en arrivant, elle a une désagréable surprise : la présence de son autre sœur adoptive, Edna. C'est maintenant une vieille dame, âgée de 77 ans, elle est juste de passage, elle n'a aucune visée sur Oramel et elle ne représente aucun danger pour les projets de Jane. Pourtant elle l'empoisonne quand même. Le médecin de famille diagnostique une maladie du cœur.

Dès qu'Edna est enterrée, Jane commence à faire les yeux doux au pasteur, mais ce dernier lui fait vite comprendre qu'il n'a aucune intention de la garder ni en tant que gouvernante, ni en tant qu'épouse. Elle tente alors un stratagème : elle l'empoisonne faiblement, puis le guérit, en espérant que cela le fera changer d'avis. Il n'en est rien. Alors, elle menace de dire qu'elle est enceinte de lui. Cette fois, il la chasse, purement et simplement...

Entre-temps, la police n'est pas restée inactive. Les résultats des autopsies des Davis ont révélé la présence de poison, plus précisément, un mélange de morphine et d'atropine. Le caractère criminel de leur décès ne fait plus aucun doute et, dès que Jane Toppan rentre chez elle, elle est arrêtée.

L'événement, qui a lieu le 29 octobre 1901, suscite une grande émotion à Harvard et aux alentours. Personne ne veut croire à sa culpabilité. Les médecins, en particulier, se mobilisent pour la défendre. Mais elle ne tarde pas à avouer et il faut se rendre à l'évidence : c'est une criminelle comme on n'en a jamais connue !

Elle est examinée par plusieurs psychiatres, qu'on nomme alors des aliénistes. Ils sont totalement déroutés par les motivations qu'elle donne de ses actes. Elle leur reconnaît un caractère clairement sexuel. Elle parle d'un « désir d'éprouver une excitation sexuelle en tuant des gens ». Ils ne peuvent y croire et concluent à une affabulation.

Ils sont également déroutés par son besoin de tuer sans pouvoir s'arrêter et son absence de remords devant ses actes. Ils concluent à la folie et demandent qu'elle ne soit pas jugée... C'est ce qui se produit. Jane Toppan est déclarée irresponsable. Elle est internée dans un hôpital psychiatrique à l'âge de 48 ans, et mourra, sans avoir retrouvé la liberté, en 1938, à 84 ans...

De nos jours, cela aurait été bien différent. Tous les symptômes manifestés par Jane Toppan, toutes les déclarations qu'elle a faites, la classent sans hésitation parmi les psychopathes, qui sont aujourd'hui considérés comme responsables et jugés. Il n'en reste pas moins que ses motivations sortent totalement de l'ordinaire et qu'elles auraient certainement posé des problèmes aux psychiatres contemporains.

LA SORCIÈRE DE BRETAGNE

10 octobre 1838. C'est une cérémonie bien pénible qui a lieu à Guern. Ce petit village du Morbihan vient de vivre un drame, dont l'épilogue a lieu ce jour. La maisonnée de monsieur le curé a été victime d'une épouvantable épidémie, sept des huit personnes qui habitaient le presbytère ont été emportées les unes après les autres : le curé lui-même, son père, sa mère, sa nièce et trois servantes. Seule a survécu Hélène Jégado, la cuisinière.

Pour tous, les symptômes ont été les mêmes : à la suite d'un repas, ils ont été pris de vomissements et, à partir de là, leur état n'a fait que s'aggraver. Malgré les soins que leur a prodigués le médecin, qui n'y comprenait rien, ils n'ont cessé de se tordre de douleur entre deux vomissements, jusqu'à la mort, survenue après une agonie épouvantable.

La rescapée, Hélène Jégado, assiste ce 10 octobre à l'enterrement de la dernière victime. C'est une femme de 35 ans, à la voix gutturale, aussi grave que celle d'un homme et au physique étonnant : très grande, très maigre, avec un visage émacié, un nez recourbé, des yeux noirs profondément enfoncés dans leurs orbites, des cheveux bruns très longs.

À entendre cette description, on pourrait dire qu'elle a tout de la sorcière, mais c'est impossible. C'est une sainte femme, au contraire ! Chacun a pu remarquer le dévouement admirable dont elle a fait preuve envers les malades. Elle a tenu à leur administrer toutes les potions elle-même, elle a passé ses jours et ses nuits à leur chevet et, lorsqu'elle n'était pas auprès d'eux, elle était dans l'église à prier, avec les autres fidèles, pour leur guérison.

Car Hélène Jégado est très pieuse, presque bigote, elle se fait remarquer par son zèle aux offices et elle porte sur sa poitrine une croix en or, qui ne la quitte jamais. Pour cette population bretonne profondément catholique du XIXe siècle, il ne peut y avoir de place au doute : une sorcière qui aime le Bon Dieu, cela n'existe pas…

Quand la dernière pelletée de terre tombe sur le cercueil de la dernière victime, chacun plaint Hélène de tout cœur. Elle a assisté impuissante à un drame affreux, qui l'a frappée personnellement, car sa propre sœur Anna, domestique comme elle, est au nombre des victimes, de plus, elle n'a plus de travail. Et en retrouvera-t-elle après ce qui s'est passé ? Les gens sont si médisants, si méchants !

Pourtant, contrairement aux craintes des habitants de Guern, Hélène Jégado retrouve rapidement un emploi. Sa tante

Marie-Jeanne, qui est bonne chez un autre curé à Bubry, lui fait savoir que ce dernier cherche une cuisinière. Hélène s'y rend, mais le malheur frappe encore. La sœur de l'abbé, sa nièce et la tante Marie-Jeanne elle-même meurent peu après, dans les mêmes horribles souffrances, avec convulsions et vomissements. De nouveau, Hélène se fait remarquer par son dévouement. Elle s'empresse, en particulier, auprès de sa tante, qui ne veut recevoir ses potions que de sa main.

De nouveau, Hélène Jégado s'en va. Elle se rend à Locminé où elle occupe trois places successives. On y enregistre sept décès, avec les mêmes symptômes... La cuisinière acquiert, dès lors, une réputation sinistre. On se signe quand on la croise, on murmure que le diable marche derrière elle. Mais pas un instant, on n'imagine qu'elle puisse être une empoisonneuse. C'est une fatalité, voilà tout. D'ailleurs, elle le constate elle-même. Elle dit, de sa voix caverneuse, en hochant sa tête au profil d'oiseau :

– La mort me suit...

Une nouvelle fois, Hélène repart. À ce moment de l'histoire, cette mort qui la suit a déjà frappé dix-sept personnes.

Elle trouve une place chez le maire de Pontivy. Elle déteste tout de suite le fils de la maison, un garçon de 14 ans. Il meurt après avoir mangé une tartine de beurre qu'elle lui a confectionnée... Hélène doit quitter le maire, mais elle se plaît à Pontivy. Elle y reste le temps suffisant pour que sept morts s'accumulent encore. Là, malgré tout, elle est obligée de partir. Non qu'on la soupçonne de quoi que ce soit, mais la malédiction qui la frappe fait vraiment trop peur. Personne ne veut plus l'engager.

Elle se rend à Rennes. Dans la grande ville, où personne n'a entendu parler d'elle, elle trouve sans mal un emploi de cuisinière. Cette fois, c'est dans une auberge. Hélas, l'une des serveuses, Perotte Macé, meurt dans d'atroces souffrances. Bien que nul ne lui ait fait de reproches, Hélène Jégado préfère s'en aller...

Douze ans ont passé depuis le début de ces tragiques événements. Nous sommes en 1850. Théophile Bidard, professeur à la faculté de Droit de Rennes, l'engage à son tour. Elle est travailleuse, honnête, sobre, mais elle est placée sous l'autorité de la bonne du professeur, Rose Tessier et elles se disputent fréquemment. Au mois de novembre 1850, Rose est brusquement prise de vomissements et meurt en quatre jours.

Le professeur Bidard engage alors une nouvelle bonne, Françoise Hureaux, qu'Hélène Jégado admet tout aussi mal que la précédente. Françoise est une grande et forte fille de la campagne, qui n'a jamais été malade. Or, la voilà qui se met à vomir chaque fois qu'elle touche à la nourriture. Ses parents, inquiets, préfèrent la ramener chez eux. Sans le savoir, ils viennent de lui sauver la vie.

Le professeur Bidard continue à ne se douter de rien. Il engage une troisième bonne, Rosalie Sarrasin. Au début, tout va bien entre elle et la cuisinière, mais le professeur décide de confier à Rosalie la tenue des comptes de la maison. Hélène le prend très mal, à tel point que, le 10 juin 1851, le professeur lui annonce son renvoi.

Le soir même, Hélène Jégado lui sert un plat de viande aux petits pois. Monsieur Bidard, qui n'a pas faim, n'y touche pas. La cuisinière l'apporte à Rosalie, qui se met à vomir. Encore une fois, le médecin qu'on fait venir n'envisage pas l'hypothèse d'un empoisonnement. Il prescrit de vagues potions qu'Hélène s'empresse d'administrer elle-même à la malade. Elle ne quitte plus son chevet, elle se dévoue corps et âme pour la soigner. Hélas, le mal progresse rapidement et Rosalie Sarrasin meurt le 1er juillet, dans de terribles souffrances.

Mais, pour la première fois, plusieurs personnes se mettent à avoir des soupçons : les deux médecins qui ont soigné la malade et le professeur Bidard lui-même, qui a prélevé et mis sous clé les derniers vomissements de Rosalie, ainsi que la dernière potion que lui a donnée la cuisinière.

Les deux médecins alertent le procureur général, monsieur du Bodan, qui ordonne une enquête. Quand les policiers se présentent chez le professeur, c'est Hélène qui leur ouvre. « Je suis innocente ! » leur dit-elle, avant qu'ils lui posent la moindre question. Elle s'est trahie, elle est arrêtée sur-le-champ.

L'enquête du procureur général du Bodan établit immédiatement sa culpabilité. Elle permet aussi, en se penchant sur le passé de la cuisinière, de découvrir les empoisonnements dont elle s'est rendue coupable jusque-là. C'est un véritable carnage : vingt-huit victimes ! Jamais on n'en avait dénombré autant. Hélène Jégado est la plus grande empoisonneuse des annales criminelles françaises !

Son procès, qui s'ouvre devant les assises de Rennes le 6 décembre 1851, s'annonce comme sensationnel, à tel point que le premier président de la cour de Rennes Félix Boucly et le procureur général du Bodan ont tenu à occuper eux-mêmes la présidence et le ministère public. Au banc de la défense, un jeune avocat, maître Magloire Dorange.

Quant au public, il s'agglutine pour voir celle qu'il a surnommée « la sorcière de Bretagne ». Elle fait son entrée dans le box et il n'est pas déçu ! Hélène Jégado, âgée à présent de 48 ans, a tout de la sorcière des contes : front bas, regard dur, nez crochu, peau ridée. De plus, comme si elle voulait renforcer cette impression, elle est vêtue d'un manteau noir, avec un capuchon qu'elle a rabattu sur sa tête.

La prescription pour meurtre était alors de dix ans, elle ne sera jugée que pour ses sept derniers empoisonnements. Mais cela ne change évidemment rien à la peine qu'elle encourt et le ministère public réclamera sa mort… Le président Boucly s'adresse à l'accusée. Il s'exprime avec préciosité. Il emploie, en particulier, le passé simple, ce qui, même à l'époque, est tout à fait démodé.

– À quel âge commençâtes-vous à vous employer chez les autres ?

Hélène Jégado prend la parole à son tour. Sa voix caverneuse, virile, produit un contraste saisissant avec la précédente. Un délicieux frisson de crainte parcourt le public.

– À 7 ans. J'ai été recueillie par M. le curé de Bubry, chez lequel servaient mes tantes maternelles.

On apprend donc qu'Hélène Jégado a été domestique toute sa vie. C'est une pratique courante de l'époque et cela ne peut pas être une explication à son comportement… Le président en arrive aux premiers meurtres.

– Au presbytère de Guern, ne survint-il pas de nombreux décès, exactement sept ?

Hélène Jégado ne nie pas, mais elle donne à ces morts une explication pour le moins inattendue :

– C'est-à-dire que le feu prit un jour aux rideaux de monsieur l'abbé, qui s'était endormi sans souffler sa chandelle. Et cela causa à tout le monde une telle frayeur que beaucoup moururent peu après.

Les victimes seraient donc mortes de peur ! Le président n'insiste pas et poursuit son interrogatoire.

– Quoi qu'il en soit, vous soignâtes tous les malades…

– Hélas ! Et c'est cela mon grand malheur ! C'est ce qui cause aujourd'hui ma perte.

– En sortant de cette maison vidée par vos œuvres, continue le président, vous allâtes au presbytère de Bubry.

– Oui, mon bon monsieur…

– Dans cette demeure, est-ce que trois personnes encore ne trépassèrent pas ?

– En effet, oui. Ma tante Marie-Jeanne, la sœur de monsieur le recteur et l'une de ses nièces. Et je les ai toutes soignées. Ah, j'y ai passé bien des nuits !

Et cela continue… Le président énumère les places où Hélène Jégado a servi comme cuisinière. À chaque fois, c'est le même cortège de morts de la même inexplicable maladie. Mais le président Boucly aborde maintenant un fait précis :

– À Locminé, vous logeâtes chez une marchande du nom de Marie Bellec. Or, un jour, pendant une de vos absences, on remarqua dans votre coffre un paquet de poudre blanche ressemblant à de la gomme.

Mais il en faut plus pour désarçonner l'accusée. Elle réplique avec conviction :

– C'est impossible ! À moins qu'on ait caché cela dans mes affaires. Je vous le dis franchement, comme à l'angélus…

Le président Boucly, qui se montre depuis le début imperturbable, en vient aux crimes non couverts par la prescription, dont Hélène Jégado est effectivement accusée.

– Chez M. Rabot, il y avait un jeune garçon qui, dès le premier contact, manifesta envers vous une véritable répulsion. N'eut-il pas à diverses reprises des vomissements après les potages que vous lui prépariez ?

L'accusée est tout aussi imperturbable que lui.

– Ah ! Dieu merci, je n'ai fait de mal à personne. Et je puis dire que ce pauvre petit était bien aimable avec moi…

Les audiences suivantes sont consacrées aux auditions des témoins, appartenant pour la plupart aux familles des victimes. Parmi eux, c'est évidemment le professeur Bidard, chez qui Hélène Jégado a commis ses deux derniers meurtres, et qui a failli lui-même être sa victime, qui est le plus attendu. Il raconte l'agonie de Rosalie Sarrasin et explique comment lui sont venus ses premiers soupçons.

– Le verre d'eau de Seltz qu'Hélène tendit à Rosalie lui arracha ce cri de douleur : « Je ne sais pas ce qu'elle a mis dedans, un fer rouge ne m'aurait pas brûlée davantage. » Frappé par cette réflexion, j'observai alors Hélène Jégado, alors qu'elle ne faisait pas attention à moi. Et je la surpris qui jetait sur sa compagne un regard de bête fauve.

– Messieurs, poursuit le professeur, la dernière nuit de Rosalie fut véritablement atroce. La malheureuse se débattait comme une folle furieuse en poussant des cris rauques. Comme Rose Tessier naguère, elle jetait ses membres d'un côté et de l'autre. Il fallait la retenir de force dans son lit. Nul n'a pu souffrir davantage. C'était hideux à voir.

L'ancien employeur d'Hélène Jégado en vient au dénouement de l'histoire.

– Rosalie expira le 1er juillet à 7 h du matin. Hélène n'était pas là. Quand elle rentra, je la prévins que tout était fini. Son premier mouvement fut de jeter les vomissements de la malheureuse. J'y fis obstacle et les enfermai sous clé, de même que les restes de la dernière potion que Rosalie avait portée à ses lèvres. Le jour même, la justice fut prévenue. Je voulais, par un reste d'égard, garder Hélène chez moi jusqu'à ce que l'autopsie soit pratiquée. Monsieur le Procureur général, ici présent, ne le permit pas. Je l'en remercie, car sans cela, je ne serais pas en train de témoigner devant vous. La fille Jégado, je l'ai su depuis, avait décidé ma mort pour la semaine suivante.

Un long murmure s'empare du public, tandis que le professeur se retire. Le président Boucly, visiblement ému lui aussi, apostrophe l'accusée.

– On sait, grâce aux expertises, qu'il y a eu ingestion d'arsenic. On peut suivre votre main à la trace, attribuer chaque vomissement au breuvage que vous avez versé, saisir sur le vif vos abominables machinations. Personne d'autre que vous n'avait intérêt à empoisonner, personne n'était à même de le faire. Alors ?

Mais il est dit que jusqu'au bout Hélène Jégado ne faiblira pas. Elle rétorque d'une voix rageuse :

– Vous avez beau parler d'arsenic, vous ne me ferez pas rougir ! Je défie quelqu'un de m'avoir vue employer votre maudite drogue !

Le témoin suivant est Françoise Huriaux, la bonne que le professeur Bidard avait engagée après la mort de Rose Tessier. Mal remise de son empoisonnement malgré un traitement vigoureux, cette grande et forte fille se déplace avec peine. C'est une rescapée, on peut même dire une miraculée. Et son témoignage est particulièrement saisissant, car, ce qu'elle nous raconte, c'est ce qu'ont vécu toutes les autres victimes, qui, elles, ne sont plus là pour le dire.

– Quand je goûtais aux soupes d'Hélène, je vomissais. Le corps m'enflait. J'avais peine à monter les escaliers et à me servir de mon aiguille. J'allais de pis en pis. Un soir, je fus très malade après avoir mangé des haricots. Je les avalai avec un peu d'oignon et j'éprouvai aussitôt dans la bouche une saveur d'argent sale. Quand je ne mangeais pas, Hélène jetait ma soupe et ne la donnait à personne. « Croyez-vous que je vous empoisonne ? » marmonnait-elle. Tout ce que je savais, c'est que lorsque j'allais passer le dimanche chez mes parents, aucun aliment ne me donnait du mal...

Le président Boucly se tourne vers l'accusée :

– Hélène Jégado, pourquoi jetiez-vous la soupe que Françoise ne mangeait pas ?

Cette dernière hausse les épaules.

– Je ne la jetais pas, je la donnais à une bonne femme qui venait toutes les semaines. Moi, je ne perds point ce que je peux donner aux malheureux. C'est une habitude que je tiens de ma défunte tante, et Dieu me préserve d'en changer jamais !...

C'est le 13 décembre 1851 qu'on entend le réquisitoire et la plaidoirie. D'entrée de jeu, le procureur général du Bodan réclame la peine de mort.

– Hélène Jégado, poursuit-il, abritait ses vices et ses crimes sous le manteau de la religion et, jusqu'au 1er juillet dernier, cet odieux stratagème avait réussi. Mais elle est, au contraire, de ces êtres qui, dédaignant la voix de Dieu et des hommes, accomplissent leurs crimes dans la paix de l'esprit.

Et, après avoir énuméré toutes les preuves de ses empoisonnements, il conclut, en s'adressant à elle :

– Vos aveux, femme Jégado, n'ajouteraient rien à nos convictions, mais ils pourraient, sans les désarmer, satisfaire vos juges. Je me hâte de vous le dire : si je sollicite ces aveux, ce n'est pas pour mieux assurer un arrêt légitime et indispensable, mais on vous trouverait peut-être encore quelque chose d'humain si vous vous montriez accessible au repentir. Croyez-moi, Hélène Jégado, c'est beaucoup que d'arriver devant Dieu avec un commencement d'expiation !

C'est au tour de maître Magloire Dorange de prendre la parole. Et c'est la sensation dans le tribunal. Ignorant délibérément la volonté de sa cliente, il reconnaît sa culpabilité et plaide la folie. Il est rarissime qu'un avocat agisse ainsi, mais il est vrai que l'affaire Jégado n'est pas ordinaire non plus.

– Bien loin de nous, dit-il, la pensée d'engager un débat avec le ministère public sur les faits de l'accusation. Nous avons la franchise d'admettre le poison partout où la main d'Hélène Jégado a versé l'arsenic. Mais la fille Jégado est-elle pour autant responsable devant les hommes des crimes qu'on lui impute et que la défense ne songe pas à méconnaître ? Avait-elle, quand elle les a accomplis, cette liberté morale sans laquelle il ne saurait y avoir de véritable responsabilité ?

L'accusation reproche à Hélène Jégado des crimes sans nombre, mais elle ne peut donner aucun mobile plausible. Dès lors, comment ne pas dire qu'il y a chez ma cliente une perturbation morale, un trouble du cerveau et donc qu'elle est irresponsable ? Dans ses crimes, tout est contradictoire, confus, inexplicable...

Et maître Magloire Dorange conclut en demandant les circonstances atténuantes.

En droit français, le procureur peut reprendre la parole après l'avocat, à condition, bien entendu, que l'avocat s'exprime une nouvelle fois ensuite, afin que, conformément à la loi, le dernier mot reste à la défense. C'est ce droit de réplique qu'utilise le procureur du Bodan, en réponse à l'argumentation que vient de développer l'avocat. Et cette intervention est en tous points remarquable. Avec un sens psychologique aigu, l'avocat général donne, en effet, la réponse à la grande question de cette affaire : pour quels mobiles Hélène Jégado a-t-elle commis ses meurtres ?

– Ne dites pas que cette femme est inexplicable ! En quoi le serait-elle ? Les motifs qui la dirigèrent sont les mêmes que ceux qui inspirèrent tous les grands malfaiteurs : la jalousie, la vengeance, l'ambition, l'intérêt. Seulement, chez elle, les passions s'attachent à des objets mesquins, et voilà pourquoi elles nous paraissent si petites... Aspirer à devenir servante maîtresse, se venger de la plus minime offense, cela peut vous paraître bien dérisoire, mais ça ne l'était pas aux yeux de la fille Jégado. Que reste-t-il alors de la défense ? Le nombre inouï des forfaits ? Quel singulier refuge pour l'innocence ! Alors, parce qu'Hélène Jégado aura commis plus d'empoisonnements que n'importe qui avant elle, elle serait justifiée ? Comme si, à force d'accumuler les crimes, on devait y gagner de demeurer impuni…

Cette fois, tout est dit et, reprenant la parole, maître Dorange ne peut que demander une dernière fois l'indulgence au nom de la charité chrétienne.

Tout le temps qu'ont duré ces discours, « la sorcière de Bretagne » est restée dissimulée sous son capuchon noir, sans qu'on puisse savoir quoi que ce soit de ses pensées.

Mais les jeux sont faits et, après une courte délibération, le jury revient avec un verdict de culpabilité, sans circonstances atténuantes. Avant de prononcer la peine, le président Boucly demande à la condamnée si elle a quelque chose à ajouter. On voit alors Hélène Jégado bondir et se mettre à parler avec volubilité.

– J'aime mieux périr innocente que coupable ! Je suis la victime de faux témoins et de mauvaises langues. Le Bon Dieu, lui, est juste ; il nous jugera tous. Et ceux qui m'ont fait condamner se repentiront dans l'autre monde où ils se retrouveront avant moi ! Il verra, alors, monsieur Bidard…

Mais elle ne peut pas en dire plus. Les cris d'indignation de l'assistance couvrent sa voix et l'obligent à se taire. Le président prononce alors la sentence : Hélène Jégado est condamnée à mort.

Contrairement à ce qu'elle avait affirmé, croyant sans doute être graciée, ceux qui l'ont fait condamner ne se retrouveront pas dans l'autre monde avant elle. Hélène Jégado est l'une des rares femmes condamnées de droit commun qui a été bel et bien guillotinée. Son pourvoi en cassation est rejeté, tout comme le recours en grâce.

Le 25 février 1852 au soir, on vient la prévenir que l'exécution est pour le lendemain. Les condamnés étaient alors avertis la veille, pratique inhumaine qui sera supprimée peu après... Mais l'histoire ne s'arrête pas là. Avant de mourir, Hélène accepte, à la demande de son confesseur, de signer une déclaration dans laquelle elle reconnaît tous ses crimes. Elle accepte, en outre, que celle-ci soit rendue publique après sa mort.

Les journaux la publient donc le jour de son exécution. Elle commence ainsi :

« Sur le point de paraître devant Dieu et voulant expier mes fautes, je déclare me reconnaître coupable des empoisonnements relatés dans mon acte d'accusation. »

Vient ensuite cette précision terrible :

« La justice n'a pas connu tous mes forfaits. J'ai porté la désolation dans un grand nombre de familles. De jeunes enfants ont été mes victimes, des mères ont perdu des filles qui étaient l'appui de leur vieillesse. »

Mais ses aveux contiennent une réserve de taille :

« Cependant, je n'ai point donné la mort ni à ma sœur Anna, ni à deux autres des sept victimes du presbytère de Guern. C'est une méchante femme, prénommée Marie, qui est coupable de ces trois crimes. »

Suite à ces révélations, une nouvelle enquête a lieu et c'est le procureur général du Bodan qui s'en charge. Renseignements pris, il existe bien une Marie Le Dantec, domestique à Guern. Le magistrat va l'interroger, mais il ne tarde pas à la disculper entièrement. Cette personne a été employée dans plusieurs maisons de Guern. Jamais il n'est arrivé de mort violente ou suspecte dans les familles où elle a servi. Ces décès ne se sont produits dans la commune que lorsque Hélène y est entrée et, depuis qu'elle en est sortie, il n'y en a plus eu à déplorer.

Tout était donc faux ! Tout n'était qu'une tentative de nuire, voire de tuer, si la culpabilité de la suspecte était reconnue. Au seuil de la mort, même privée d'arsenic, Hélène Jégado, « la sorcière de Bretagne », avait une dernière fois, par cette calomnie, versé son poison.

L'ABATTOIR

Katherine Knight naît en octobre 1955 dans une famille pauvre, en Nouvelle-Galles du Sud, une province de l'Australie. Famille pauvre et nombreuse : ils sont huit frères et sœurs. En 1969, la famille s'installe à Aberdeen, petite ville au nord de Sydney, qui possède les plus grands abattoirs du pays. Son père y a obtenu un emploi et c'est la raison pour laquelle il a déménagé.

Katherine se fait remarquer à l'école, mais pas dans le bon sens. C'est la dernière de la classe, elle est mauvaise en tout et, à la fin de sa scolarité, elle sait à peine lire et écrire. À la récréation, ce n'est pas la même chose : on ne voit qu'elle, elle se bat avec tout le monde et elle fait peur à tout le monde, même aux garçons. En fait, elle n'attend qu'une chose : que l'école se termine pour entrer dans la vie active.

C'est chose faite à 16 ans : elle rejoint son père à l'abattoir. C'est une des rares femmes à y travailler, mais elle s'y sent parfaitement à son aise. Elle patauge dans le sang avec bonheur et manie avec dextérité ses engins de mort. Elle n'a pas son pareil pour couper la tête aux cochons.

Cela ne l'empêche pas de penser aux choses de l'amour. Sans être une beauté, c'est une grande rousse souriante, aux dents un peu proéminentes, qui lui donnent un aspect typiquement britannique. L'année de ses 18 ans, elle rencontre David Kellert, un chauffeur de poids lourds de 22 ans et elle emménage chez lui. Ils se marient en 1974, et ses instincts sanguinaires commencent à se révéler : lors de la nuit de noces, déçue des performances de son mari, elle essaie de l'étrangler.

David, qui est un costaud, résiste à la tentative sans problème. C'est un placide, aussi. Il oublie cet incident, en se disant que cela va s'arranger. Malheureusement, cela ne s'arrange pas. Un jour, il arrive à son travail avec l'empreinte d'un fer à repasser sur la joue. Une nuit, il se réveille et la découvre en train de brandir un couteau au-dessus de sa gorge. Décidément imperturbable, ou très épris, il reste avec elle et, en 1976, ils ont une fille, Melissa. Il dira plus tard :

– Je n'ai jamais porté la main sur elle, même quand j'étais agressé. Je partais toujours.

Deux mois plus tard, c'est ce qu'il fait vraiment : il part avec une autre femme. Quand Katherine découvre le foyer vide, son sang ne fait qu'un tour. Elle s'enfuit avec la petite Melissa, âgée de 2 mois. Elle saute dans sa voiture et sort d'Aberdeen. Pendant un moment, elle suit la voie ferrée. Elle attend que la route devienne moins fréquentée. Quand elle juge que l'endroit est suffisamment désert, elle s'arrête, descend, avec le nourrisson dans les bras, et le dépose sur les rails !

C'est son enfant pourtant, et elle l'aime... Seulement David adore Melissa et il sera anéanti en apprenant la nouvelle. L'enfant crie, pleure, mais cela ne la fait pas changer d'avis. Elle regarde sa montre : il est midi pile. L'express de Sydney arrive dans quelques minutes : c'est parfait !

Elle est arrivée à sa voiture et elle s'apprête à ouvrir la portière, lorsqu'un homme qu'elle n'avait pas vu venir se plante devant clle.

– Vous oubliez quelque chose, ma petite dame !

Il tient le bébé dans les bras et le lui tend. L'homme est barbu et sale, il porte des vêtements fatigués. Elle comprend qu'il s'agit d'un vagabond, qui se trouvait là par hasard. Elle prend Melissa.

– Vous m'avez vue ?

– J'ai tout vu. C'est le vôtre ?

– Oui.

– Qu'est-ce qui vous a pris ? Vous êtes dingue ou quoi ?

– Je ne sais pas. Je ne recommencerai pas...

L'homme va s'éloigner. Elle le retient.

– Vous n'allez rien dire à la police ?

– Vous avez de la chance, les flics, je ne les aime pas trop. Mais c'est fini, avec le bébé, hein ?

– Je vous le promets...

Le plus extraordinaire est que les choses en resteront effectivement là. Le vagabond ne parlera que beaucoup plus tard, lorsqu'elle aura été arrêtée. Et cette tentative de meurtre n'aura pas de suite...

Quant à son mari, David Kellert, elle ne lui dit rien lorsqu'il revient. Car il revient ! Il a quitté la femme avec laquelle il était parti et il veut, lui dit-il, « sauver leur couple »... Tout reprend donc comme avant. Elle est toujours aussi violente, mais David a maintenant l'habitude et il sait comment faire. Dès qu'il voit qu'elle commence à s'énerver, il s'en va et, lorsqu'il revient, elle est à peu près calmée.

Cela dure plusieurs années, le temps de faire un nouvel enfant, Natasha, en 1980. Et puis, c'est la rupture. Contrairement à ce qu'on pourrait penser, elle ne vient pas de lui, mais d'elle. C'est Katherine qui s'en va, un beau jour de 1982, avec ses deux filles, après avoir vidé la maison de tout son contenu.

En 1986, elle se met de nouveau en ménage. Le nouvel élu de son cœur s'appelle Dave Saunders et elle a avec lui une troisième fille, Sarah... Jusque-là, si sa vie amoureuse a été passablement mouvementée, sa vie professionnelle est, au contraire, remarquablement stable. Elle se plaît toujours autant dans son abattoir, à égorger des cochons à longueur de journée. Malheureusement, la malchance s'en mêle : elle se fait une grave blessure dans le dos, qui l'oblige à quitter son travail. Elle touche pourtant une indemnité, qui, jointe à une somme que lui donne Dave, lui permet de réaliser un vieux rêve : elle s'achète une maison délabrée, dans un quartier populaire d'Aberdeen et passe son temps à la rénover et à la meubler. Elle a des goûts assez particuliers : peaux de bêtes, cornes de taureaux, pièges à animaux rouillés, faon empaillé ; une faux suspendue à une corde se balance au-dessus du canapé.

Quand elle ne s'occupe pas de décoration, elle se consacre à sa vie conjugale ; enfin, elle le fait à sa manière ! Le malheureux Dave en voit de toutes les couleurs. Elle lui met ses vêtements en lambeaux, lui démolit sa voiture, le bat avec une poêle à frire, égorge sous ses yeux un chiot qu'il avait recueilli dans la rue. Et, encore une fois, malgré tout cela, ce n'est pas lui qui s'en va, c'est elle. Elle le quitte avec les enfants.

Deux ans plus tard, elle retrouve un autre compagnon, John Chillington, chauffeur de taxi, avec lequel elle a un garçon : Éric. À part cela, elle est toujours aussi charmante avec lui : elle lui arrache ses lunettes et les piétine, le frappe à coups de ciseaux et de fer à repasser.

Ici, on ne peut s'empêcher de se poser des questions : qu'est-ce qui fait que tous ces hommes se laissent maltraiter sans réagir ? Et pourquoi restent-ils auprès de Katherine, qui n'est ni riche ni spécialement jolie ? Est-ce qu'ils sont masochistes ? Est-ce qu'elle a des talents amoureux exceptionnels ? Peut-être. Mais on n'en saura jamais rien. Aucun d'eux ne s'est exprimé à ce sujet.

Enfin, on en arrive au dernier partenaire. En 1994, elle quitte John Chillington, pour Charles Price, un homme divorcé apprécié de tous, même de son ex-femme, avec laquelle il a eu quatre enfants. Et tout recommence comme auparavant. Charles est sincèrement épris, ce qui lui fait supporter les pires traitements. Pour se venger d'on ne sait quoi, elle va trouver son employeur et l'accuse de rapporter à la maison des objets volés dans l'entreprise. Bien qu'il ait dix-sept ans d'ancienneté, on la croit et il est licencié. Il retrouve, heureusement, un poste de vendeur, dans un grand magasin de bricolage.

Là tout se passe bien pour lui : un an après avoir été engagé, il est nommé chef de rayon. Si tout est satisfaisant sur le plan professionnel, sa vie privée n'est pas loin d'être un enfer. Peu à peu, il en fait la confidence à ses collègues de travail :

– Hier, elle m'a encore poursuivi avec un couteau. Elle m'a dit : « Je vais t'égorger ! »

– Mais pourquoi ? Tu lui avais fait quelque chose ?

– Non, rien du tout...

– Et tu n'essaies pas de te défendre ?

– Comment veux-tu ? Elle a travaillé des années à l'abattoir. Elle sait se servir des couteaux comme personne. Si je résiste, elle va me tuer.

– Alors, il faut t'en aller.

– Je ne peux pas, à cause des enfants.

– Quels enfants ? Vous n'en avez pas ensemble. Il y a les tiens et les siens, mais ils sont grands. Ils ne sont plus avec vous...

Des conversations de ce genre, Price en a plusieurs, mais bien qu'on le sente de plus en plus préoccupé, il ne se décide pas à rompre avec Katherine.

29 février 2000. Charles Price a un tel air catastrophé en prenant son poste au magasin, que son patron s'en rend compte immédiatement. Il a toujours beaucoup de sympathie pour lui et il ne comprend pas pourquoi il s'obstine à rester avec cette mégère.

– Qu'est-ce qui ne va pas, Price ?

– Elle m'a encore donné un coup de couteau. Cette fois elle m'a fait très mal et elle m'a dit : « La prochaine fois, je ne te raterai pas ! »

– Alors, c'est fini ! Ce soir, vous ne rentrez pas chez vous. Vous allez à la police et après, vous venez chez moi. Je vous hébergerai le temps qu'il faudra.

Mais Charles Price refuse. Il est sûr que tout va finir par s'arranger et, le soir, il rentre chez lui. Il est très surpris de ne découvrir personne. Pourquoi est-ce que Katherine n'est pas là ? C'est la première fois. Puisqu'il n'y a rien d'autre à faire, il se résout à attendre…

Katherine Knight est au restaurant chinois à quelques centaines de mètres de là. Elle y a invité ses quatre enfants. Cela aussi, c'est la première fois. Devant leur étonnement, elle leur a dit :

– Je veux que ce soir soit spécial !

Ils ont eu beau multiplier les questions, elle n'en a pas dit plus et le dîner se passe dans un certain malaise. À la fin, Melissa, l'aînée, fait cette réflexion :

– J'espère que tu ne vas pas tuer Charles et te suicider !

Katherine Knight se contente d'un sourire en guise de réponse… Après le repas, elle dit « au revoir » à ses enfants et rentre chez elle. Charles Price est là. Il lui demande ce qui se passe. Mais elle ne répond pas. Elle va à la cuisine, prend un couteau et le frappe. Il veut s'enfuir, mais elle le rattrape et frappe encore. Elle lui porte exactement 47 coups. L'autopsie révèlera que tous ses organes vitaux ont été atteints.

Le lendemain matin, on s'inquiète tout de suite au travail de Charles. L'ouverture du magasin est à 7 h 30, mais le patron est si préoccupé qu'à 7 h 45, il prévient la police. Les policiers ne perdent pas de temps non plus : ils se précipitent à son domicile. Leur chef dira :

– De ma vie, je n'avais vu une chose pareille et je souhaite à mes collègues de ne jamais voir ça !

Une fois son meurtre accompli, la spécialiste de l'abattoir s'est, en effet, surpassée. Le corps écorché et décapité de Charles Price gît dans le salon. Sa peau, soigneusement découpée, a été pendue sur une porte ouverte, sa tête a été déposée sur un grand plat, qui mijote dans le four de la cuisine.

Sur la table de la salle à manger, deux assiettes sont garnies d'un plat constitué de pommes de terre, de potiron, de courgettes, de courges et de morceaux du corps cuit. Des petits papiers indiquent qu'elles sont destinées aux enfants de Katherine. Quant à cette dernière, les policiers la découvrent sur le lit de la chambre, inconsciente. Contrairement aux craintes de Melissa, elle n'a pas tenté de se suicider; elle a pris juste assez de médicaments pour tomber dans un profond sommeil.

La nouvelle du crime épouvante l'Australie tout entière. Personne, dans le pays, n'a de souvenir d'une sauvagerie pareille. Les faits sont faciles à établir. La coupable ne cherche pas à nier. Mais ce sont les mobiles qui déroutent tout le monde. Pourquoi Katherine Knight a-t-elle infligé ce traitement atroce à sa victime, qui, d'après tous les témoignages, ne lui avait rien fait ?

D'autant qu'on apprend alors que c'était loin d'être la première fois. Ses anciens maris et compagnons viennent dire qu'ils avaient subi les pires traitements de sa part, sans avoir rien fait pour le mériter, eux non plus. Même le clochard se manifeste. Il raconte comment elle a voulu abandonner son bébé sur les rails et la jeune Melissa apprend, à cette occasion, que sa vie a failli se terminer bien tôt.

Pourtant, les experts psychiatriques qui l'examinent la jugent normale et son procès s'ouvre en novembre 2001, devant le tribunal de Sydney. On voit se succéder à la barre les témoins, qui décrivent l'extrême violence de l'accusée, y compris durant sa scolarité, puis on en arrive au point crucial : sa responsabilité mentale. Le docteur Lyons, psychiatre, est formel :

– L'accusée a une claire notion du bien et du mal. Elle ne présente pas de confusion mentale ni de dissociation de la personnalité. Elle est responsable pénalement.

L'avocat de Katherine Knight ne l'entend, bien sûr, pas ainsi.

– Pour vous il est normal qu'on soit violent dès l'école, qu'on frappe, au risque de les tuer, ses quatre conjoints successifs, qu'on abandonne son bébé sur une voie ferrée et, enfin, qu'on se livre à de telles horreurs sur le corps de sa victime ?

– C'est un comportement exceptionnel, mais qui n'entre dans aucune maladie précise.

– Il y a une force en elle, qui l'a obligée à commettre ces actes. Elle n'est pas responsable.

– C'est effectivement un cas limite, mais médicalement, elle est responsable…

On en restera là et, à l'issue des débats, les jurés reviennent avec un verdict de culpabilité, sans circonstances atténuantes. Katherine Knight est condamnée à la prison à vie, sans possibilité de libération anticipée. Elle restera en prison jusqu'à la fin de ses jours. C'est la première fois, en Australie, que cette peine, qui n'existe pas en France, est prononcée contre une femme.

LA CHIENNE DE BUCHENWALD

Il n'est pas facile d'avoir 20 ans dans l'Allemagne de l'après Première Guerre mondiale, surtout quand on est issu d'une famille modeste. Et c'est bien le cas d'Ilse Köhler. Née en 1906, près de Dresde, elle fréquente l'école primaire, puis une école commerciale. En ces temps de dépression, de chômage et d'inflation galopante, elle survit comme elle peut. Elle travaille dans une librairie, puis comme secrétaire dactylo.

Heureusement, elle a un atout : sa beauté. C'est une flamboyante rousse aux yeux verts et elle se dit qu'un jour ou l'autre, elle pourra faire un mariage qui l'amènera plus haut dans la société. En attendant, elle s'intéresse à la politique. Elle est séduite par les idées d'Adolf Hitler et, en 1932, elle prend sa carte du Parti nazi.

C'est la politique qui va lui permettre de sortir de sa grisaille. En 1934, au cours d'un meeting, elle rencontre Karl Koch, un fringant officier SS, de dix ans son aîné. Dès qu'elle le voit, dans son uniforme noir, elle est fascinée et décide que ce sera l'homme de sa vie. Elle fait en sorte de le revoir et sa beauté joue le rôle qu'elle attendait. Ils entament une liaison, même s'il repousse le jour du mariage...

Malgré son aspect fringant, Karl Koch a eu une vie mouvementée. Nazi de la première heure, il participe, dans les années 1920, à des raids contre les organisations ouvrières. Sur le plan professionnel, il est comptable, mais l'honnêteté n'est pas sa qualité dominante et il est arrêté après plusieurs escroqueries. Condamné, il sort de prison en 1930 et s'engage dans la SS, peu regardante sur le passé de ses membres. Là, il monte rapidement en grade. Ses talents sont remarqués par Himmler en personne et c'est, pour lui, le début d'une brillante carrière, celle de commandant de camp.

Les camps de concentration sont alors récents. Le régime est en train d'en installer un peu partout en Allemagne pour ses ennemis politiques, les communistes principalement. En 1936, Karl Koch est nommé commandant de celui d'Esterwegen, en Basse-Saxe. Il s'y distingue par une violence extrême. Certains dimanches, il organise des « jeux sportifs ». Il oblige des détenus pris au hasard à creuser des trous et d'autres détenus à les enterrer, avec seule la tête qui dépasse. Alors, avec d'autres SS, il zigzague au volant d'un camion, jusqu'à ce que toutes les têtes soient écrasées.

Ilse n'assiste pas à ces massacres, mais son compagnon lui en fait le récit et elle n'en est pas choquée, bien au contraire. En fait, elle n'attend qu'une chose, qu'il l'épouse et, en mai 1937, c'est le grand jour, le mariage avec Karl Koch, au milieu de tous les SS qui leur font cortège, dans un ensemble impressionnant. Le triomphe d'Ilse est d'autant plus complet que son mari reçoit, peu après, une prestigieuse promotion: en juillet, il devient le premier commandant du camp de Buchenwald, qui vient de s'ouvrir.

Le camp de Buchenwald, situé en Thuringe, près de Weimar, est installé au flanc d'une colline balayée par le vent. Il est entouré de barbelés électrifiés et de miradors. On y entre par une large porte de fer forgé, surmontée de la devise en allemand « À chacun son dû ».

Le camp se présente, vu d'avion, comme un vaste ensemble de bâtiments alignés le long de larges avenues tirées au cordeau. C'est une véritable ville avec ses rues, ses édifices en dur, ses usines, ses ateliers, ses cuisines, le four crématoire, la salle de désinfection et les douches. Présence dérisoire, au milieu de cette barbarie: près des cuisines, un arbre a été pieusement conservé, « le chêne de Goethe », sous lequel le poète venait s'abriter pour penser et écrire.

Après quelques années de fonctionnement, Karl Koch inaugure en grande pompe l'infirmerie, un quasi-hôpital avec une salle d'opération, un cabinet dentaire et des laboratoires. Le tout est placé sous l'autorité d'un mystérieux « Service de pathologie ». Mais les prisonniers savent tout de suite que l'infirmerie n'a aucunement pour but de les soigner. On murmure que les médecins sont là pour pratiquer toutes sortes d'opérations sur la population du camp: émasculation, inoculation de maladies, expériences en tout genre. Il se dit aussi que l'infirmerie sert à éliminer certains détenus, par piqûre mortelle.

Les blocs d'habitation sont équipés de châlits à trois étages. Chacun d'entre eux possède une paillasse en papier remplie de paille, jamais changée. Ces châlits, sur lesquels les détenus sont empilés côte à côte, constituent le seul ameublement. Il n'y a ni table, ni escabeau. Très rapidement, les poux font leur apparition. Il n'y a pas de savon.

Vers 4 h chaque matin, le réveil se fait sous les hurlements. Comme dans tous les autres camps, les détenus sont soumis au cérémonial de l'appel deux fois par jour. C'est un calvaire, surtout quand les SS décident d'y ajouter des séances épuisantes de gymnastique.

Mais la spécialité et l'originalité de Buchenwald est le supplice du chevalet, qui a lieu à l'appel du soir. Il s'agit d'une sorte de tabouret, sur lequel le supplicié est attaché sur le ventre. Après quoi, il reçoit vingt-cinq coups de gourdin sur les reins. Il doit compter lui-même les coups et, s'il s'arrête, parce qu'il a perdu connaissance ou pour toute autre raison, on recommence depuis le début. Le supplice se fait en présence des autres détenus et les cris sont couverts par l'orchestre du camp. Le plus souvent, le supplicié meurt sous les coups. Si, malgré tout, il survit, il reste gravement blessé et il est interdit à ses camarades de le soigner, sous peine de mort.

Enfin, après le début de la guerre germano-soviétique, Buchenwald devient un camp d'extermination. Les prisonniers russes y sont amenés, non pour être emprisonnés, mais pour être tués. Exactement comme avec les juifs d'Auschwitz, à qui on dit qu'ils vont à la douche, alors qu'on les conduit à la chambre à gaz, la direction choisit d'employer la ruse. On les dirige vers un prétendu cabinet médical. On les fait se déshabiller entièrement et entrer dans une pièce. Après un pseudo-examen, ils sont déclarés en bonne santé et placés devant une toise pour être mesurés. Mais le mur est percé d'un trou à la hauteur de la nuque et un SS, derrière la cloison, abat l'arrivant d'une balle. Le corps est enlevé et le sol lavé à grande eau. Le système peut sembler artisanal, mais il est terriblement efficace : certains jours, on a tué jusqu'à cinq cents Russes.

Ilse Koch se plaît tout de suite dans cet univers. Son mari et elle habitent une luxueuse maison à l'extérieur du camp, meublée dans le style néo-gothique, selon les goûts de la bourgeoisie nazie. Elle est entourée d'un vaste jardin. Normalement, ce devrait être le seul cadre de son existence, les femmes des SS n'ayant pas le droit d'entrer dans le camp, interdit aux civils. Qu'importe, Ilse passe outre ! D'autres épouses d'officiers ont exprimé leur compassion envers les prisonniers, pas elle. Au contraire, elle tient à voir ce qui s'y passe et même à y participer.

La première fois, c'est le jour de Noël 1937. Deux prisonniers, qui ont tenté de s'évader, vont être pendus et elle veut assister à leur exécution. Elle a beaucoup bu, elle est ivre, comme cela lui arrive souvent. Quand l'ordre est donné et quand les deux hommes se balancent au bout de leur corde, elle bat des mains et crie « Bravo ! »

Dès son arrivée à Buchenwald, elle a été prise d'une envie irrésistible : apprendre l'équitation. C'est qu'il n'y a pas de matérialisation plus éclatante de son élévation sociale. Monter à cheval, ce n'est pas une campagnarde des environs de Dresde, une petite sténodactylo qui pourrait le faire, c'est réservé à la caste des chefs, des seigneurs ! Elle demande à son mari de lui construire une écurie et un manège près de leur villa et elle suit les leçons avec acharnement.

Bientôt, elle franchit les grilles du camp sur sa jument Poupée. Et les détenus s'habituent à la silhouette de cette rousse aux yeux verts, la cravache à la main, portant la veste d'un tzigane assassiné et les bottes de fourrure d'un prêtre polonais torturé à mort. Ils la surnomment « la commandante », « la sorcière » ou « la chienne ». Elle leur devient aussi familière que les officiers SS et elle leur inspire la même terreur.

Ilse Koch est partout à Buchenwald. Elle examine les prisonniers affectés à la carrière. Elle note les numéros des matricules de ceux qui ne portent pas des pierres assez lourdes à son gré et elle les transmet à son mari. Le soir même, ils passent sur le chevalet et elle assiste à leur supplice depuis un mirador.

L'un de ses plaisirs préférés est de se promener au milieu des détenus, dans une tenue provocante, en prenant des poses suggestives. Et malheur à l'homme qui ose la regarder ! Un jeune juif, avec l'étoile jaune sur la poitrine, a l'imprudence de le faire. Elle hurle :

– Espèce de cochon de juif, je vais t'apprendre à me regarder avec tes sales yeux de youpin !

Il mourra sur le chevalet... Un autre jour, elle fait battre à mort un jeune tzigane très beau, qui n'avait strictement rien fait, après lui avoir crié :

– Pourquoi ne travailles-tu pas, salaud ? Tu vas en avoir plein le cul !

Plus tard, elle surprend un détenu ramassant des épluchures de pommes de terre. Elle demande qu'on sorte les chiens. Ils sont dressés à mordre ceux qui portent un pyjama rayé. Ils sont lâchés et l'homme n'est bientôt plus qu'une plaie. Dans l'affrontement, un chien est blessé par un de ses congénères. Ilse Koch le fait panser, mais l'homme est abandonné par terre, en sang. Il est transporté le soir à l'infirmerie, où sa mort est constatée.

Elle va plus loin encore. Un jour, elle se met en tête d'avoir des abat-jour faits de peau humaine. Elle ordonne qu'on réunisse tous les prisonniers juifs et qu'ils se déshabillent jusqu'à la ceinture. Puis, elle se promène entre les rangées, sur son cheval, examinant ceux qui ont un tatouage. Lorsqu'elle en voit un qui lui plaît, elle touche l'homme de sa cravache. Immédiatement, les gardes entraînent le prisonnier vers l'infirmerie où les docteurs SS le tuent, lui enlèvent le tatouage, puis tannent la peau. Elle aura ainsi de quoi fabriquer trois abat-jour. Par la suite, elle utilisera aussi des pouces humains momifiés comme interrupteurs électriques dans sa maison.

Le plus terrible avec « la chienne », c'est qu'elle est imprévisible. On ne sait que faire avec elle. Les détenus la fuient comme la peste, car la rencontrer, c'est risquer la mort. Un jour qu'elle se promène à cheval, en compagnie de deux SS à cheval eux aussi, elle perd un gant. Un prisonnier français s'en aperçoit et s'interroge avec angoisse sur ce qu'il doit faire. S'il ne le ramasse pas, elle risque d'être furieuse et de l'envoyer à la mort, mais s'il le ramasse, elle peut être tout aussi furieuse de cette familiarité. Il décide de le ramasser et le lui tend. Elle lui décoche un coup de pied au visage. Il est projeté sur un SS, qui lui donne un coup à son tour et il s'écroule, assommé. Plus tard, il sera amené à l'infirmerie sur une civière et exécuté d'une piqûre mortelle.

Une autre fois, trois détenus en service commandé passent devant elle. Elle les interpelle. Deux d'entre eux s'enfuient, mais le troisième se présente au garde-à-vous, la casquette à la main, comme le veut le règlement. Elle lui crache au visage :

– Je ne t'ai pas appelé, espèce de tire-au-flanc. Je vais te coller un rapport au cul !

Lorsqu'il retrouve ses camarades, il pleure. Il leur demande, s'ils s'en sortent, d'aller voir sa femme et ses enfants. Le lendemain, au réveil, il ne part pas à l'appel avec les autres. Les gardes lui disent de les suivre. On ne le reverra jamais.

Si Ilse Koch ne se soucie que de satisfaire ses instincts sadiques, son mari a des préoccupations plus matérielles. On ne change pas aussi facilement de naturel. Malgré les responsabilités qui sont les siennes, Karl Koch est resté le comptable véreux, condamné pour escroquerie.

Un camp de concentration n'est pas seulement une machine de mort, c'est aussi un collecteur de fonds considérable. Il y a l'argent et les valeurs des détenus, qui leur sont pris à leur arrivée, il y a aussi le budget de fonctionnement. Tout cela passe entre ses mains et il ne résiste pas longtemps à la tentation. Il se met à falsifier les écritures et à détourner de grosses sommes à son profit.

Ce qu'il ignore, c'est que la SS dispose d'un organisme chargé de contrôler la gestion des camps et il ne tarde pas à devenir suspect. Dans un premier temps, il n'est pas accusé, mais mis à la tête d'un autre camp, celui de Majdanek, en Pologne. En son absence, les écritures pourront être examinées de plus près.

Nous sommes alors en septembre 1941. Ilse Koch ne suit pas son mari, elle reste à Buchenwald. Cette nouvelle situation ne semble pas trop l'affecter. Elle continue à parcourir le camp à cheval et à répandre la mort autour d'elle. Elle devient également la maîtresse du docteur Owen, chef du service de pathologie, le responsable des expériences médicales sur les détenus et d'Hermann Florstedt, le commandant adjoint.

Tout cela cesse brutalement, le 24 août 1943. Ilse Koch est arrêtée, conjointement avec son mari, en Pologne. Tous deux sont emprisonnés, en attendant d'être jugés. L'enquête aboutit, en septembre 1944, à leur inculpation pour détournement de fonds, faux et usage de faux et destruction de documents officiels.

Le procès ne dure que trois jours. Ilse Koch dira plus tard à ce sujet : « Devant les juges SS, j'ai fait de jolis sourires et j'ai menti. Je m'en suis tirée. Je ne suis pas encore trop mal fichue et il suffit de mentir avec assurance. » Mais si elle s'en est sortie sans dommage, c'est peut-être moins à cause de son charme que parce qu'elle n'était pas vraiment coupable de ces chefs d'accusation. Qu'elle ait profité de l'enrichissement du couple, c'est certain, qu'elle ait appris certaines choses et qu'elle n'ait rien dit, c'est probable. Mais le vol n'était pas ce qui l'intéressait. Ce qui la fascinait, à Buchenwald, c'était le spectacle de la déchéance humaine et le pouvoir de vie et de mort qui lui était accordé.

Quoi qu'il en soit, à l'issue des débats, elle est acquittée et son mari est condamné à mort. Tandis qu'elle va se réfugier dans sa famille, Karl Koch est fusillé, sur les lieux mêmes de ses fautes, à Buchenwald, le 5 avril 1945, une semaine avant la libération du camp.

Quand les Américains arrivent, le 11 avril, c'est le même horrible spectacle qu'au sein des autres camps d'extermination : les déportés squelettiques et hagards, les monceaux de cadavres qu'il faut évacuer au bulldozer. On estime que, depuis sa création, Buchenwald a accueilli 250 000 prisonniers et que

57 000 y sont morts. Parmi les rescapés délivrés par les soldats, de nombreuses personnalités de la Résistance française et des noms célèbres : l'industriel Marcel Dassault, l'écrivain et scénariste Jorge Semprun, le prix Nobel de la paix Élie Wiesel.

Pour Ilse Koch, l'heure de la vraie comparution devant la justice est venue. Elle est arrêtée dans sa famille, à Ludwigsburg, le 30 juin 1945. Elle est incarcérée et, le 11 avril 1947, elle est traduite devant un tribunal militaire américain, à Dachau, en compagnie de 31 criminels nazis de Buchenwald.

Même si elle n'a pas commis de meurtres de ses mains, la « chienne de Buchenwald » est l'accusé qui suscite le plus grand sentiment d'horreur dans le public. Elle est l'incarnation même de la perversité et du mal. L'acte d'accusation le dit clairement : « Avide de puissance et dépourvue de sentiment, elle excitait la brutalité des SS et assistait aux séances de torture. » Et puis surtout, il y a ces pièces à conviction dans le prétoire, ces trois abat-jour en peaux humaines, qu'elle a choisies elle-même, en envoyant trois malheureux à la mort.

Ici, plus question de jolis sourires ni de mensonges faits avec assurance. Le défilé des survivants du camp est accablant et le rapport des experts confirme la nature humaine des pièces à conviction. À l'issue d'une rapide délibération, Ilse Koch est condamnée à la réclusion criminelle à perpétuité.

Les choses pourraient en rester là, mais la politique s'en mêle. Deux ans seulement plus tard, elle est libérée par le gouverneur militaire américain, le général Lucius Clay. Il faut dire qu'en deux ans beaucoup de choses ont changé. C'est la guerre froide entre l'Est et l'Ouest, et la guerre tout court, en Corée. L'ennemi, maintenant, pour les Américains, ce ne sont plus les nazis, ce sont les Soviétiques. Le général déclare froidement aux journalistes :

– Les faits reprochés à Ilse Koch ne méritaient pas une si lourde peine.

Mais malgré toute son assurance, le scandale est énorme dans le monde entier. (Le général Clay tentera maladroitement de se justifier plus tard, en expliquant qu'il avait cru que les peaux humaines tannées étaient des peaux de chèvre.) Il est décidé qu'il y aura un nouveau procès et c'est l'Allemagne qui obtient de l'organiser, tant parce que beaucoup de victimes de Buchenwald étaient allemandes, que pour prouver que le pays rejette les horreurs nazies.

La « chienne de Buchenwald » passe pour la troisième fois devant les juges, à Augsbourg, en Bavière, au mois de novembre 1950. Elle ne s'émeut pas. Elle déclare dédaigneusement avant le procès :

– De toute manière, les Américains me libéreront !

Au cours des débats, elle nie tout. Les experts viennent confirmer que les abat-jour sont faits de peau humaine, ce qui ne lui arrache qu'un haussement d'épaules. Le défilé des 243 témoins ne l'impressionne pas davantage. Elle proclame que « les anciens déportés ont une imagination dégoûtante » et qu'ils se répandent en calomnies contre elle, qui est « la femme la plus normale et la mère la plus digne ». Ce n'est pas cette attitude qui peut changer quoi que ce soit et, le 15 janvier 1951, elle est condamnée de nouveau à la réclusion à perpétuité.

Cette fois, c'est bien fini. Et ça l'est même tout à fait, lorsque, le 1er septembre 1967, une surveillante de la prison pour femmes d'Aichach, la découvre pendue avec ses draps, dans sa cellule…

Ilse Koch n'a pas laissé de mot pour expliquer son acte et on n'en saura pas la raison précise. Une chose est certaine, en tout cas : ce n'était pas le remords.

LA MAISON LALAURIE

Delphine MacCarthy naît un beau jour de 1775, à La Nouvelle-Orléans, dans ce qui n'est pas encore les États-Unis, mais la Louisiane, une immense colonie française au cœur de l'Amérique du Nord. Son père, Barthélemy MacCarthy et sa mère, Marie-Jeanne L'Érable, appartiennent tous les deux à la haute société de la ville. Ils tirent leur fortune de ce qui fait la richesse du pays : la canne à sucre, le coton et la traite des esclaves.

Delphine grandit dans cet environnement doré et, comme un bonheur n'arrive jamais seul, elle est aussi belle que riche. Très brune, comme la plupart des créoles, elle joint un visage parfait à un corps de statue. Inutile de dire que les prétendants s'empressent auprès d'elle. Elle choisit don Ramon Lopez, un officier espagnol de haut rang. La noce est féerique, c'est d'ailleurs un membre de sa famille qui les marie, son cousin, Augustin MacCarthy, maire de la Nouvelle-Orléans.

Mais le mariage ne dure pas. Ramon a juste le temps de lui faire une fille et il meurt dans des conditions troubles, d'une brusque maladie. Après le délai décent de veuvage, Delphine se remarie avec Jean Blanque, banquier, avocat et marchand d'esclaves, à la tête d'une immense fortune. Cette fois, leur union dure plus longtemps, puisqu'elle a quatre nouvelles filles de lui, mais il meurt à son tour d'une mystérieuse fièvre. Quelques années passent encore et Delphine, veuve richissime, convole une troisième fois, avec un médecin, de dix ans son cadet, Léonard Lalaurie. Nous sommes en 1825, elle a 50 ans, une nouvelle vie commence pour elle, une vie dont on n'a pas fini de parler.

Son premier soin est d'acheter une maison, que tout le monde prend l'habitude d'appeler « la maison Lalaurie ». C'est une des plus belles demeures, sinon la plus belle de La Nouvelle-Orléans : un magnifique hôtel particulier de trois étages, rue Royale, dans le quartier français. L'extérieur est sobre, malgré une très belle décoration en fer forgé, mais l'intérieur, auquel elle accorde tous ses soins, est d'un luxe inouï. Elle fait tout venir de Paris : les meubles, les tapis, les lustres, les bibelots. Jamais on n'avait vu un raffinement pareil.

La maison Lalaurie ne tarde pas à monopoliser l'attention de tous. D'abord, pour ses fêtes. Delphine Lalaurie y donne des réceptions d'un luxe qui dépasse tout ce qu'on peut imaginer. Les bals sont animés par les orchestres les plus prestigieux. Les toilettes sont admirables, celles de ses filles en particulier. Les prétendants se bousculent autour d'elles, comme naguère autour de Delphine elle-même. Être invité chez les Lalaurie est une consécration, cela veut dire faire partie du très grand monde.

Mais la maison Lalaurie acquiert en même temps une réputation bien différente. Elle le doit à une femme presque aussi connue à La Nouvelle-Orléans : Marie Leveau. Celle-ci, pourtant, n'appartient pas à une grande famille ; personne d'ailleurs ne sait d'où elle vient. Mais elle a un surnom qui dit tout : « la reine du vaudou ». C'est une métisse au charme un peu inquiétant, aux vêtements colorés et aux bijoux voyants. Elle tient une petite échoppe d'épices dans le centre de la ville et, si elle ne désemplit pas, ce n'est pas pour sa marchandise. On vient demander à l'épicière un sort ou une magie quelconque, qu'elle n'accorde que contre une somme importante.

Sa meilleure cliente se nomme Delphine Lalaurie. Celle-ci ne se déplace jamais dans sa boutique, c'est la reine du vaudou qui vient chez elle. Elle s'y rend surtout la nuit, quand il n'y a pas de bal, et elle reste pendant des heures. Que se disent-elles alors ? Que font-elles ? On ne le sait pas, mais on peut apercevoir d'étranges lueurs dans les pièces et quelquefois, on peut entendre des cris et des gémissements... Pendant quelque temps, à La Nouvelle-Orléans, deux images de la maison Lalaurie s'affrontent, la brillante et la sombre et, contrairement à ce qu'on pourrait imaginer, c'est la seconde qui va rapidement l'emporter.

Comme tout le monde, les Lalaurie ont des esclaves noirs, une douzaine environ et les voisins ne tardent pas à remarquer qu'ils ne cessent d'en acheter de nouveaux. Or, dans le même temps, ils n'en revendent aucun. Que deviennent-ils ? Ces interrogations parviennent aux oreilles des privilégiés qui sont invités aux réceptions. Ils s'intéressent pour la première fois aux serviteurs et ils les trouvent hagards, on dirait des zombies !

« Zombies », le grand mot est lâché. Car, les invités comme les autres sont au courant des visites de Marie Leveau et les zombies sont au cœur des pratiques vaudoues. Est-ce que les deux femmes transforment les esclaves en zombies ? La maison Lalaurie serait-elle peuplée de morts vivants ?

En outre, une étrange histoire circule. Un des invités se serait perdu dans la maison et se serait retrouvé involontairement aux cuisines. Là, il aurait découvert la vieille cuisinière qui prépare les repas, enchaînée à ses fourneaux. Et il jure qu'elle l'aurait supplié de tout faire pour la délivrer.

Tous ces bruits finissent par sembler assez inquiétants aux autorités pour qu'elles réagissent. Elles le font d'une manière tout ce qu'il y a d'amical. Elles envoient chez Delphine un membre du conseil municipal, l'avocat Charles Bélière. Celui-ci n'arrive pas à l'improviste. Il a prévenu de sa visite et il est reçu tout sourire. La maîtresse de maison est particulièrement élégante dans sa robe qu'elle vient de recevoir de France. L'avocat s'incline pour le baisemain. Il a autrefois fait partie de ses soupirants et on dit qu'il est toujours amoureux d'elle.

– Ma démarche n'a aucun caractère officiel, Madame. Elle n'a pour but que de faire taire certaines rumeurs…

– Eh bien, asseyez-vous, Charles, et parlez-moi de ces méchantes rumeurs…

– Il s'agit de vos esclaves. On prétend qu'une fois chez vous, ils disparaissent ou bien, ils dépérissent.

Delphine Lalaurie a un rire tout à fait charmant.

– C'est absurde ! Personne n'est plus douce que moi avec ses esclaves. J'ai même affranchi deux d'entre eux.

– Je le sais, Madame…

– Quant à dépérir, je vous laisse juge !

Elle appelle son majordome, un robuste noir au sourire éclatant, qui assure que sa maîtresse est la meilleure des femmes. L'avocat s'estime convaincu. Mais il poursuit quand même, d'une voix contrainte.

– Je dois faire taire une dernière rumeur. On dit qu'un de vos invités se serait égaré aux cuisines et qu'il aurait trouvé la vieille cuisinière enchaînée aux fourneaux.

– Encore plus absurde ! Suivez-moi et vous verrez…

Bien entendu, il n'y a rien de tel aux cuisines. Charles Bélière prend congé en affirmant que le nécessaire sera fait pour mettre un terme à la situation et, effectivement, la mairie de La Nouvelle-Orléans fait paraître un communiqué démentant formellement les accusations qui circulent contre Delphine Lalaurie.

Pourtant, quelques semaines plus tard seulement, l'affaire va connaître un tragique rebondissement. Ce jour-là, Delphine est en train de se faire peigner par Léa, une petite esclave noire de 12 ans. Mais celle-ci a un geste maladroit et lui arrache des cheveux. Delphine Lalaurie pousse un rugissement et se saisit du fouet, qui se trouvait à côté d'elle. La petite noire s'enfuit dans l'escalier. Poursuivie par sa maîtresse, elle monte sur le toit. Delphine la suit, lui promettant les pires châtiments. Complètement apeurée, Léa perd l'équilibre et tombe. Elle est tuée sur le coup et Delphine Lalaurie la fait enterrer hâtivement dans la cour.

Malheureusement pour elle, le drame s'est passé en plein jour et plusieurs témoins ont tout vu. Ils déposent devant la police, qui alerte à son tour les autorités et Delphine Lalaurie reçoit une seconde visite. Il ne s'agit plus cette fois d'une démarche de complaisance. C'est le juge Caponage, le plus haut magistrat de la ville, qui en a été chargé. Si le ton reste courtois, il est ferme.

– Madame Lalaurie, reconnaissez-vous avoir poursuivi une petite noire sur votre toit pour la fouetter ?

La propriétaire de la maison hausse ses jolies épaules.

– Peut-être...

– Elle a pris peur, elle est tombée et elle est morte.

– Quelle importance ? C'était une esclave. Les esclaves sont juridiquement des marchandises, pas des êtres humains.

– C'est exact. Mais il y a aussi une loi, à La Nouvelle-Orléans, qui interdit de les traiter avec cruauté.

Delphine Lalaurie a une moue méprisante.

– Je fais ce que je veux chez moi.

– Non, Madame, vous n'êtes pas au-dessus des lois et, cette loi, je suis chargé de l'appliquer. Toutefois, je suis décidé à faire preuve d'indulgence : je vous propose une amende forfaitaire de 300 dollars. C'est tout.

– Et si je refuse ?

– Il y aura une enquête officielle de police. Choisissez.

Delphine Lalaurie choisit de payer et les choses en restent là. Du moins, elles en restent là sur le plan juridique, car sa réputation est définitivement atteinte. Bien sûr, il n'y a aucune preuve, mais elle est devenue suspecte aux yeux de ses amis et relations. Que fait-elle à ses esclaves ? On se met à l'éviter. Les Lalaurie ne sont plus invités par les bonnes familles de la ville et on ne se rend plus à leurs invitations. Les soirées, les fameuses soirées à la maison Lalaurie sont boudées. Les orchestres jouent dans des salons vides et, bientôt, ne jouent plus du tout, car Delphine renonce aux bals, dont personne ne veut.

Le coup de grâce vient peu après : Marie Leveau cesse à son tour leurs relations. La « reine du vaudou » ne supporte plus d'être mise en cause comme sa complice et, pour garder le reste de sa clientèle, elle le fait savoir avec éclat. Cette fois, Delphine Lalaurie est bel et bien traitée en pestiférée. Est-ce juste ou injuste ? On ne peut pas le savoir, mais l'attitude des habitants de La Nouvelle-Orléans ne change pas. Et c'est alors qu'un événement fortuit va révéler la vérité, de la manière la plus épouvantable.

Le 10 avril 1834, un terrible incendie se déclare dans la maison Lalaurie. Le feu a pris dans les cuisines et s'est propagé rapidement à tout le bâtiment. Les voisins se précipitent pour porter secours, mais Delphine refuse de leur ouvrir. Elle les injurie du balcon, malgré les flammes qui la menacent.

– Allez-vous-en ! Vous êtes tous des vauriens, des misérables !

Pourtant, quand les pompiers arrivent à leur tour, elle ne peut les empêcher d'entrer. Ceux-ci emploient de gros moyens et parviennent à se rendre maîtres du sinistre. Dans la cuisine, d'où est parti l'incendie, ils découvrent des restes humains et des chaînes. Il semble bien que la rumeur de la cuisinière attachée à ses fourneaux ait été vraie et que celle-ci ait choisi de s'immoler par le feu pour faire brûler la maison entière.

Mais la grande découverte, ils la font dans le grenier. Ils aperçoivent une porte derrière laquelle ils croient entendre des gémissements. Ils la font sauter à coups de hache et ils reculent devant l'horreur qu'ils ont sous les yeux... Le quotidien *The New Orleans Bee* écrit le lendemain : « En entrant, les pompiers ont trouvé douze esclaves plus ou moins horriblement mutilés, suspendus par le cou. Le sol était collant de vieux sang et lisse de sang frais. Ils étaient là depuis plusieurs mois et leur existence était prolongée uniquement pour leur faire endurer les souffrances qu'une cruauté sans égale pouvait leur infliger. »

En réalité, pour ménager ses lecteurs, le journal a reculé devant la description du spectacle et il faut dire que c'est absolument insoutenable. Dans la pièce se trouvent une douzaine d'esclaves noirs, hommes et femmes, dans un état abominable. Ils sont tous nus, certains attachés à des sortes de tables d'opération, d'autres enchaînés au mur, d'autres encore enfermés dans des cages. Certaines femmes ont le ventre ouvert et les viscères enroulés autour de la taille. Tous les hommes ont les ongles et le sexe arrachés. L'un d'eux est énucléé ; il a dû servir de chandelier, car il y a des bougies dans ses orbites vides. Un homme a le crâne percé, avec un bâton planté dans son cerveau ; le plus extraordinaire est qu'il vit encore !

Deux autres hommes ont la bouche cousue et remplie d'excréments, une femme a eu tous les membres amputés, une autre a eu les siens désarticulés et ramenés à angle droit, à la manière d'un crabe. Des morceaux de corps humains sont dispersés un peu partout dans la pièce, des crânes et des organes entassés dans des seaux. Toutes les tortures ont visiblement été faites lentement, afin que les victimes restent vivantes le plus longtemps possible.

Les pompiers s'enfuient. Des médecins les remplacent. Les malheureux qui peuvent encore parler supplient qu'on les achève. On les mène, au contraire, à l'hôpital où on tente de les soigner, mais pas un ne survivra.

Le lendemain, dès que la nouvelle est connue, c'est l'émeute ! De partout, à La Nouvelle-Orléans, on converge vers la maison Lalaurie. Bientôt, une foule énorme est là et une même phrase s'échappe de toutes les bouches :

– À mort, madame Lalaurie !

Beaucoup brandissent une corde. Si on ne fait rien, il est probable qu'on va assister à un lynchage. Il est à noter que, pour tout le monde, c'est elle la seule coupable. Léonard, son mari, beaucoup plus effacé, n'est mis en cause par personne. On estime qu'il était sans doute au courant de quelque chose, mais qu'il a fermé les yeux... La foule s'agglutine devant la porte d'entrée, mais au même moment, la grille de la cour s'ouvre et une voiture en sort à vive allure. Plusieurs doivent s'écarter précipitamment pour ne pas être écrasés. À l'intérieur, on a pu reconnaître la maîtresse de la maison Lalaurie. On ne la reverra jamais.

Ivre de rage, la foule entre dans l'hôtel et saccage tout. Quand la police arrive, il ne reste pratiquement plus que les murs. Pendant que la foule détruit ce qui a été sa demeure, Delphine Lalaurie se rend à Bayou Saint-Jean, dans le quartier du port, où une goélette l'attend. Le capitaine, payé à prix d'or, fait voile vers Covington où elle séjourne une dizaine de jours, avant de se rendre à New York, d'où elle embarque pour Paris.

C'est tout. On n'a plus de nouvelles d'elle, du moins jusqu'en 1930. Cette année-là, Eugène Blake, sacristain au cimetière Saint-Louis, le plus ancien de La Nouvelle-Orléans, découvre par terre une plaque d'argent : « Madame Lalaurie, née Delphine MacCarthy, décédée à Paris, le 7 décembre 1842, à l'âge de 6... » On n'en saura pas plus, la tombe sur laquelle était apposée l'inscription ne sera, elle, pas découverte. On suppose que son corps a été ramené clandestinement dans sa ville natale et enterré en secret. Quant à son mari, on a perdu définitivement sa trace. L'a-t-il rejointe à Paris ou est-il resté aux États-Unis ? Mystère.

Des mystères, il en reste beaucoup dans l'affaire Lalaurie, à propos de laquelle aucune enquête ne sera menée. Outre le rôle du mari, il reste beaucoup de points d'interrogation. Delphine Lalaurie n'a pu pratiquer ces tortures seule, elle n'avait pas la force physique nécessaire. Il lui a fallu obligatoirement un ou plusieurs complices : on ne les a jamais recherchés. D'autre part, quel a été exactement le rôle de Marie Leveau, la « reine du vaudou » ? Enfin, se pose la question de la motivation de ces actes criminels extraordinaires. Il y entre certainement une part de perversion sexuelle, mais tous les meurtres ne sont pas de nature sexuelle. En fait, faute de mieux, on doit conclure que la seule explication possible est la folie. Delphine Lalaurie était folle.

Reste le destin de la maison. Deux ans après la fuite de sa propriétaire, elle est restaurée et vendue à un téméraire ou à un inconscient qui, incapable de l'habiter, la quitte au bout de trois mois et tente de louer les chambres sans succès.

Inoccupée pendant trente ans, elle devient, en 1865, après la guerre de Sécession, un refuge pour jeunes filles pauvres. Par la suite, elle change sans cesse de propriétaire et de destination : maison de jeux, conservatoire de musique, salon de coiffure et même un bar, Le Saloon hanté, où les clients jouent à se faire peur. Chaque fois qu'il y a des travaux, on découvre des ossements, notamment des crânes, avec des lambeaux de cheveux crépus : de nouvelles victimes de madame Lalaurie.

Aujourd'hui, la maison a été achetée par un fonds d'investissements « Regions Financial Corporation » pour 2,3 millions de dollars. C'est beaucoup moins que sa valeur réelle, mais sa sinistre réputation diminue considérablement son prix. Près de deux siècles plus tard, les fantômes des malheureuses victimes hantent toujours la maison Lalaurie.

DÉBAUCHES IMPÉRIALES

Messaline n'en mène pas large en ce beau jour de l'année 48 apr. J.-C. Il y a quelques instants, un officier de la garde prétorienne, les soldats personnels de l'empereur, est venu la trouver et lui a dit laconiquement :

– César désire te voir.

Et maintenant, elle le suit, en direction de ses appartements privés… Messaline a 13 ans, mais c'est déjà une femme : ses formes sont nettement perceptibles sous les plis de son drapé. Elle a un visage adorable, avec des cheveux blonds lumineux, un nez retroussé, qui lui donne quelque chose d'enjôleur et des lèvres qui indiquent déjà la sensualité…

Elle n'a connu que des satisfactions au cours de sa jeune existence. De très haute lignée, apparentée à Auguste, elle a été élevée par sa mère Lepida, dans l'idée de faire un jour un prestigieux mariage. En attendant, il faut faire preuve de prudence, car le maître actuel de Rome, Caligula, est un fou sanguinaire.

Caligula : on ne peut pas prononcer son nom sans trembler, Caligula dont la dépravation n'a d'égale que la cruauté ; Caligula, qui vit en couple avec sa sœur Drusilla et qui a nommé consul son cheval Incitatus. Il n'y a pas de jour où il n'envoie une victime au bourreau, comme cela, sans raison, parce que le malheureux ou la malheureuse a partagé sa table au banquet ou l'a croisé dans une salle du palais. Face à lui, une seule conduite possible : se faire tout petit, se faire oublier. Et voilà que toute cette prudence n'a servi à rien ! Caligula veut la voir. Pour quelle raison ? Qu'a-t-on dit contre elle et que va-t-il faire ?

L'officier s'écarte et la laisse entrer dans la chambre impériale. L'empereur est allongé sur un lit, avec sa sœur à moitié nue à ses côtés.

– Tu m'as demandée, César ?

– Oui. Approche, Messaline.

Il la contemple d'un regard intense, presque impossible à soutenir.

– Tu es en âge de te marier et j'ai trouvé celui qu'il te faut : mon oncle Claude. Qu'en penses-tu ?

Messaline est agitée par deux émotions contraires. Le soulagement, d'abord : ses craintes étaient vaines. Ce n'est pas pour la mettre à mort que Caligula l'a appelée, c'est pour la marier. Mais avec qui ! Elle est saisie d'un violent sentiment de dégoût. Claude a près de la cinquantaine, mais il en paraît plus encore. Il est accablé de problèmes physiques et mentaux. Il est pris par moments de rires incontrôlables, il bave, il a le nez qui coule, il bégaye, il a des tics au visage et il boite ! Mais il n'est évidemment pas question de refuser, si elle tient à la vie... Caligula la fixe avec plus d'intensité encore.

– Alors, Messaline, ta réponse ?

– Je suis comblée, César...

Le mariage a lieu sans tarder. En découvrant la beauté qui lui est offerte, Claude est éperdu de bonheur. Il tombe immédiatement amoureux fou de sa jeune épouse. Messaline sent qu'elle pourrait tout obtenir de lui, mais pour l'instant, elle n'a rien à lui demander. Ils font des enfants, deux en deux ans, une fille et un garçon, Octavie et Britannicus et ils veillent surtout à ne pas mécontenter le maître de Rome.

C'est trois ans seulement après leur mariage que le miracle se produit ! Caligula est assassiné par les soldats de sa garde et il a tellement multiplié les tueries dans sa propre famille, qu'il ne reste pratiquement plus que Claude pour lui succéder. Aussitôt après l'exécution, il est acclamé comme empereur par les soldats mutins.

Contre toute attente, ce mariage qui lui avait été imposé est, pour Messaline, le plus fabuleux qu'elle pouvait espérer. Elle est devenue impératrice et, à partir de ce moment, tout va changer !

Messaline change physiquement, d'abord. Elle n'a que 16 ans, mais elle n'a plus rien d'une adolescente. Ses deux maternités l'ont épanouie. Maintenant, c'est une femme et quelle femme ! Il y a longtemps que le palais n'avait pas abrité une telle beauté. Tous les hommes sont subjugués par elle, à commencer, bien sûr, par son époux.

Mais Messaline a changé tout autant dans son esprit. Du jour au lendemain, elle est devenue la femme la plus puissante de Rome et elle se sent prise d'une frénésie de pouvoir. Tout ce qu'elle désire, il le lui faut, tout ce qui la contrarie doit être éliminé ! Et, pour cela, elle connaît le moyen : elle n'a qu'à demander à son impérial mari, qui bave devant elle, au propre comme au figuré...

Depuis son enfance, elle est fascinée par les jardins de Lucullus, les plus beaux de Rome, sur la colline du Pincio, au nord de la ville. Elle se souvient d'y avoir été invitée avec sa mère par son heureux propriétaire, le consul Valerius.

Claude, qui a beaucoup d'estime pour lui, lui a confié plusieurs légions, en vue de l'invasion de la Bretagne, la Grande-Bretagne actuelle, qu'il s'apprête à conquérir... Mais Valerius n'ira jamais en Bretagne. Messaline l'accuse de complot auprès de son mari. Il a projeté, assure-t-elle, de se servir de ses légions pour faire un coup d'État. Claude n'en croit vraisemblablement rien, mais comment résister à ce regard, à ce que disent ces lèvres ? Il le convoque pour qu'il s'explique. Messaline a tenu à être présente. En entendant cette accusation, Valerius comprend tout de suite la vérité. Il sait qu'il est perdu et ne cherche pas à se défendre.

– Ma loyauté envers toi est totale, César, et tu le sais parfaitement. Malheureusement pour moi, j'ai des jardins qui plaisent à l'impératrice.

Il s'ensuit une scène où Claude manifeste le plus grand embarras. Il bégaye et multiplie les tics plus encore qu'à l'ordinaire, mais à la fin, il déclare Valerius coupable... Messaline prend alors la parole, avec un sourire aimable.

– Je suis d'avis que nous t'accordions une faveur, Valerius : tu peux choisir ta mort.

Valerius se suicide le soir même et ordonne qu'on brûle son corps dans ses jardins, qui deviendront dès lors le lieu de promenade favori de Messaline...

Les femmes ont tout autant à craindre d'elle. Malheur, en particulier, à celles à qui l'empereur fait les yeux doux ! Peu après son accession au pouvoir, Claude fait revenir de l'exil où les avait envoyées Caligula, Agrippine et sa sœur Julia Livilla. Cette dernière est une jeune beauté et Messaline remarque que son mari lui adresse souvent des galanteries et des compliments. Alors, elle passe à l'action. Et elle décide d'en profiter pour se débarrasser de Sénèque, l'écrivain et penseur stoïcien, qui ne l'aime pas et qui ne se gêne pas pour le dire.

– Sais-tu, divin César, que Julia Livilla trompe son mari avec Sénèque ? Tu ne peux pas tolérer une pareille inconduite.

– J'ai du mal à te croire.

– Je les ai vus. Diras-tu que c'est faux ?

– Non, bien sûr...

Claude ne pouvant rien refuser à son épouse, les amants supposés sont donc tous les deux bannis et Messaline veille à ce que Julia soit assassinée lors de son exil. Par la suite, elle tente de séduire son mari, Marcus Vinicius. Comme il lui résiste, elle le fait assassiner à son tour.

Ce ne sont là que quelques-uns de ses crimes, mais en 43, se produit une cassure dans le règne de Claude : il part avec son armée conquérir la Bretagne. Il réussira d'ailleurs brillamment, car, sous ses dehors peu flatteurs, c'est un bon chef d'État et un bon chef de guerre. Mais cela, Messaline s'en moque, ce qu'elle voit c'est que son mari n'est plus là et qu'elle peut satisfaire son autre passion, tout aussi impérieuse que celle du pouvoir : l'amour physique.

Car les rapports sexuels sont une nécessité absolue pour elle, elle en a un besoin quasi permanent. Il s'agit certainement d'un état maladif, de ce que nous appelons aujourd'hui hypersexualité ou nymphomanie et dont nous connaissons aussi mal les causes que les remèdes. Mais ce qui est seulement un comportement dérangeant chez une femme ordinaire va donner lieu, s'agissant d'une impératrice dont le mari est au loin et qui peut tout faire impunément, à des scènes sans précédent.

Il faut à Messaline un homme différent par jour, plusieurs si possible. Une fois, elle va plus loin encore. Elle envoie chercher la prostituée la plus réputée de Rome, Scylla, et lui propose un concours : celle qui aura le plus de rapports intimes avec des hommes du crépuscule à l'aube l'emportera. L'acteur Mnester, qui est son amant et son confident, assistera à ces ébats et fera l'arbitre. Scylla accepte de bonne grâce, d'autant qu'elle sera payée à prix d'or.

Lorsque paraît l'aurore, Mnester proclame le verdict : il n'y a pas de gagnante, chacune d'elles a eu des rapports avec vingt-cinq hommes. Et, tandis que Scylla s'en va avec la petite fortune qu'elle a gagnée, Messaline, pas encore rassasiée, continue toute la matinée avec d'autres hommes.

Certaines nuits, elle éprouve le besoin de se livrer à la prostitution en ville. Elle se rend incognito dans la rue principale de Subure, le quartier le plus malfamé de la capitale. Là, le long d'une voie que chacun surnomme « la rue aux putains », se trouvent de petites cabanes fermées par un rideau où des filles tout ce qu'il y a d'ordinaire se donnent pour quelques pièces à leurs clients du peuple. L'impératrice se substitue à l'une d'elles et reçoit à sa place les assauts des hommes.

Et, non contente de se livrer à la débauche, Messaline entend y faire participer la cour. Elle oblige des femmes de notables à tromper leur mari sous le regard de celui-ci. Celles et ceux qui acceptent sont couverts d'or, les autres encourent sa disgrâce et, parfois, sont exécutés.

Claude finit par rentrer de Bretagne, une fois sa conquête achevée... Il avait laissé à Rome son plus fidèle conseiller, Narcisse, qui le met au courant des débauches auxquelles s'est livrée l'impératrice en son absence. Mais il ne s'en émeut pas.

– N'ai-je pas, de mon côté, des maîtresses ? Il est normal que Messaline s'amuse, elle aussi.

Il ouvre les bras à sa femme, plus que jamais décidé à tout faire pour la satisfaire. Après ses succès militaires, il se consacre au grand projet civil qu'il a en tête : agrandir Ostie, le port de Rome à l'embouchure du Tibre, pour le rendre digne de la capitale.

Messaline ne se soucie pas d'Ostie. Il lui arrive quelque chose d'extraordinaire : elle est amoureuse ! Elle avait ainsi entendu dire qu'un consul nouvellement nommé, Caius Silius, était le plus bel homme qu'on ait vu à Rome, elle l'a fait venir et ce fut immédiatement un véritable coup de foudre.

C'est la première fois. Bien sûr, Caius Silius est beau comme un Apollon, beau comme un dieu, mais il ne s'agit pas uniquement de désir. Messaline éprouve le besoin qu'il soit tout le temps à ses côtés, qu'il partage sa vie. Ils deviennent amants. Peut-être le jeune homme a-t-il aussi été touché par les mêmes sentiments ; de toute manière, il ne pouvait pas refuser...

Caius Silius est marié à Julia Silana, une beauté elle aussi. Messaline le convainc de divorcer et, quand il est libre, elle lui fait cette proposition incroyable :

– Marions-nous !

Le jeune homme reste interdit.

– C'est impossible ! Tu es marié avec Claude, tu ne peux pas être bigame.

– Ne t'inquiète pas pour Claude, je m'en charge...

Alors, pourquoi une idée aussi insensée lui est-elle venue ? L'historien Tacite y voit le summum de la dépravation. Il écrit : « Elle voulait absolument être la femme de Caius Silius, parce que c'était scandaleux... Le mot de mariage éveilla ses désirs, à cause de l'énormité du scandale qui, lorsqu'on a tout gaspillé, est une ultime jouissance. » C'est possible, mais c'était peut-être aussi simplement inspiré par la passion, une folle passion, qui pouvait la conduire à la mort...

En tout cas, elle court immédiatement trouver son mari. Comme chaque fois qu'il la voit, il arbore un sourire radieux. Il est au courant, comme tout le monde, de sa liaison avec Caius Silius, mais ce n'est pas cela qui peut altérer sa bonne humeur. Ainsi qu'il l'a dit à Narcisse, il a des maîtresses, il est normal qu'elle ait des amants... Pourtant Messaline affiche un air soucieux.

– Une devineresse m'a parlé tout à l'heure, César, une devineresse en qui j'ai toute confiance.

– Que t'a-t-elle dit ? Est-ce grave ?

– Oui, César. Elle m'a dit exactement : « Le mari de Messaline va mourir. »

Claude croit sa femme et il croit aux prédictions. Il est soudain en proie à une vive agitation.

– Mais c'est moi, le mari de Messaline !

– Pas forcément...

– Je ne te comprends pas.

– Je n'ai cessé d'y penser. Tu n'as qu'à me répudier. J'épouse un malheureux, sur qui tombera le sort et, dès qu'il sera mort, nous nous remarierons.

Claude est fou de joie. Il prend sa femme dans ses bras, il la couvre de baisers et, avec un de ses rires interminables qu'il ne peut contrôler, il signe l'acte de répudiation. Après quoi, il part pour Ostie où il doit rester un moment, pour surveiller les travaux.

La noce a lieu, alors que Claude est à Ostie. Messaline épouse Caius Silius, lors d'une fastueuse cérémonie, suivie d'un banquet dans les jardins de Lucullus, devenus les jardins de l'impératrice. Le vin coule à flots et Messaline entraîne ses invités dans une danse. À ses côtés, se trouve Caius Silius, couronné de lierre. Après la danse, commencent des scènes de débauche, auxquelles se joignent les nouveaux époux...

Un homme assiste, sans y participer, à cette bacchanale, c'est Narcisse, le conseiller de l'empereur. Il a tenu à être présent à la cérémonie et il ne peut cacher son inquiétude. Il est au courant de cette histoire de présage, mais il n'y croit pas. Il est persuadé, au contraire, qu'il s'agit d'une tentative de coup d'État. Maintenant qu'il est le mari de Messaline, Caius Silius a tous les atouts pour s'emparer du pouvoir. D'ailleurs, il a pu remarquer que les courtisans s'empressaient auprès de lui. Certains, sous l'effet de l'ivresse, ont été jusqu'à l'appeler « César ».

Narcisse en sait assez. Et il sait aussi ce qu'il doit faire. Il va immédiatement trouver Claude à Ostie.

– Salut, César ! Je viens d'assister aux noces de ta femme et de ton successeur.

– De quoi parles-tu ?

– Tu le sais très bien : du mariage de l'impératrice et de Caius Silius.

– Tu te trompes, Narcisse. Je connais Messaline, c'est pour me sauver la vie qu'elle a fait cela. D'ailleurs, c'est moi qui en ai eu l'idée.

– N'est-ce pas plutôt elle ?...

Et Narcisse insiste. Le mariage a été célébré devant toute la ville. C'est une insulte sans précédent faite à l'empereur. S'il ne réagit pas immédiatement, il est totalement discrédité aux yeux de l'opinion. Caius Silius et Messaline le feront assassiner et règneront, en attendant de transmettre le pouvoir à Britannicus... Narcisse sait se montrer convaincant : Claude décide de rentrer immédiatement à Rome.

Un peu plus tard, dans les jardins de Lucullus, un convive aviné grimpe sur un arbre et pousse un cri. On lui demande ce qu'il voit et il répond :

– Je vois un ouragan venu d'Ostie !

Ces paroles dégrisent l'assistance. La nouvelle du retour de l'empereur se propage dans la noce, provoquant le sauve-qui-peut général... Messaline est, bien sûr, effrayée par cet événement qu'elle n'attendait pas, mais elle refuse de baisser les bras. Elle est confiante dans son pouvoir sur Claude et elle est certaine de retourner la situation en sa faveur. Elle dit à Caius de l'attendre, saute sur un char et va au devant de son ex-époux, sur la route d'Ostie.

Elle arrive juste à temps et se met au milieu de la route. Claude la voit, il voudrait s'arrêter, Narcisse l'en dissuade.

– Il est trop tard, César.

Claude a un regard vers elle, mais il ne fait pas d'objection, il poursuit son chemin, la laissant là, interdite… À partir de ce moment, il n'aura plus de réaction. Il est comme endormi, anesthésié. Rentré au palais, il signe comme un automate les arrêts de mort de Messaline, Caius Silius et Mnester, puis il s'enferme dans la salle du trône et ne veut plus voir personne.

Narcisse ne perd pas de temps. Il sait très bien l'emprise que l'impératrice a sur Claude. Ce dernier peut à tout instant changer d'avis. Il envoie des prétoriens dans les jardins de Lucullus pour trouver Messaline.

Messaline s'y trouve, effectivement, avec sa mère Lepida, au milieu des restes de la noce, qui est la cause de sa perte. Ces décors de fête, devenus dérisoires, donnent un aspect plus tragique encore à sa situation. Elle regarde de tous côtés, attendant un secours qui ne vient pas. Elle cherche des yeux Caius Silius, mais il n'est pas là ; peut-être est-il déjà mort. Lepida lui tend un poignard.

– Plonge-le dans ton sein !

Messaline regarde l'arme sans réagir.

– On va venir te tuer. Mets fin toi-même à tes jours. Il y va de ton honneur !

Mais Messaline ne bouge pas. Elle n'a que faire de l'honneur, elle ne veut pas mourir. Elle a 23 ans !

Des pas crissent sur l'allée. Un officier s'approche, avec un détachement de soldats et la suite va très vite. L'officier lève son glaive et, d'un seul coup, décapite la jeune femme, dont la tête roule aux pieds de sa mère.

Celui qui l'avait tant aimée a manifesté jusqu'au bout la même hébétude, la même absence apparente d'émotion. Tacite écrit : « On annonça à Claude, tandis qu'il dînait, que Messaline était morte, sans préciser si c'était de sa propre main ou de celle d'un autre. Il ne le demanda pas ; il réclama une autre coupe de vin et poursuivit son repas comme d'habitude. »

LA FEMME AUX SEINS COUPÉS

Le capitaine de cavalerie Pierre Morris voulait un fils. Malheureusement pour lui, c'est d'une fille qu'accouche sa femme, le 18 avril 1893, dans leur bel appartement de la rue des Saints-Pères à Paris. Elle reçoit le prénom de Violette, mais dès les débuts de son existence, elle justifie bien mal ce nom bucolique et parfumé. C'est un vrai garçon manqué ; elle ne rêve que de plaies et de bosses, elle a les poupées en horreur et réclame des soldats de plomb.

À 9 ans, on la met au couvent de l'Assomption, à Huy, en Belgique. Les sœurs qui dirigent cette institution sont en majorité d'origine anglaise et pratiquent une éducation en contradiction avec ce qui se fait habituellement : au lieu de nier l'importance du corps, instrument de péché, elles encouragent les dons physiques de leurs élèves. Comme en Angleterre, le basket-ball et la course à pied ont autant d'importance que le calcul ou la grammaire.

Violette Morris est de celles qui attirent leur attention, mais pas pour ses capacités physiques, bien au contraire : elle est particulièrement faible, elle est même chétive. Pourtant, l'un des professeurs, Miss Eliss, peut-être parce qu'elle perçoit ses possibilités cachées, ne l'entend pas ainsi. Elle lui dit cette chose incroyable :

– Je veux que tu fasses de la compétition !

La fillette tombe des nues.

– Vous vous moquez de moi !

– Pas du tout. À partir de maintenant, tu vas t'entraîner quotidiennement et on verra bien les résultats.

Violette est volontaire, elle accepte de se soumettre à un régime très dur et les progrès sont fulgurants, elle devient la meilleure gymnaste de tout le collège, à tel point que Miss Eliss l'inscrit à des compétitions de natation et d'athlétisme en Angleterre.

À 15 ans, Violette Morris mesure 1,60 m, pour 70 kg. Elle a les cheveux noirs coupés courts, au niveau de la nuque et elle est dotée d'une forte poitrine. Elle est robuste du haut et fine du bas. Elle n'aime pas ce corps qu'elle juge disgracieux, notamment ses seins. Elle refuse tout ce qui rappelle la féminité.

Son état d'esprit n'a effectivement pas changé : plus que jamais, elle est un garçon manqué. Son père voulait un fils, il ne l'a pas biologiquement, mais pour ce qui est du caractère, Violette est plus virile que bien des hommes. Elle ne craint rien, elle n'a peur de personne. Elle rejette avec violence les conventions sociales de ce XXe siècle commençant, qui cantonnent la femme aux enfants et aux tâches ménagères. Elle veut mener sa vie comme elle l'entend. D'ailleurs, elle a choisi une devise qui veut tout dire : « Ce qu'un homme fait, Violette peut le faire ! »

Elle ne tarde pas à devenir un espoir du sport français et, effectivement, elle n'hésite pas à se mesurer aux hommes. En 1913, elle est la seule femme à participer au championnat de France de nage de fond et elle se classe 5e, après avoir parcouru 8 km. À 16 ans et demi, elle commence la pratique de la boxe, une chose totalement invraisemblable à son époque et elle se frotte à des adversaires masculins aussi renommés que les Américains Franz Klauss et Billy Papke. Elle pratique également la lutte gréco-romaine et le water-polo !

Mais si Violette Morris ne craint aucun homme, il en est un devant lequel elle doit céder : son père. Lorsqu'elle a 20 ans, Pierre Morris lui dit :

– Je veux que tu te maries !

Elle se rebelle.

– Il n'en est pas question !

– Tu n'aimes pas les hommes : c'est cela ?

Violette Morris n'hésite pas. Elle a déjà eu plusieurs aventures homosexuelles, même si elle en a eu aussi avec des garçons. Elle ose répliquer :

– Oui, c'est cela !

– Tu te marieras quand même. Je ne veux pas être le père d'une vieille fille…

Violette Morris essaie de discuter encore, mais elle doit s'incliner. Elle laisse son père choisir l'élu, car, de son côté, elle s'en moque. Il s'agit de Cyprien Gouraud, fils d'un fabricant de papier, de six ans son aîné, qu'elle a déjà vu à la maison et qui lui a fait un début de cour. Elle l'épouse en août 1914. Sa vie conjugale ne dure pas longtemps. C'est le début de la guerre et son mari est mobilisé trois jours après leur mariage.

Elle se retrouve seule, mais elle n'est pas du genre à se prélasser au foyer. Fidèle à sa devise « Ce qu'un homme fait, Violette peut le faire », elle s'engage. Elle n'a pas le droit d'aller dans les tranchées et de tenir un fusil, mais elle s'expose dans des postes presque aussi dangereux. Elle est ambulancière sur le front de Champagne, puis estafette cycliste à Verdun. Elle finit par contracter une pleurésie, elle est évacuée, puis démobilisée. Elle termine le conflit couverte de gloire, décorée et réconciliée avec son militaire de père.

La fin de la guerre marque par ailleurs le développement des activités sportives, y compris féminines. Alice Milliat fonde la Fédération sportive féminine de France et Violette Morris devient une sportive de haut niveau. Elle excelle aussi bien dans les sports individuels que dans les sports collectifs où ses talents de meneuse de femmes font merveille. Elle est championne de France du lancer du poids et du javelot, championne de France de football au poste d'avant-centre. Mais sa plus grande victoire est de réussir à s'imposer face aux hommes en automobile, discipline où elle est à égalité avec eux. Elle devient un véritable as du volant, elle est vainqueur du Bol d'Or, du Grand Prix de San-Sébastian et, deux fois, du rallye Paris-Pyrénées-Paris. En outre, elle fait du tennis, discipline qui est également sa source de revenus par les cours qu'elle dispense.

Voilà pour ses exploits sportifs, mais Violette Morris est bien autre chose. Elle devient une personnalité du Tout-Paris. Elle participe ardemment à l'émancipation féminine, à laquelle on assiste à cette époque. Plus que jamais, elle se comporte comme un homme. Elle fume deux paquets de cigarettes par jour, carbure au vin rouge et jure comme un charretier. Elle s'habille en chemise, costume, cravate et fréquente les cabarets lesbiens. Car, si elle a, de temps en temps, une aventure masculine, elle est principalement homosexuelle. Elle drague les filles dans les vestiaires. Dans la foulée, elle divorce.

L'année 1928 est capitale pour elle : c'est celle des jeux Olympiques d'Amsterdam, dont les épreuves seront, pour la première fois, ouvertes aux femmes. Elle s'y prépare avec acharnement, mais c'est alors qu'éclate un coup de tonnerre : la Fédération française sportive féminine refuse de renouveler sa licence, pour cause d'atteinte aux bonnes mœurs. Pour elle, c'est une catastrophe. Cela signifie non seulement d'être privée des Jeux, mais aussi la fin de sa carrière sportive.

Par réaction, puisque plus rien ne la retient, pour affirmer son refus de demeurer une femme, « de ne plus ressembler à une femelle », selon son expression, elle se fait faire une double ablation des seins dans une clinique de la Garenne-Colombes. Le médecin tente bien de la dissuader :

– Madame, votre poitrine est magnifique. Ce serait un crime de faire une chose pareille !

Mais on ne va pas contre la volonté de Violette et elle ressort de l'établissement aussi plate qu'un homme...

Comme il faut bien vivre, elle se lance dans le commerce. Pas n'importe lequel : elle ouvre un magasin d'accessoires pour automobiles et vélos « Spécialités Violette Morris », porte de Champerret. Elle compte sur sa notoriété pour faire venir la clientèle…

Elle n'est pas de nature à laisser passer sans réagir par ailleurs l'affront qui lui a été fait. Elle porte plainte contre la Fédération française sportive féminine, pour décision abusive. Le procès, qui a lieu en février 1930, attire le Tout-Paris et fait les titres des journaux, qui le surnomment « le procès du pantalon ».

Le public ne va pas être déçu. L'avocat de la Fédération plaide qu'il est interdit aux femmes de « porter culotte dans la rue » en invoquant… une ordonnance du préfet de police de Paris du 16 brumaire an IX (7 novembre 1800) ! Il ne vient pas à l'idée des juges qu'en plus d'un siècle la situation a pu évoluer et le tribunal déboute Violette Morris. Il estime, dans ses attendus, que, s'il n'est pas de son ressort de s'occuper de la façon dont les femmes doivent se vêtir, le fait de porter un pantalon n'étant pas d'un usage admis pour les femmes, la Fédération avait le droit de radier la plaignante.

Cette dernière, comme on peut le penser, est furieuse. Dans une interview à un journaliste, donnée juste après le procès et censurée, « la Morris », comme on l'appelle parfois, se défend dans le langage cru qui la caractérise. Elle commence par révéler quelques aventures amoureuses des « salopes » et autres « pétasses » de la Fédération, après quoi, elle poursuit :

> « *Et on vient dire, la bouche en cul de poule : mais elle s'habille en homme, mais elle se balade à poil dans les vestiaires, comme si ce n'était pas justement réservé à ça, mais elle dévergonde nos filles ! Tout ça parce qu'un jour j'ai roulé un patin à une môme qui me collait au train ! Elle se disait*

amoureuse de moi, ça arrive, figure-toi, ces choses-là. Mais je n'ai jamais débauché personne de force. »

Dans ces propos, Violette Morris se montre telle qu'on l'a toujours connue jusque-là : truculente, insolente, inconvenante. Seulement, elle ne s'en tient pas là. Elle ajoute :

« *Nous vivons dans un pays pourri par le fric et les scandales, gouverné par des phraseurs, des magouilleurs et des trouillards. Ce pays de petites gens n'est pas digne de ses aînés, pas digne de survivre. Un jour, sa décadence l'amènera au rang d'esclave, mais moi, je ne ferai pas partie des esclaves. Crois-moi, ce n'est pas dans mon tempérament !* »

Et là, on entre dans un tout autre registre : il y a les faibles, les inférieurs, et les seigneurs qui ont tous les droits sur eux. Violette dévoile la seconde face de sa personnalité : noire, violente, dangereuse et, malheureusement, c'est cette dernière qui va l'emporter...

Comme un malheur n'arrive jamais seul, son magasin de pièces détachées pour les automobiles et les vélos fait faillite. Le financier qui lui avait prêté des fonds est juif et elle le rend responsable de cet échec, ce qui renforce son antisémitisme latent.

Si les jeux Olympiques d'Amsterdam avaient été synonymes de cruelle défaite, ceux de Berlin en 1936 vont constituer, pour elle, une éclatante revanche ; ils vont même transformer sa vie. Elle y est conviée, en tant qu'invitée d'honneur, par les autorités allemandes et tout l'enchante dans le pays. À la différence de la France, en train de connaître l'agitation du Front populaire, un ordre impeccable y règne. Et, surtout, elle est enthousiasmée par la doctrine nazie, qui est un culte de la force, ce qui correspond en tous points à ses convictions personnelles.

Les Allemands le savent parfaitement. Ils ne l'ont pas invitée pour rien et, au cours d'une des réceptions officielles, elle est discrètement abordée par un officier. Il porte le fringant uniforme noir de la SS et s'exprime dans un français parfait.

– Comment vous sentez-vous en Allemagne, madame Morris ?

– Merveilleusement. Tout me plaît.

– On ne peut malheureusement pas en dire autant de la France ! Elle est en train de succomber à la racaille judéo-bolchévique...

L'officier continue à discuter avec elle et lorsqu'il constate qu'ils sont totalement en accord, il franchit le pas.

– Accepteriez-vous de travailler pour nous ?

– En quoi faisant ?

– En nous faisant parvenir des renseignements sur la ligne Maginot...

Violette Morris n'hésite pas : elle dit « oui ». La patriote de la guerre 1914-1918, l'intrépide estafette de Verdun accepte de trahir son pays, au nom de l'idéologie. Elle a mis la main dans un engrenage et ne pourra plus la retirer... Grâce aux relations qu'elle a un peu partout, y compris dans l'armée, elle fait parvenir outre-Rhin des informations de réelle valeur. Ses correspondants la remercient et lui disent qu'ils feront de nouveau appel à elle. Pourtant, à partir de là, ils ne se manifestent plus.

Comme il lui faut gagner sa vie, Violette décide de se reconvertir dans le music-hall. Elle a un joli filet de voix, elle joue très bien du piano et elle connaît beaucoup de monde dans les milieux artistiques : Joséphine Baker, Jean Cocteau, Jean Marais.

Elle se produit dans diverses salles de spectacle et dans des concerts radiophoniques. Elle pousse la chansonnette ; l'une d'elles, *Gisèle, fleur d'amour*, connaît un certain succès. En même temps, elle change de domicile et s'installe sur la péniche La Mouette, ancrée quai de Seine, à Neuilly. Mais la réussite n'est pas vraiment au rendez-vous. Elle n'est plus à la mode ; elle a fait scandale il y a un temps, mais tout cela est du passé. Pourtant, elle va de nouveau se trouver à la une des journaux...

Au soir de Noël 1937, elle réveillonne avec des amis, dans un restaurant de Neuilly. Fait alors irruption un jeune homme d'une vingtaine d'années, Joseph Le Cam, alcoolique et sans emploi depuis qu'il a quitté la légion. Il tient des propos décousus et agressifs. Sans se démonter, Violette Morris, qui a toujours eu un excellent contact humain, l'invite à sa table et le réconforte avec quelques bonnes paroles. Il repart, en apparence, apaisé.

Mais, le lendemain, il fait irruption dans la péniche de Violette. Elle se trouve alors en compagnie de sa voisine. Le Cam est ivre. Il tire un couteau de sa poche et menace la voisine. Violette Morris va chercher l'arme qu'elle possède, un pistolet automatique 7,65, et s'interpose. L'ancien légionnaire se jette sur elle. Elle tire à trois reprises, la première fois en l'air, les deux autres fois sur son agresseur, le tuant net. La police ouvre une enquête pour homicide volontaire, elle est même incarcérée quelques jours à la prison de la Petite-Roquette. Mais la légitime défense étant évidente, elle est relaxée.

Les Allemands semblaient l'avoir oubliée, mais ils font leur réapparition en 1940, avec la défaite. Dès qu'ils occupent la capitale, ils prennent contact avec elle. Et pas à n'importe quel niveau ! Violette Morris se retrouve dans les luxueux bureaux de Karl Oberg, « chef supérieur de la SS et de la police en France », que la Résistance surnommera « le boucher de Paris ». Il vient de rendre obligatoire le port de l'étoile jaune pour les juifs et s'occupe de planifier leur déportation.

– Chère madame Morris ! Nous avons apprécié au plus haut point les services que vous nous avez rendus. Vous êtes une femme remarquable !

– Je ne demande qu'à continuer...

– J'en étais certain. Et l'action ne vous fait pas peur ?

– Elle ne m'a jamais fait peur.

– Dans ce cas, je vais vous mettre en contact avec un de nos nouveaux amis, Henri Chamberlin.

Henri Chamberlin, dit Lafont, est un mauvais garçon, que les Allemands ont chargé de constituer la Gestapo française. Il a recruté ses hommes dans les prisons et s'est installé au 93 rue Lauriston, dans le XVIe arrondissement, une adresse qui ne va pas tarder à avoir une réputation sinistre.

Violette Morris y rencontre toute une faune : Pierre Bonny, ancien policier, adjoint de Lafont ; François le Mauvais, qui a fait fortune dans la traite des blanches ; Adolphe Comet, spécialiste de la magnéto ; Jo le Corse, tueur à gages ; Alexandre Villaplane, footballeur dévoyé ; Pierre Loutrel, dit « Pierrot le fou », et bien d'autres. Mais il y a aussi plusieurs femmes, surnommées « les chiennes » ou « les comtesses » de Lafont : Sonia Boukasi, aventurière toxicomane ; Magda d'Andurian, trafiquante illuminée ; Geneviève de Penthièvre, alcoolique nymphomane ; Inès d'Alès, splendide rousse hystérique, « chienne » préférée de Lafont.

Dans cette ambiance de débauche et de mort, Violette Morris s'épanouit. Elle devient la maîtresse de Georges Hainnaux, dit

« Jo la Terreur », ancien boxeur comme elle et ancien garde du corps de Serge Stavisky. Elle fait figure de vedette, au milieu de ces malfrats. Les mois passent et la Résistance multipliant ses activités, les prisonniers sont de plus en plus nombreux rue Lauriston ; on y torture sans discontinuer.

Elle participe activement aux séances, elle à qui l'action ne fait pas peur. Ses victimes de prédilection sont les femmes. Elle les prend en fin d'interrogatoire, après qu'elles ont subi la baignoire, la magnéto et le viol collectif. Elle les suspend nues à un crochet de boucher, elle les cravache interminablement, leur brûle les seins avec son briquet ou sa cigarette et termine invariablement en déféquant sur leur corps sanglant. Elle est devenue une machine à martyriser et à tuer pour le plaisir.

Mais elle ne s'arrête pas là. Les Allemands, qui la tiennent en haute estime, lui confient des tâches plus délicates : infiltrer et démasquer des réseaux de résistants. Comme toujours, elle accepte sans états d'âme. Sa première mission est de faire tomber un réseau marseillais, dont un grand nombre de membres travaillent pour la Croix-Rouge. En tant qu'ancienne de la Croix-Rouge, auréolée de son passé d'ambulancière pendant la guerre de 1914, elle parvient à entrer en contact avec une infirmière faisant partie du groupe.

– J'aimerais me rendre utile, faire quelque chose pour la France. Je suis une patriote.

– Je le sais. Tout le monde sait ce que vous avez fait...

Elle est acceptée sans méfiance et parvient à attirer le groupe dans un guet-apens. Tous ses membres seront fusillés.

Elle récidive l'année suivante, avec un réseau composé de pilotes et de mécaniciens, notamment un ancien coureur britannique que les Anglais ont parachuté. Là encore, son passé joue pour elle. Mise en contact avec un homme suspecté par les Allemands d'être l'un des résistants, elle acquiert très vite sa sympathie, grâce à son prestigieux palmarès dans le milieu automobile. Devenu l'un des membres du réseau, elle les fait arrêter et tient à pratiquer elle-même leur torture, rue Lauriston.

À la fin de l'année 1943, elle est chargée de démanteler les maquis proches du mur de l'Atlantique. Elle s'installe à Beuzeville, non loin de la Côte normande, chez les Bailleul, un couple de charcutiers collaborateurs notoires, et elle commence son activité d'espionnage des milieux résistants, faisant de fréquents allers et retours entre le village et sa péniche de Neuilly. Elle est apparemment sans inquiétude, mais elle ignore que l'étau se resserre autour d'elle...

L'un de ses indicateurs, repéré en Eure-et-Loir, est fait prisonnier par les patriotes. Interrogé, il fournit tous les détails sur l'espionne, dont on découvre à la fois l'activité de tortionnaire et les ravages qu'elle a causés parmi les résistants. D'autres rapports, qui parviennent peu après à Londres, confirment toute son efficacité destructrice. C'en est trop ! La Résistance donne l'ordre d'abattre l'aventurière nazie.

Début avril 1944, les services gaullistes demandent aux maquis de Normandie d'éliminer en urgence Violette Morris. Le télégramme suivant part de Londres :

« *À commandement FFI de Normandie – De l'état-major : Abattre immédiatement et par tous les moyens espionne Violette Morris. – Stop – Rechercher et éliminer agents en contact avec elle. – Stop – Ordre prioritaire. – Fin* »

Le soir même, le chef départemental de l'Eure informe l'unité concernée. C'est le maquis Surcouf, celui qui a la responsabilité de Beuzeville, qui est chargé de l'opération.

Le commandant Robert Leblanc, qui le dirige, s'occupe de l'opération toutes affaires cessantes, conformément aux instructions. Violette Morris se trouve à ce moment à Beuzeville. Il apprend qu'elle doit revenir à Neuilly le 26. Pour une raison qu'il ignore, le couple de charcutiers, les Bailleul, l'accompagnera. Ce n'est évidemment pas un obstacle : ces collaborateurs seront éliminés avec elle. L'opération est donc fixée au mercredi 26 avril 1944. Reste à en déterminer les modalités.

Après avoir examiné les environs, le commandant Leblanc choisit, sur la départementale 27, le lieu-dit « La côte du Vert », entre Épaignes et Lieurey. Chaque homme reçoit des instructions précises. De la cime d'un arbre, une vigie doit signaler l'approche de la voiture en tirant un coup de revolver. Son rôle est important car, bien que peu passante, la route est parfois empruntée par des véhicules allemands.

Au bas de la côte, sur le côté droit en direction d'Épaignes, un champ est bordé d'un talus surélevé ; c'est là que viendront prendre position, bien dissimulés par cette butte, cinq tireurs armés de mitraillettes. Une cinquantaine de mètres plus haut, sur le même versant, trois autres maquisards se tiendront en renfort, au cas où la première salve ne suffirait pas.

Ce n'est pas tout : une charrette sera avancée en travers de la route au dernier moment, en provenance d'un chemin creux. Elle barrera le chemin à l'espionne, l'obligeant à s'arrêter…

18 h 25. À Beuzeville, le couple Bailleul s'apprête à partir. Mais contrairement à ce qui était prévu, il est accompagné de ses

deux enfants. Monsieur Bailleul s'installe à l'avant de la Traction Citroën, avec l'un de ses fils ; sa femme et le second des enfants montent à l'arrière. Le gendre du couple est également présent à leurs côtés. Violette Morris prend place au volant et démarre. La Traction vire sur la place de l'Église et s'engage sur la route d'Épaignes. Déjà lancée à plus de cent à l'heure, elle franchit le passage à niveau. À 18 h 35, elle se profile dans le tournant précédant la descente.

Le coup de feu du guetteur signale son passage. Aussitôt, le maquisard chargé de l'attelage l'engage sur la route, lui faisant accomplir une manœuvre qui bloque totalement le passage. Surprise par cet obstacle soudain, la conductrice freine violemment et ne peut empêcher son véhicule de se déporter vers la droite. Un cri éclate :

– Feu !

Les tireurs sortent de leur cachette et ouvrent le feu, à hauteur des glaces, sur la voiture immobilisée, le capot vers le fossé. Les mitraillettes continuent de crépiter, puis s'arrêtent. Quelques secondes se passent, rien ne bouge, puis la portière avant gauche s'ouvre brutalement et Violette Morris, miraculeusement indemne, jaillit, revolver au poing. Le chef de la section vient face à elle. L'espionne dirige aussitôt son arme sur lui. Trop tard ! La rafale la fauche et la projette sur l'aile de la voiture.

Plus rien ne bougeant, les maquisards s'avancent. Violette Morris est morte et, dans la voiture, tous les passagers ont été tués sur le coup.

C'est alors qu'on aperçoit les enfants. Leur présence n'était pas prévue et cause une réelle émotion chez les résistants. Mais cette douloureuse découverte ne remet rien en cause. C'est la guerre et la mission devait être exécutée coûte que coûte. Est-ce que les Stukas se sont abstenus de mitrailler les enfants pendant l'Exode ? Sans parler de ceux qui sont déportés quotidiennement dans les camps…

À 19 h, la Traction arrive dans une ferme, à quelques kilomètres de là. Les corps en sont extraits et, avant de creuser les fosses, les maquisards procèdent à l'inventaire des objets personnels recueillis sur les victimes. Pour Violette Morris, cette liste mentionne : un *ausweis* permanent, ses papiers d'identité, un carnet d'adresses où figurent nombre de ses relations et agents, deux lettres adressées au colonel SS Kraus, dénonçant plusieurs personnes accusées d'être des terroristes, ainsi que deux réfractaires de Beuzeville, un brouillon de rapport sur les activités anti-allemandes de plusieurs habitants de Pacy-sur-Eure, enfin une somme de 80 000 francs. Puis, il est procédé à l'inhumation. À la nuit tombée, les hommes ont fini d'égaliser le terrain.

Ainsi s'est terminée l'existence de Violette Morris, engagée volontaire de la Première Guerre mondiale, sportive d'exception, championne atypique de la cause féminine, devenue une des figures les plus sinistres de la Gestapo française, la seule que la Résistance a jugée assez dangereuse pour mener une opération contre elle. Elle a été jusqu'au bout fidèle à sa devise : tout ce qu'un homme peut faire, elle l'a fait. Même le pire.

L'OGRESSE DE LA GOUTTE-D'OR

Le quartier de la Goutte-d'Or, dans le XVIIIe arrondissement, est aujourd'hui encore un des plus populaires de Paris. C'est là déjà que Zola situait son roman *L'Assommoir*, sur les méfaits de l'alcoolisme en 1877. Et, au début du XXe siècle, plus que de quartier populaire, c'est de misère qu'il convient de parler. Et c'est vrai que l'alcoolisme y fait des ravages, tout comme la maladie, la malnutrition et le manque d'hygiène...

Dans l'après-midi du 5 avril 1905, une femme se présente à l'hôpital Bretonneau, avec un enfant d'une dizaine de mois dans les bras. Elle est tout essoufflée et elle appelle à l'aide.

– Mon enfant ! Sauvez mon enfant !

Un interne, Louis Saillant, vient vers elle. Il se rend immédiatement compte que c'est grave : le nourrisson est inconscient, il a les yeux exorbités, la langue pendante, le visage violacé, il respire à peine. Le docteur remarque également une trace rougeâtre autour du cou. Il demande à la mère de l'attendre et court mettre la victime sous oxygène.

Il revient une heure plus tard, avec un sourire.

– Le petit est hors de danger. Maintenant, racontez-moi ce qui s'est passé.

La femme raconte donc… Elle s'appelle Héloïse Weber. Devant faire une course, elle a confié la garde de son enfant à sa belle-sœur, Jeanne Weber. Quand elle est revenue, elle l'a trouvé dans l'état où elle l'a amené à l'hôpital. Jeanne était assise près de lui, comprimant avec force sa poitrine de ses deux mains. Héloïse a dû batailler pour l'arracher, car elle ne voulait pas le lâcher. Elle conclut :

– Qu'est-ce que vous me conseillez de faire ?

– De porter plainte.

– Vous pensez donc qu'elle a voulu tuer mon petit Maurice ?

– Je pense qu'il s'agit d'une tentative de meurtre et je vais faire un rapport en ce sens…

Héloïse Weber se rend au commissariat de la Goutte-d'Or et, là, elle fait un récit incroyable. Non seulement, il y a eu Maurice, mais depuis le 2 mars, c'est-à-dire un peu plus d'un mois, trois autres nièces de Jeanne Weber sont mortes dans des conditions identiques : Suzanne Weber, 18 mois ; Georgette Weber, 34 mois ; et Germaine Weber, 7 mois, ainsi que le propre fils de Jeanne, Marcel Weber, 7 ans. À chaque fois, il y a eu des cris, les voisins sont intervenus et ils ont trouvé Jeanne, avec les mains sur l'enfant. À chaque fois, elle a prétendu qu'il avait fait une crise et qu'elle tentait de le réanimer.

Le commissaire se rend en personne dans l'immeuble délabré où ont eu lieu ces tragédies et il découvre que la vérité est pire encore : les deux premiers enfants de la suspecte sont également morts en bas âge. Il faut y ajouter la fille des voisins, un couple de laitiers. Les médecins avaient, pour eux, diagnostiqué les morts naturelles les plus diverses : spasmes de la glotte, convulsions, diphtérie, méningite... Il faut dire qu'à la Goutte-d'Or, en raison des conditions de vie et des tares dues à l'alcoolisme des parents, la mortalité infantile atteint le chiffre effarant de 50 %. C'est ce qui explique qu'une telle hécatombe ait pu passer inaperçue.

Quant à Jeanne Weber elle-même, elle se défend farouchement d'avoir fait quoi que ce soit. Née à Paimpol en 1874, elle a un peu plus de 30 ans. C'est une femme corpulente, au visage rond et au physique banal. Son père était pêcheur d'Islande. Ils étaient trop nombreux à la maison, pas moins de onze enfants et, à 14 ans, elle est venue à Paris. Elle a échoué à la Goutte-d'Or où elle s'est mariée avec un ouvrier alcoolique. Elle a eu trois enfants et s'est mise à boire, elle aussi. Le commissaire décide son arrestation et il transmet le dossier au juge d'instruction Leydet.

L'affaire connaît immédiatement un grand retentissement. Le public surnomme Jeanne Weber « l'ogresse de la Goutte-d'Or », ce qui est étonnant, car elle n'a jamais dévoré personne. Si elle est coupable, c'est d'étrangleuse qu'il faudrait parler. Mais sans doute le mot « ogresse » est-il pris au figuré, comme synonyme de monstre.

Quoi qu'il en soit, le juge d'instruction Leydet mène sa tâche avec le plus grand sérieux. Il a à sa disposition le rapport de l'interne Saillant sur le petit Maurice Weber et les interrogatoires qu'a menés le commissaire auprès des voisins. Il décide l'autopsie de Georgette, Suzanne et Marcel Weber, ainsi qu'une seconde observation de Maurice Weber et il charge le professeur Thoinot de ces examens.

Léon Thoinot, âgé de la cinquantaine, est plus qu'une autorité, c'est une sommité. Membre de l'Académie de médecine, il est l'un des créateurs de la médecine légale et il s'est illustré dans plusieurs affaires judiciaires retentissantes. Il pratique les autopsies sans attendre et, sur aucun des corps, ne découvre de fracture de l'os hyoïde, situé dans le cou, qui est la preuve de la strangulation. En réalité, des travaux montreront plus tard que, chez les très jeunes enfants, l'os hyoïde se présente sous forme de cartilage, qui ne peut se fracturer. Thoinot ne cherche pas davantage. Sa conviction est faite et il conclut : « L'hypothèse d'un meurtre doit être rejetée. »

Même chose pour l'examen du petit Maurice. L'enfant s'est parfaitement rétabli et il ne présente plus la « trace rougeâtre autour du cou », dont l'interne Saillant avait parlé. Il ne vient pas à l'esprit du professeur que les faits datent d'un mois et demi et que la trace a très bien pu disparaître, il conclut encore une fois catégoriquement : « L'examen est négatif et infirme celui qui a été fait, lors de l'admission de l'enfant à l'hôpital Bretonneau. »

Le juge d'instruction Leydet est consterné ! Il est convaincu, lui, de la culpabilité de Jeanne Weber. En droit, il n'a théoriquement d'autre possibilité que de prononcer un non-lieu, mais il est persuadé que, si on la libère, elle va recommencer et il s'accroche. Il va retrouver Louis Saillant et lui demande de confirmer son témoignage. Courageusement, ce dernier, qui est certain lui aussi qu'il y a eu tentative de meurtre, signe le document et le juge le transmet à Thoinot. La réplique est cinglante :

– Depuis quand l'avis d'un interne vaut-il celui d'un académicien ?

Malgré cela, contre vents et marées, Leydet inculpe Jeanne Weber de meurtres et tentative de meurtre. Son procès est fixé à l'année suivante.

Il s'ouvre le 29 janvier 1906, dans une atmosphère fiévreuse. Le public, violemment hostile à l'ogresse, exige sa tête et la cour est également convaincue de sa culpabilité, mais les événements vont tourner en faveur de l'accusée pour plusieurs raisons...

La première est la personnalité de son avocat. Me Henri Robert, une étoile montante du barreau, s'est proposé spontanément pour défendre l'accusée, escomptant en retirer une renommée supplémentaire et il ne se trompe pas. Il est doué d'une éloquence remarquable – si remarquable qu'elle le mènera plus tard sur les bancs de l'Académie française – et il s'emploie à réduire les témoignages de la famille et des voisins à de simples commérages.

Et surtout, il y a Léon Thoinot, le professeur Thoinot, qui vient, avec toute son assurance, pulvériser les charges contre Jeanne Weber. On ne comprend pas toujours les termes techniques qu'il emploie, mais peu importe, c'est la science qui parle par sa bouche et qui vient réclamer l'acquittement.

D'autant qu'après lui, paraît à la barre son maître en personne, Paul Brouardel, une gloire de la médecine, le plus proche collaborateur du grand Pasteur. Dans un silence de cathédrale, il vient affirmer qu'il confirme toutes les conclusions de Thoinot. Il ne vient à l'idée de personne qu'il n'a assisté à aucune des autopsies et qu'il n'a pas davantage vu le petit Marcel Weber.

L'effet de ses paroles est énorme et il est amplifié encore, quand le président annonce que Louis Saillant ne viendra pas témoigner. Malgré tout son courage et ses convictions, le jeune interne a renoncé à venir contredire ces sommités. Sa carrière est déjà bien compromise, il ne voulait pas la ruiner tout à fait... Il se produit alors un événement rarissime : le procureur se lève et déclare qu'il abandonne toutes les charges contre l'accusée.

La défense renonce à plaider, les jurés se retirent et reviennent quelques minutes plus tard, avec un verdict d'acquittement. Le public, versatile comme bien souvent, applaudit à tout rompre. Jeanne Weber n'est plus l'ogresse de la Goutte-d'Or, mais une malheureuse qui a échappé de peu à une erreur judiciaire !

Dans la presse, on assiste au même retournement d'opinion. Des articles enflammés vantent la science, qui vient au secours des innocents, alors que la justice est comparée à une forme d'inquisition moderne, qui s'acharne contre eux avec des méthodes d'un autre âge. C'est un procès en sorcellerie qui a été fait, reposant sur « des commérages de blanchisseuses, des inventions de crémières, des fantaisies de concierges ».

L'accusée est maintenant une humble personne originaire de Bretagne, fille d'un pêcheur d'Islande, qui s'absentait des mois entiers, pour son long et dangereux labeur. Venue à Paris, chassée par la misère, elle s'est heurtée à une rumeur maligne. Cette rumeur s'est glissée jusque dans un hôpital où un jeune médecin avide de notoriété l'a conduite devant le juge d'instruction, puis devant le tribunal.

Heureusement, concluent les uns et les autres, tout est terminé, tout est bien qui finit bien… Ils ont tort. L'affaire de l'ogresse de la Goutte-d'Or n'est pas terminée, elle ne fait que commencer.

Au lendemain de son acquittement, après avoir longuement répondu aux questions des journalistes, Jeanne Weber rentre chez elle. Elle n'y reste pas longtemps. Ceux qui la connaissent, eux, n'ont pas changé d'avis. Elle ne rencontre que la suspicion et l'hostilité. Elle est abandonnée par son mari, les voisins lui ferment leur porte, on la montre du doigt chez les commerçants. Alors, elle s'en va. Elle mène une vie errante dans la rue, dormant sous les ponts ou sous les porches et se prostituant pour gagner quelques sous. Jusqu'au jour où ne supportant plus une pareille existence, elle se jette dans la Seine au pont d'Austerlitz. Elle est sauvée par des bateliers et conduite à l'hôpital Saint-Antoine.

Cette tentative de suicide lui vaut un regain de popularité. Les journalistes présentent son geste comme celui d'une malheureuse accablée par l'injustice. Elle reçoit beaucoup de lettres : des propositions d'hébergement et même des demandes en mariage. Parmi elles, il y a plusieurs lettres d'un certain Sylvain Bavouzet. Ce modeste veuf, paysan dans le Berry, lui offre de la loger chez lui. Jeanne Weber finit par se décider en sa faveur. Elle veut fuir la grande ville et trouver l'oubli et la paix à la campagne.

Quand elle arrive sur place, dans le hameau de Chambon, près de Châteauroux, elle découvre une masure misérable, mais qu'importe ! Elle se met en ménage avec Sylvain. Toutefois, pour ne pas éveiller la curiosité, elle cache son identité. Elle se fait appeler madame Blaise…

Elle est bien accueillie par deux des enfants du veuf : Auguste, 9 ans et Louise, 11 ans, mais l'aînée, Germaine, âgée de 16 ans, la déteste instinctivement. Dans le village, après un moment de réserve, on l'accepte sans problème.

Tout va donc pour le mieux, lorsque, le 17 avril 1907, Jeanne, qui était restée à la maison avec le petit Auguste, court trouver Sylvain Bavouzet, qui travaille aux champs.

– Viens vite, ton fils étouffe !

Quand ils arrivent, il n'étouffe plus, il est mort. Le médecin, le Dr Villedieu, qui est sur place peu après, constate la présence d'un sillon rouge autour du cou. Mais comme il s'adapte à la chemise lorsqu'elle est fermée, il pense qu'elle était trop serrée et il conclut à une mort par « phénomènes convulsifs consécutifs à des accidents méninges préexistants ».

L'affaire semble réglée, lorsque cinq jours plus tard, le 22 avril, Germaine, l'aînée des enfants Bavouzet, se présente chez les gendarmes.

– La femme qui est chez nous, ce n'est pas madame Blaise, c'est Jeanne Weber !

Et elle tend un journal, sur lequel elle est tombée par hasard. La photo de l'ogresse de la Goutte-d'Or y figure en bonne place : il n'y a pas de doute, c'est elle.

Interrogés, le père Bavouzet et la pseudo madame Blaise avouent : ils avaient caché la vérité pour ne pas semer le trouble. Mais du coup, une enquête est décidée. Elle est confiée au juge d'instruction Belleau de Châteauroux, qui ordonne une autopsie et la confie au docteur Audiat, lui aussi de Châteauroux.

Celui-ci se trouve dans une situation délicate. Il a suivi le procès et il sait la position qu'ont prise les grands noms de la médecine. Pour lui, il n'y a pas de doute, il y a eu étranglement, mais s'il le dit trop nettement, il doit s'attendre au pire. Aussi, il opte pour une formulation embarrassée : « Nous nous trouvons en présence d'un sujet qui a subi des violences certaines au niveau du cou. Ces violences ont-elles entraîné la mort ? Nous avons des tendances à le croire. »

Malgré cette prudence, la réaction des sommités de Paris est foudroyante. Le professeur Thoinot se déchaîne contre « ce médecin de province, dont la prose n'est qu'un tissu d'inepties ». Et il fait un contre-rapport ahurissant, alors qu'il n'a pas même examiné le cadavre : « Le sillon constaté autour du cou est un faux sillon, un sillon de position, résultant de la pression d'une pièce de vêtement, s'exerçant après la mort sur les parties molles du cou. »

Dans le même temps, la presse se déchaîne contre l'entêtement du juge Belleau et l'ignorance des médecins berrichons. *Le Matin* écrit, sous le titre « L'Épouvante » : « Traquée, murée dans sa prison, Jeanne Weber attend, dans un cauchemar, la décision du destin ». La Ligue des droits de l'homme demande la libération immédiate de la malheureuse.

Une nouvelle autopsie est ordonnée. Elle est confiée, cette fois, au professeur Thoinot. Mais trois mois ont passé, la putréfaction a décomposé les chairs et il n'est plus possible de voir quoi que ce soit. Cela n'empêche pas le praticien de déclarer : « il n'existe aucune trace de sillon ». Et il annonce même la cause réelle de la mort : « À l'examen des intestins, on doit conclure à la typhoïde ».

Le docteur Audiat a le courage de signer un nouveau rapport en contradiction avec celui du professeur, car, lui, il a vu la victime peu après sa mort. De son côté, le juge Belleau, qui est convaincu de la culpabilité de Jeanne Weber, multiplie les interrogatoires, en espérant la faire craquer, mais elle se sent forte du soutien de la Faculté et elle nie avec énergie. Tout ce qu'il peut tirer d'elle est :

– Je porte malheur…

Le juge d'instruction ordonne quand même son renvoi devant la cour d'assises. C'est une levée de boucliers sans précédent ! La presse se déchaîne contre « Belleau le bourreau », des pétitions sont adressées au garde des Sceaux, la Ligue des droits de l'homme proteste de nouveau. Tant et si bien que le juge abandonne : il rend un non-lieu. L'ogresse de la Goutte-d'Or est libérée, en janvier 1908.

Il s'ensuit toute une campagne de presse en sa faveur. Le 1er mai 1908, les *Archives d'anthropologie criminelle*, revue dépendant de la Faculté de médecine, font l'historique de l'affaire Jeanne Weber et terminent par un vibrant éloge du professeur Thoinot. C'est une erreur. Le même jour, on apprend que l'ogresse de la Goutte-d'Or a tué un enfant et que, cette fois, elle a été prise en flagrant délit.

Alors que s'est-il passé ? Rien qui soit vraiment surprenant, tant les faits ressemblent à ce qui s'est passé jusque-là… Après sa libération de la prison de Châteauroux, Jeanne Weber est recueillie par le juge Bonjean, président de la Société de protection de l'enfance. Il lui trouve, sous le nom de Marie Lemoine, une place de garde d'enfants dans un hospice de l'œuvre qu'il dirige. Un soir, elle est surprise avec les mains autour du cou d'un petit pensionnaire. Le juge Bonjean la congédie, mais se garde bien d'ébruiter l'affaire, pour ne pas être déconsidéré et ridiculisé.

Livrée à elle-même, Jeanne retourne à Paris. Elle devient rapidement une épave, faisant de petits métiers ou se prostituant. En mars 1908, mourant de faim, elle se présente au quai des Orfèvres, en disant qu'elle est coupable et en demandant qu'on la mette en prison, car là, au moins, elle mangera. On fait venir le juge Leydet, qui lui dit froidement :

– Je regrette, vous êtes innocente. On ne peut pas revenir sur la chose jugée, je ne peux rien pour vous.

Retournée à la rue, Jeanne Weber se prostitue, jusqu'à ce qu'elle rencontre Émile Bouchery, un chemineau dont elle accepte de partager la vie. Ils arrivent à Commercy. Dans l'auberge où ils ont élu domicile, elle se prend d'affection pour le fils des propriétaires, le petit Émile Poirot, 6 ans. Une nuit, elle se rend dans sa chambre et les parents sont réveillés par des cris terribles. Jeanne Weber se tient assise au milieu du lit, hagarde, les cheveux défaits. L'enfant gît, étranglé, la langue coupée par une contraction spasmodique de la mâchoire. Il y a du sang partout.

Elle est aussitôt arrêtée et l'expertise démontre sans le moindre doute la mort par étranglement. C'est l'heure de la revanche ! La presse célèbre les juges Leydet et Belleau, l'interne Saillant et le docteur Audiat. Quant à l'ogresse de la Goutte-d'Or, l'opinion se déchaîne contre elle, réclamant non seulement la mort, mais le rétablissement de la question.

S'étant trompée sur toute la ligne, déconsidérée, la Faculté de médecine a le front de contre-attaquer et avance sans rougir le scénario suivant : Jeanne Weber était bien innocente des crimes dont les experts l'avaient disculpée. Mais persécutée injustement, traitée d'étrangleuse par des juges et des médecins ignorants, elle a cédé à la suggestion et reproduit, dans un délire inconscient, les crimes dont on l'avait accusée. Les vrais coupables, ce sont les Leydet, Belleau, Saillant et autres Audiat !

Mais cela ne trompe personne et le professeur Thoinot est mort de longues années plus tard, sans s'être vu confier la moindre expertise. Quant à Jeanne Weber, elle est de nouveau examinée par les psychiatres et, alors qu'elle avait été jugée saine d'esprit jusque-là, elle est déclarée irresponsable... C'était sans nul doute la bonne décision : elle ne pouvait qu'être folle, pour avoir étranglé sans le moindre mobile autant d'enfants, dont les siens.

L'ogresse de la Goutte-d'Or a été internée à l'asile de Mareville et elle y est morte, dix ans plus tard, en 1918, d'une néphrite aiguë.

LES BREBIS ENRAGÉES

Il est 17 h 30, ce 2 février 1933. Nous sommes rue Bruyère, une petite artère tranquille, dans le centre du Mans. Au n° 6, s'élève une maison à deux étages, dont le second est mansardé ; elle s'ouvre par un porche vert, qui peut laisser passer un véhicule. L'ensemble est coquet, bourgeois, provincial... Il fait froid, la rue est vide, à part deux femmes qui marchent d'un pas pressé. Il s'agit de Léonie Lancelin, 53 ans, dont le mari est avocat, et de leur fille Geneviève, célibataire de 29 ans, qui vit avec ses parents. Elles reviennent de chez leur gendre et beau-frère, maître Renard, notaire. Elles ont déjeuné chez lui et doivent y retourner à 19 h, pour une soirée familiale. Elles rentrent chez elles se changer.

La maison n'est pas vide. Deux domestiques s'y trouvent : deux sœurs, les sœurs Papin. Elles sont originaires de Marigné, à 20 km au sud-est du Mans. L'aînée, Christine, a 27 ans. C'est une grande fille mince, aux cheveux bruns, au visage froid et aux yeux sombres. Ses parents ont divorcé, à cause de l'alcoolisme du père, quand elle avait 8 ans. Elle a été élevée par une de ses tantes, puis mise dans l'institution religieuse du Bon-Pasteur, qui est à la fois un établissement scolaire et une maison de correction. Placée comme bonne à 15 ans, elle a occupé plusieurs postes avant d'arriver chez les Lancelin. Partout, elle a été appréciée. Bien que taciturne, elle est jugée comme travailleuse et honnête.

La cadette, Léa Papin, a 21 ans. Elle n'est pas seulement plus jeune, elle est beaucoup plus petite et fluette. Sinon, elle est brune comme sa sœur, à laquelle elle ressemble. Elle a connu une enfance similaire. Elle a été élevée à l'orphelinat Saint-Charles et, lorsqu'elle en est sortie, Christine a demandé à madame Lancelin si elle pouvait engager sa sœur. Celle-ci y a consenti et cela fait trois ans qu'elles travaillent ensemble. Elles sont logées dans une même chambre, une des mansardes du deuxième étage...

Tels sont le cadre et les protagonistes de l'histoire : un décor tranquille et quatre femmes ordinaires. Et pourtant ce qui va suivre est inimaginable, inouï ! On peut dire sans exagération que c'est le meurtre le plus violent des annales criminelles françaises.

Il y a eu un incident matériel au 6 rue Bruyère. La semaine précédente, le fer à repasser électrique est tombé en panne et, à la demande de sa patronne, Christine Papin l'a donné à réparer. Elle a été le rechercher dans la journée, mais quand elle l'a branché, il a fait sauter les plombs et la maison s'est retrouvée dans le noir.

C'est cette obscurité que découvrent les Lancelin mère et fille, en arrivant sur les lieux. Elles montent l'escalier menant au premier étage et elles y rencontrent Christine et Léa Papin… Léonie Lancelin est furieuse.

– Qu'est-ce qu'il se passe ?

– C'est le fer. Il ne marche pas, il a fait tout sauter.

Mais madame Lancelin est toujours en proie à la même colère. Elle se précipite sur Christine Papin, la main levée… La suite se passe de manière foudroyante. Christine s'empare d'un pichet d'étain sur une petite table du palier et en porte un coup formidable à sa patronne, qui s'écroule. Geneviève Lancelin tente de lui porter secours, mais Christine se retourne contre elle et la frappe elle aussi avec le pichet. C'est au tour de Léa d'entrer en action. Elle se précipite vers madame Lancelin, qui est toujours à terre. Christine lui crie alors cette chose extraordinaire :

– Arrache-lui les yeux !

Et Léa Papin s'exécute : elle arrache les deux yeux de madame Lancelin, tandis que Christine Papin fait de même avec sa fille. C'est sans précédent ! On ne connaît pas de meurtriers qui aient arraché les yeux de leurs victimes et le médecin légiste sera formel : les deux femmes ont été énuclées vivantes…

Suivie de sa sœur, Christine Papin descend dans la cuisine prendre un marteau et un couteau et toutes deux remontent. Là, l'horreur reprend ! Pendant un temps interminable, elles s'acharnent sur les deux femmes à terre. Elles leur défoncent le crâne avec le marteau et le pot d'étain, elles leur tailladent la figure et le corps avec le couteau jusqu'à ce qu'il n'y ait plus qu'une bouillie informe. Léa Papin s'acharne particulièrement sur les jambes de Geneviève Lancelin avec le couteau. Elle les découpe en tranches, ne tenant plus que par l'os, un travail de boucher dont on n'aurait jamais cru capable cette frêle jeune femme.

Enfin, au bout d'un moment impossible à évaluer précisément, Christine Papin déclare :

– Elles ont leur compte !

Les deux sœurs quittent le palier du premier étage. Elles descendent au rez-de-chaussée, couvertes de sang. Christine verrouille la porte cochère ainsi que celle du vestibule. Une fois la maison complètement fermée, elles se rendent à la cuisine où elles se lavent dans l'évier. Elles se débarrassent de leurs vêtements ensanglantés, puis montent à leur chambre dans les mansardes du deuxième étage, et ferment la porte à clé. Après quoi, elles passent un peignoir, se couchent dans le même lit et attendent.

L'attente est longue, elle dure deux heures. Vers 18 h 30, monsieur Lancelin se présente devant la maison, la découvre fermée et essaie d'entrer. N'y parvenant pas, il se rend chez son gendre, pensant y trouver sa femme et sa fille. Elles n'y sont pas. Il revient alors rue Bruyère, en compagnie de son beau-frère, monsieur Rinjard.

Il fait maintenant nuit. La maison est plongée dans une obscurité totale, à part une faible lueur à la fenêtre des bonnes, sans doute due à une bougie. Pressentant un malheur, monsieur Lancelin se rend au commissariat. Il en ressort avec deux agents, ainsi qu'avec le commissaire principal Dupuy, qui se trouvait là et qui a tenu à venir, lui aussi.

Le petit groupe revient devant le 6 rue Bruyère. Tout est dans le même état qu'auparavant. Le commissaire ordonne aux agents de pénétrer dans la maison, en passant par celle d'à-côté. Ils s'exécutent et entrent dans la cour du 6 en escaladant un mur. Ils ont l'un et l'autre une torche électrique. Prudemment, ils empruntent l'escalier qui monte au premier étage. Celui qui va en tête s'immobilise brusquement et pousse un cri :

– Bon Dieu !

Ce qu'il voit le pétrifie : une chose gluante et flasque, un œil, un œil humain posé sur une marche ! Il se précipite et, peu après, sa torche éclaire un spectacle insoutenable : sur le palier, madame et mademoiselle Lancelin gisent, tête-bêche, jupes et jupons retroussés, dans une mare de sang et de débris humains. Il court ouvrir la porte cochère.

En voyant le sang dans l'escalier monsieur Lancelin ne veut pas avancer plus loin. C'est son beau-frère, monsieur Rinjard, qui découvre les corps horriblement mutilés, le crâne en bouillie, les yeux arrachés. Il dira plus tard :

> « *Ma nièce était étendue sur le ventre, face contre terre, n'étant plus qu'une masse sanglante tailladée de coups de couteau, les jambes horriblement déchiquetées. Et ma pauvre sœur gisait à côté d'elle, dans un état semblable.* »

Il n'y a pas de temps à perdre. Pour l'instant, on peut penser à l'acte d'un fou et il est à craindre que les deux sœurs n'aient connu le même sort. Suivi de ses hommes, le commissaire Dupuy grimpe à l'étage supérieur et arrive devant la chambre des bonnes. Elle est fermée de l'intérieur et, malgré les appels et les coups frappés, personne n'ouvre.

La porte étant trop solide, il est plus rapide d'aller chercher un serrurier. Celui-ci vient à bout de la serrure et l'un des agents ouvre brutalement la porte. Non, elles ne sont pas mortes. Elles sont couchées dans l'un des lits, l'une contre l'autre, les épaules sortant des draps, les cheveux en bataille. Un marteau sanglant est posé sur la table de nuit. Le commissaire demande :

– C'est vous qui avez fait le coup ?

Christine Papin ne cherche pas à nier :

– On s'est battues, on a eu leur peau avant qu'elles aient la nôtre.

Elles sont arrêtées et conduites à la prison du Vert-Galant.

Le lendemain, les journaux rédigent des titres horrifiés sur ce crime sans précédent. Une expression revient souvent pour qualifier les deux sœurs : « les brebis enragées ». Et, pour l'ensemble des journalistes, il n'y a aucun doute, elles sont folles. Comme l'écrit un quotidien parisien du soir : « le forfait est à mettre sur le compte de deux déséquilibrées, dont l'aînée est atteinte de dérangement mental ».

Mais on va bientôt se rendre compte qu'il n'en est rien. Les sœurs Papin ne se comportent pas du tout comme des folles. Lors de leurs interrogatoires, elles font preuve du plus grand calme, du plus grand sang-froid, ce qui rend les faits infiniment plus complexes et plus horribles encore.

Elles décrivent le déroulement des meurtres avec autant de précision que de détachement.

Christine Papin :

– Quand Madame est rentrée, je lui ai rendu compte que le fer était démoli et que je n'avais pas pu repasser. Quand je lui ai dit cela, elle a voulu se jeter sur moi. Je l'ai alors frappée avec le pot d'étain qui se trouvait sur le palier. Mademoiselle est intervenue et je l'ai frappée à son tour. Ensuite, je me suis tournée vers elle et je lui ai arraché les yeux, tandis que Léa faisait pareil à Madame.

Elle insiste sur la participation commune de sa sœur et d'elle-même.

– Nous avons été à la cuisine chercher un marteau et un couteau, puis nous sommes remontées. Nous avons changé plusieurs fois les instruments de l'une à l'autre, le marteau, le couteau, le pichet. Les victimes ont crié, mais je ne me souviens pas qu'elles aient prononcé des paroles.

Quant au mobile, elle est formelle :

– Nous n'avons rien prémédité. Ce sont les reproches de Madame qui ont tout provoqué.

Léa Papin confirme point par point les déclarations de Christine :

– Tout ce que vous a dit ma sœur est exact. J'ai frappé autant qu'elle, comme elle. J'affirme que nous n'avions pas prémédité de tuer nos patronnes. L'idée nous en est venue instantanément quand nous avons entendu que madame Lancelin nous faisait des reproches...

Le juge d'instruction ne tirera rien de plus des criminelles. Pour lui, il ne fait pas de doute que c'est Christine, l'aînée, qui a joué le rôle de déclencheur. Elle a une grande emprise sur sa sœur, qui lui obéit en tout. Mais cela n'explique rien. Ce qui est extraordinaire, dans l'affaire Papin, c'est la disproportion monstrueuse entre le crime et le mobile. Cette disproportion existe dans les crimes perpétrés par des fous, mais Christine et Léa ne sont pas folles. Alors ?...

Alors, les enquêteurs explorent une autre piste : les rapports qu'elles ont entre elles. On les soupçonne de relations homosexuelles et incestueuses. Elles nient toutes les deux, mais les indices sont nombreux. Le dimanche, elles ne sortaient pas au bal ou ailleurs ; elles s'enfermaient dans leur chambre. On ne leur connaît ni à l'une, ni à l'autre d'aventure masculine, pas même un simple flirt.

Le comportement de Christine Papin en prison confirme ces doutes. Elle ne cesse de faire des scènes de plus en plus violentes réclamant « son mari », c'est-à-dire sa sœur Léa. Elle est tellement hystérique que les religieuses qui font fonction de surveillantes décident de faire venir cette dernière. La scène est alors incroyable : les deux sœurs se jettent dans les bras l'une de l'autre. Elles s'étreignent et se déchirent leur robe. Il faut les séparer et faire partir Léa. Elles ne se comportent pas, comme des sœurs mais comme des amantes... Concrètement, et admettant qu'elles le soient, cela ne change, dans le fond, pas grand-chose. Même si madame Lancelin avait eu des soupçons et les avait exprimés, ce n'était pas une raison pour se livrer à un tel massacre...

Il y a, enfin, une dernière dimension dans l'affaire Papin : la dimension sociale. Christine et Léa ne l'ont jamais évoqué, mais cet aspect des choses existe bel et bien et les contemporains l'ont nettement ressenti.

L'Humanité écrit, quelques jours après le crime, sous le titre « Les meurtrières du Mans sont les victimes de l'exploitation et de la servitude » :

« Cet horrible drame a un caractère nettement social. La misère, la claustration, la solitude, travaillant sans doute sur un terrain héréditaire mauvais, ont produit cette double monstruosité. Elles furent, dans les couvents et chez leurs patrons, toujours enfermées, assujetties, écrasées par l'autorité. Quelles rancœurs, quelles colères ont dû s'entasser dans ces esprits obscurs d'esclaves du monde moderne au cours de tant d'années ! Le drame du Mans rappelle à ceux qui se gargarisent des principes démocratiques qu'en pleine France des droits de l'homme, on peut voir des types d'esclaves comme la plus haute Antiquité n'en pouvait montrer de pires. »

Le procès des sœurs Papin s'ouvre rapidement après le meurtre, le 29 septembre 1933, au palais de Justice du Mans. À l'ouverture des portes, c'est la bousculade, car on est venu de loin, de Paris principalement, pour y assister. On veut voir les deux criminelles, « les brebis enragées » comme on les appelle.

Elles font leur entrée entre les gendarmes et elles sont bien telles que les montrent les photos des journaux : brunes, maigres, dures, le visage fermé, les lèvres serrées. Elles sont toutes les deux en manteau, noir pour Léa, blanc pour Christine. Elles sont boutonnées jusqu'au cou, malgré la chaleur pénible qui règne dans la salle.

Auprès d'elles, on aperçoit une silhouette féminine. Les accusées sont défendues par une femme, ce qui, à l'époque, est sensationnel et même inédit ! Maître Germaine Brière est la première avocate inscrite au barreau du Mans et c'est la première, en France, à plaider devant une cour d'assises.

Après l'interrogatoire d'identité, le président Beucher, qui va faire preuve tout au long des débats d'une grande persévérance et d'une grande patience, en vient à l'essentiel : la raison de ce crime hors du commun. Il s'adresse d'abord à Christine Papin :

– La maison Lancelin était une bonne maison. Vous ne vous y plaisiez pas ?

Christine Papin ne répond pas. Le président semble décontenancé. Il poursuit néanmoins :

– Vous aviez 300 F par mois de gages et vous étiez logée et nourrie. Cela vous permettait de mettre de l'argent de côté. Vous aviez 20000 F d'économies. Alors, qu'aviez-vous contre la famille Lancelin ?

Christine Papin, les yeux baissés, n'a pas l'air d'entendre. Après un long silence, c'est, de nouveau, la voix du magistrat.

– Même monsieur Lancelin, malgré sa douleur, ne vous a pas accablée. Il vous a présentée comme honnête et laborieuse. Alors, je repose ma question : aviez-vous des griefs contre cette famille ? Aviez-vous des raisons de vous venger d'elle ?

Pas de réponse.

– Puisque vous ne parlez pas, je vais vous dire ce que vous pouviez reprocher à vos maîtres. Ils étaient distants, ils avaient conservé les mœurs d'une certaine vieille bourgeoisie. Ils n'avaient peut-être pas compris que les temps ont changé... Christine Papin, l'heure est venue de vous expliquer et de dire ce que vous pouviez reprocher à vos victimes !

– Rien.

C'est dit d'une façon si inaudible que le président doit la faire répéter. Il insiste :

– Madame Lancelin vous a-t-elle menacée ?

– Non, c'est moi qui l'ai alourdie.

Après ce curieux mot, Christine Papin semble s'animer. Malheureusement, ce n'est pas pour parler de ses mobiles, mais des faits, de l'assassinat.

– Madame Lancelin m'a disputée. Mais elle ne m'a pas menacée. Elle s'est avancée vers moi. Alors, j'ai pris un pichet d'étain et je l'ai frappée de toutes mes forces. Mademoiselle est arrivée au secours de sa mère. Je me suis jetée sur elle et, avec les doigts, je lui ai fait sauter les yeux.

Tout cela est dit de manière, cette fois, intelligible, mais sur un ton morne, détaché, qui glace le public.

Le président en vient aux relations entre les deux sœurs. Il rappelle ce qu'on sait. Mais Christine dément énergiquement.

– Il n'y avait rien entre nous.

– Avez-vous quelque chose à ajouter ?

– Non.

Le président Beucher a un soupir et passe à la cadette... Bien qu'elle ait 22 ans, Léa Papin en paraît beaucoup moins. On dirait une écolière. Elle n'est pas plus bavarde et ses réponses sont terribles.

– Avec quoi avez-vous arraché les yeux de madame Lancelin ?

– Avec mes doigts.

– Et avec le couteau, qu'avez-vous fait à Geneviève Lancelin ?

– J'ai fait des encisures.

De nouveau, une curieuse expression, qui rappelle le mot « incision », ce qui d'ailleurs ne correspond guère à la réalité. C'est plutôt de dépeçage qu'il faudrait parler... À son tour, Léa affirme avec force qu'il n'y a rien de sexuel avec sa sœur et le président Beucher lui pose, sans grand espoir, une dernière question :

– Avez-vous des regrets à manifester, des explications à fournir ?

Léa se tait.

– Non ? Eh bien, asseyez-vous…

C'est fini pour les sœurs Papin. On ne les entendra plus. Mais leur procès n'est pas terminé. Il reste, en particulier, à déterminer un point capital : la santé mentale des accusées.

Le docteur Schützenberger, psychiatre de renom, a procédé à l'examen mental des inculpées. Il vient à la barre très sûr de lui :

– Si le crime pouvait, au premier abord, donner l'impression d'un crime perpétré par des aliénées, je suis en mesure de démontrer qu'il n'en est rien. Aucune maladie mentale ne saurait être mise en cause…

Il poursuit :

– Léa Papin et Christine Papin sont d'une intelligence moyenne, mais n'ont pas trace de débilité. Leur affectivité est diminuée, mais leur émotivité et leur jugement sont normaux. Elles ont une exacte notion du bien et du mal.

Et, après un long exposé, il conclut :

– En mon âme et conscience, je les déclare responsables, au sens de l'article 64 du Code pénal.

Autre son de cloche avec le docteur Logre, médecin aliéniste à la Préfecture de police, cité par la défense. Il insiste sur les points obscurs du dossier.

– Ce crime est anormal. L'énucléation est un fait sans précédent dans les annales médico-légales. L'absence de mobile est également déroutante. On aurait dû chercher davantage. Il est possible d'envisager un diagnostic d'hystéro-épilepsie.

À la suite de sa déposition, la défense demande un supplément d'enquête médicale, mais la cour rejette la requête et on en vient aux plaidoiries…

L'avocat de la partie civile écarte la thèse de l'agression spontanée, il croît, au contraire, à la préméditation.

– Les sœurs Papin, s'écrie-t-il, ont tendu une véritable embuscade à leurs victimes. Puisqu'elles se sont conduites en bêtes fauves, traitez-les en bêtes fauves !

Et il demande la mort pour Christine Papin et les travaux forcés à perpétuité pour Léa Papin. Le procureur Riéger est tout aussi véhément et réclame exactement les mêmes peines…

Maître Germaine Brière, dont la tâche n'est pas facile, revient sur les incertitudes des rapports psychiatriques et plaide l'irresponsabilité.

– Je ne veux pas croire que vous allez condamner des malades. La défense est loyale, elle ne réclame pas l'acquittement. Elle ne demande rien qu'une nouvelle expertise qui puisse nous éclairer vraiment sur le cas des filles Papin…

Il est minuit et quart, quand le président Beucher déclare les débats clos. Les jurés se retirent et reviennent quarante minutes plus tard, ce qui est très court pour un procès de cette importance. Ils ont répondu « oui » à toutes les questions. Christine Papin est condamnée à mort et Léa, qui bénéficie des circonstances atténuantes, à dix ans de travaux forcés.

Après leur procès, les deux sœurs ont connu des sorts divergents. Christine Papin a été graciée par le président Lebrun en janvier 1934, et a vu sa peine commuée en travaux forcés à perpétuité. Mais pour elle, la perpétuité n'a pas duré longtemps. Ne supportant pas l'absence de sa sœur, elle dépérit et meurt en mai 1937 de dénutrition anorexique, à l'asile psychiatrique de Rennes.

Léa Papin, elle, n'a pas eu de problème de santé. Elle a été libérée le 2 février 1943, au dixième anniversaire de son crime et de son incarcération, après avoir purgé sa peine jusqu'au dernier jour. Elle est allée vivre chez sa mère, à Nantes, et elle y est restée après le décès de celle-ci, travaillant sous un nom d'emprunt comme domestique, dans divers hôtels. Avec le temps, elle est devenue une vieille dame aux cheveux blancs, que rien, en apparence, ne distinguait des autres. Elle est morte en 2001, à près de 90 ans.

LA PIRATE

Dans sa jonque surmontée de lampions bariolés et entourée de dizaines d'autres toutes semblables, Ching Shih se repose. Allongée sur la natte de sa cabine, elle se repose entre deux clients, car Ching Shih est prostituée. Elle est l'une des innombrables femmes qui vendent leurs charmes dans le lupanar flottant de Shenzhen, sur l'estuaire de la rivière des Perles.

En cette année 1800, Ching Shih a 25 ans. Elle est originaire d'un village de l'intérieur, pas très éloigné. Ses parents étaient très pauvres : un lopin de terre et quelques chèvres. Alors, pas question de nourrir tous leurs enfants, les garçons sont allés tenter leur chance dans les grandes villes proches de Canton et Hong Kong, les filles se sont retrouvées à Shenzhen, le plus grand centre de prostitution de la région.

Ching Shih avait 15 ans quand elle a quitté sa famille. Elle était naïve, elle avait encore des illusions, elle n'a pas tardé à déchanter. Un souteneur l'a engagée, une brute qui la frappe pour un oui ou un non et lui prend pratiquement tout son argent. Et, depuis dix ans, c'est le défilé des clients, tantôt violents, tantôt vicieux, mais qui lui donnent tous la nausée.

Ching Shih soupire... Elle s'est assez reposée. Il est temps d'aller à l'avant de sa jonque et de prendre des poses aguichantes pour attirer les passants. Elle sait qu'elle n'aura pas longtemps à attendre. Le prochain client ne va pas tarder à la remarquer et à monter à bord. Car elle est belle, exceptionnellement belle !

Elle a un visage d'un ovale parfait, des yeux en amande, de longs cheveux noirs, naturellement soyeux et luisants, un corps souple et admirablement fait. Elle, la petite paysanne sortie tout droit de sa campagne, possède des allures de princesse élevée au palais impérial. Car elle n'est pas seulement belle, elle est aussi distinguée. Il y a quelque chose en elle qui en impose, une sorte de fierté dans le maintien et même de dureté dans le regard...

Ching Shih sursaute : des voiles viennent d'apparaître comme venues de nulle part, mais ce ne sont pas des bateaux anglais ou portugais allant vers Hong Kong ou Canton, il s'agit d'embarcations de guerre surmontées d'un drapeau rouge. Pas de doute, ce sont des pirates ! Ils arrivent rapidement, provoquant la panique. Elle voit les habitants du port s'enfuir à toutes jambes. Maintenant, c'est au tour de ses compagnes de quitter leurs jonques, avec des cris apeurés.

Elle, au contraire, ne bouge pas. Que craignent-elles, ces sottes ? Qu'ont-elles à perdre ? Leur servitude, l'esclavage dégradant auquel elles sont soumises ? Qu'ils viennent, au contraire, les pirates ! Elle les attend. Elle n'a pas peur, même la mort est préférable à l'existence qui est la sienne... Un long moment s'écoule. Les arrivants ont débarqué et il y a des poursuites un peu partout. Un pirate monte enfin sur sa jonque. C'est un colosse, avec un grand sabre à la ceinture.

– Suis-moi !

Elle le toise sans faiblir.

– Que vas-tu me faire ? Me violer ? Me tuer ?

– Non, c'est autre chose qui t'attend.

– Quelle chose ?

– Te marier.

La jeune fille ne peut cacher sa surprise.

– Me marier ? Mais avec qui ?

– Tu verras bien.

Cheng I, le chef du Drapeau rouge, la plus puissante flotte pirate chinoise, est issu d'une famille qui pratique le pillage depuis des générations. Son nom est respecté de tous et sa personnalité a accru encore son prestige. Courageux, il va toujours à l'abordage à la tête de ses hommes et il est redouté de ses ennemis pour sa force au combat.

Cheng I est, en effet, un colosse : il est de haute stature, avec un torse puissant et des bras d'athlète, ce qui ne l'empêche pas d'être bel homme. À près de 40 ans, il a même un charme certain, avec sa fine moustache et son sourire séduisant. Bien entendu, les liaisons ne lui ont pas manqué, pas seulement, d'ailleurs, avec des femmes, car il est éclectique en ce domaine, mais il a brusquement décidé de se marier.

Il y a à cela deux raisons. Son âge, d'abord : il est temps qu'il ait une épouse et une descendance. Et puis, il veut célébrer comme il se doit son succès. Il vient, en effet, de remporter une éclatante victoire sur la marine impériale. Il lui a coulé douze vaisseaux, en a saisi vingt-huit autres et il a décidé plusieurs jours de fête, dont son mariage serait le couronnement. Voilà pourquoi il a envoyé ses hommes à Shenzhen, dont les prostituées sont célèbres dans toute la Chine, pour lui ramener les plus belles. Il fera son choix parmi elles.

Sur son navire au drapeau rouge, Ching Shih peut se rendre compte que le pirate n'a pas menti : c'est bien ce sort déconcertant qui l'attend. Elle est gardée sur le pont, avec d'autres jeunes femmes et les marins manifestent à leur égard toutes les marques du respect : pas un ne les approche, ils osent à peine les regarder. Pourtant, leur attitude ne semble pas rassurer ses compagnes. Elles sont terrorisées. Elles échangent à mi-voix des propos craintifs, certaines ne peuvent s'empêcher de pleurer.

Ching Shih, elle, ne cesse de réfléchir. Elle se pose toujours cette question, dont elle n'a pas eu la réponse : se marier avec qui ? Il s'agit sûrement d'un membre important de la bande, mais qui que ce soit, elle compte bien ne pas laisser passer sa chance. Elle est décidée à prendre une revanche sur la vie qu'elle a menée jusque-là. Une revanche éclatante…

La flotte au pavillon rouge ne tarde pas à arriver à sa destination : un port pas très éloigné de Shenzhen. C'est son navire qui aborde le premier sur le quai. On les conduit sur la passerelle, elle et les autres filles. Un peu plus loin, un homme puissamment bâti se tient seul devant plusieurs guerriers. C'est lui : le moment décisif est arrivé !

Alors que les autres filles baissent les yeux, Ching Shih le fixe, sans fuir son regard. Cheng I s'en aperçoit et vient vers elle.

– Qui es-tu ?

– Ching Shih.

– Moi, je suis Cheng I, le chef des Pavillons rouges. Tu as déjà entendu mon nom ?

– Oui.

La jeune prostituée ne ment pas. À Shenzhen, ce nom est connu de tous, mais personne n'ose le prononcer à haute voix, il est synonyme de malheur et de mort.

– Et tu n'as pas peur de moi ?

– Non. Tu es bel homme.

La réplique est si inattendue que le pirate éclate de rire.

– Toi aussi, tu es belle femme. Si je t'épousais, que voudrais-tu en cadeau de noces ?

Ching Shih est traversée par une brusque pensée : sa nouvelle existence doit être l'exact contraire de ce qu'elle a connu. Jusqu'ici, elle a été humiliée, elle a vécu dans un véritable esclavage. Elle doit maintenant dominer, régner.

– Je veux être à tes côtés.

– Tu le seras, si tu es ma femme.

– Je veux dire, partager ton pouvoir.

Il y a un cri de surprise et de réprobation dans le cercle des officiers qui entoure Cheng I. Leur chef va renvoyer l'insolente, voire la mettre à mort. Mais ce dernier n'a pas l'air fâché, il la considère avec intérêt.

– Tu saurais commander mes hommes ?

– J'en suis sûre.

À la stupeur générale, le chef pirate lui enlace la taille et l'embrasse à pleine bouche. Il a dit oui !

Ching Shih n'avait pas menti : dès le début, il associe sa femme à son pouvoir. Il est fou d'elle ; lors de leur première rencontre, il a éprouvé un véritable coup de foudre. Elle, de son côté, découvre en lui un personnage qu'elle ne soupçonnait pas : sous ses dehors de brute, c'est un être raffiné. Il aime les belles choses, il apprécie les arts. Il est même secrètement efféminé ! Il n'y a qu'à voir les regards qu'il porte sur certains marins de sa troupe ou certains jeunes garçons capturés lors des abordages.

Elle fait mine de ne pas s'en rendre compte, car le principal, pour elle, c'est de s'affirmer en tant que chef pirate. Les lieutenants de Cheng I se taisent, parce qu'ils le respectent et le craignent, mais elle se rend bien compte, qu'ils trouvent sa décision scandaleuse et que le reste de la troupe ne l'a pas davantage acceptée.

Dans ces conditions, c'est à elle de s'imposer et il n'y a qu'une seule manière de le faire : participer aux combats. À sa demande, elle embarque aux côtés de son mari et l'occasion ne tarde pas à se présenter : plusieurs navires sont en vue et pas des navires marchands, des bateaux de guerre envoyés par l'empereur de Chine pour les combattre. Cheng I fait mettre le cap dans leur direction : l'affrontement est inévitable.

Son sabre d'abordage à la main, Ching Shih se demande comment elle va se comporter, elle qui n'a jamais tenu une arme de sa vie, mais tout se passe mieux qu'elle l'imaginait. D'abord, elle n'a pas peur. Bien sûr, elle risque sa vie, mais elle n'a pas le choix et elle ne pense pas au danger. Ensuite, si elle n'a pas le physique des autres marins, elle le remplace par sa souplesse et son agilité. Elle fait des bonds pour éviter les coups, elle est insaisissable et elle triomphe d'adversaires bien plus forts qu'elle.

Le premier engagement est un succès. Il est suivi d'autres tout aussi victorieux, durant lesquels elle se comporte avec la même assurance, et tout change ! Elle est bientôt considérée avec admiration par tous. Elle n'est pas une femme comme les autres. Son autorité n'est plus discutée par personne.

Si les combats sont pour elle l'indispensable moyen de s'imposer, ils ne sont pas sa seule préoccupation. La piraterie chinoise est alors divisée en plusieurs groupes autonomes et parfois concurrents. Celui des Drapeaux rouges est de loin le plus important, mais il y a aussi les Drapeaux noirs, blancs, bleus, jaunes et verts. Sous son impulsion, une confédération est créée, dont Cheng I prend la tête. Chaque flotte a sa région d'action, à laquelle les autres ne touchent pas, mais pour les opérations importantes, elles doivent se grouper, ainsi que pour faire face à une menace urgente.

Grâce à cette initiative, la piraterie prend une dimension nouvelle, posant des problèmes de plus en plus sérieux à la marine impériale, déjà affaiblie, mais aussi à l'armée de l'empereur. En effet, sur proposition de Ching Shih, les pirates opèrent maintenant dans les terres, lançant contre les villages des opérations de pillages très rentables et souvent très sanglantes.

Cinq ans s'écoulent ainsi... Tout le monde a oublié que Ching Shih était une des prostituées du lupanar flottant de Shenzhen, tout le monde, sauf elle. Elle est toujours marquée par les moments qu'elle a vécus et, plus que jamais, elle est décidée à prendre sa revanche. Il y a pourtant un échec, au milieu de tous ses succès : elle n'a pas d'enfant. Sans doute ne peut-elle être mère, en tout cas, elle est incapable de donner à Cheng I l'héritier qu'il attend et cette circonstance va avoir des conséquences imprévues...

Les Pavillons rouges effectuent, ce jour-là, une opération dans les villages de l'intérieur et Ching Shih a tenu à y participer. L'intervention est particulièrement sanglante et elle se distingue par sa férocité. Elle lance de grands coups de sabre, tuant indistinctement des hommes, des femmes et des enfants. Tous ces gens sont semblables à ceux qu'elle a connus dans son enfance et, pour cette raison, ils doivent disparaître !

Elle est en train de répandre la mort autour d'elle, lorsque Cheng I, qui ferraillait un peu plus loin, pousse un cri :

– Ching Shih, viens voir !

Elle accourt. Devant son colosse de mari, se tient un jeune villageois terrorisé. Il est recroquevillé, comme s'il allait échapper ainsi au sort qui l'attend, levant des yeux suppliants vers le pirate. Quel âge peut-il avoir ? 18 ans, pas plus. En tout cas, il est très beau, un visage adorable, un corps parfait.

– Pourquoi m'as-tu appelée ?

– En le voyant, j'ai eu une idée : puisque tu ne peux pas avoir d'enfant, pourquoi ne pas l'adopter ?

– Lui ?

– Pourquoi pas ?

– Si tel est ton désir...

La pirate se penche vers le jeune homme.

– Comment t'appelles-tu ?

La réponse lui parvient dans un souffle :

– Chang Poa.

– Eh bien, Chang Poa, à partir de maintenant, tu es notre fils.

Ching Shih ne tarde pas à comprendre la raison du choix de Cheng I : l'adoption n'était qu'un prétexte. Devant Chang Poa, il a éprouvé le même coup de foudre qu'en la découvrant elle-même, et il fait du jeune homme son amant. Il ne délaisse pas pour cela son épouse, il se partage entre les deux. Ching Shih, de son côté, s'adapte sans trop de mal à cette curieuse situation. Ce qui compte d'abord, pour elle, c'est de diriger la flotte aux côtés de son mari et ce dernier lui laisse de plus en plus d'initiatives.

Et puis, ce Chang Poa n'est décidément pas désagréable : non seulement il est beau, mais il est intelligent, il est vif, il a un jugement très sûr, malgré son jeune âge. La flotte au drapeau rouge continue de se renforcer et la confédération est de plus en plus efficace. Elle ne demande qu'une chose : que les choses continuent ainsi.

Malheureusement, elles vont s'arrêter de manière brutale. Deux ans plus tard, en 1807, Cheng I prend la tête d'une expédition navale contre des pirates dissidents. Pour une fois, Ching Shih n'est pas avec lui, elle est restée à terre pour des discussions avec les flottes des autres pavillons. Chang Poa n'est pas là non plus et cette circonstance leur sauve sans doute la vie à tous les deux.

La flotte du Drapeau rouge est surprise par une violente tempête. Plusieurs bateaux sont coulés. Celui de Cheng I est indemne, mais lui-même a été enlevé par une lame et l'expédition rentre sans lui... En plus de la douleur qu'elle éprouve devant la perte de cet être exceptionnel, auquel de plus elle doit tout, Ching Shih est brutalement confrontée à un problème crucial : est-elle capable de commander une flotte de 800 navires et 80 000 marins ?

La réponse ne tarde pas. Tout comme lorsqu'elle s'était mise aux combats, elle découvre que les choses sont beaucoup plus faciles qu'elle l'imaginait. Pour la flotte du Drapeau rouge, pas de problème : les hommes acceptent tout naturellement l'autorité de celle qui est depuis des années à leur tête, pas un des lieutenants de Cheng I ne lui dispute le pouvoir. Et, pour la Confédération, c'est tout aussi simple : c'était elle qui menait le plus souvent les discussions, elle continue à en être la dirigeante, cette fois, officiellement.

C'est donc Ching Shih le chef incontesté et, avec elle, les choses changent ! Considérant que la discipline est la principale force des armées quelles qu'elles soient, elle instaure un règlement comme aucune bande de pirates n'en a connu auparavant.

Il est d'une sévérité peu commune :

> « *Tout pirate ayant désobéi à un ordre ou ayant volé dans le butin commun sera décapité. Les déserteurs auront les oreilles coupées. La première fois que les pirates n'arriveront pas à partager les biens qu'ils ont pillés, ils seront flagellés ; la deuxième fois, ils seront exécutés. Si un pirate viole une captive, il sera décapité ; si elle est consentante, elle sera jetée à la mer avec des poids attachés aux jambes.* »

Ching Shih est, en outre, une administratrice et une femme d'affaires pointilleuse. Elle tient un registre de toutes les dépenses et de tous les bénéfices. En cas de prise importante, elle se déplace elle-même, avec un comptable, pour voir si le butin est complet, en le comparant avec ce qui est inscrit dans le livre du vaisseau capturé. S'il ne l'est pas, il y a une enquête, qui se conclut souvent par une ou plusieurs exécutions.

En quelques mois, l'empire de Cheng I se trouve considérablement renforcé : le nouveau règlement lui donne une cohésion qu'il n'avait pas jusque-là et sa puissance attire d'autres hommes. Les effectifs ne cessent de s'accroître. Seulement, Ching Shih ne tarde pas à se rendre compte qu'elle a de plus en plus de mal à assumer cette tâche seule. Du temps de Cheng I, ils étaient deux et elle aurait besoin de quelqu'un à ses côtés. C'est alors qu'elle pense à Chang Poa...

Depuis la mort de Cheng I, le jeune homme est resté en retrait. Prise par ses activités nouvelles, Ching Shih n'avait pas eu le temps de penser à lui, mais elle se souvient brusquement de son existence. Elle l'a toujours apprécié. Il est calme et réfléchi, il a sûrement toutes les qualités pour la seconder. Elle lui propose d'être son lieutenant et il accepte.

Elle se rend compte rapidement qu'elle ne s'était pas trompée. Chang Poa fait merveille auprès d'elle. Il est doué d'une autorité naturelle, qui le fait accepter sans mal par les hommes, il est bon stratège et bon administrateur. Mais elle découvre autre chose : elle est violemment attirée par lui et, comme à son habitude, elle ne peut pas résister à ses pulsions. Un jour qu'ils sont ensemble en train de consulter des documents, elle lui prend la main et lui déclare :

– Je t'aime !

Il fait un bond.

– Tu n'y penses pas ?

– Tu ne m'aimes pas ?

– Ce n'est pas possible : tu m'as adopté.

– Ce n'était pas une vraie adoption. Tu sais bien pourquoi Cheng I l'a décidée.

– Dans le village, tu m'as dit que j'étais ton fils.

– C'était une façon de parler…

Chang Poa, qui éprouvait les mêmes sentiments, mais qui se les cachait à lui-même parce qu'il les jugeait impossibles, ne tarde pas à céder et c'est le début d'une liaison passionnée, qui se conclut, peu après, par un mariage. Leur union est sans nuage. Non seulement, Ching Shih est follement amoureuse, mais sans doute, avec Chang Poa, peut-elle chasser ses souvenirs de prostituée, en devenant le partenaire dominant.

Comblée dans sa vie de femme, Ching Shih l'est tout autant dans sa vie de chef de guerre. C'est le moment de son triomphe. Elle et ses hommes sont les maîtres incontestés de la région de Canton et Hong Kong. Elle n'hésite plus à s'attaquer aux navires européens, ce qui lui rapporte des butins encore plus importants ; quant à la marine impériale, elle la bat dans tous les affrontements. Le nombre de ses navires est difficile à évaluer, mais il dépasse sans doute le millier et celui de ses marins doit se situer autour de cent mille.

Pour épargner ses hommes, elle remplace souvent les combats par ce qu'elle appelle « l'argent de protection ». Les convois de jonques de sel payent ainsi 200 dollars pour bénéficier de la protection des pirates. Elle étend, en outre, son racket aux paysans. Des villages entiers sont rançonnés et, si certains se révoltent, ils sont impitoyablement brûlés et massacrés. Elle fait toujours preuve de la même haine envers ces gens qui lui rappellent son enfance et elle donne des instructions pour qu'ils soient traités avec la cruauté la plus extrême.

Sur son ordre, le gouverneur de Canton est assassiné, portant la terreur à son comble. Ce meurtre, joint aux atrocités commises contre les paysans, rend le nom de Ching Shih légendaire. La frayeur qu'inspirait celui de Cheng I n'est rien à côté du sien. Avec, toutefois, une différence : le peuple éprouve un certain plaisir à voir la marine de l'empereur ridiculisée par une femme. Des gravures la montrant sabre au clair et jupe au vent, devant des soldats impériaux apeurés, circulent un peu partout.

Mortifié, le pouvoir décide de réagir. Un nouveau gouverneur, Bai Ling, est nommé. Pour la première fois, il s'allie avec les Anglais et les Portugais. Le 19 novembre 1809, la frégate britannique *Mercury* et six navires portugais attaquent, conjointement avec la marine chinoise, les Drapeaux rouges, au large de l'île de Hong Kong. Ching Shih, Chang Poa et leurs hommes, après avoir perdu beaucoup de navires, doivent battre en retraite et se réfugier dans le port. Les coalisés les y poursuivent et décident de les détruire en lançant contre eux des brûlots. Mais le vent tourne et les brûlots se retournent contre les assaillants, détruisant un grand nombre de leurs navires. C'est une victoire inespérée !

Les Chinois et les Européens ont échoué, mais les pirates vont mourir de leurs divisions. Cheung Po Tsai, chef du Drapeau noir, jaloux du pouvoir de Chang Poa, refuse de lui porter assistance dans une bataille. Furieux, Chang Poa se retourne contre lui après l'affrontement, mais il est mis en fuite. Cet événement signifie toutefois la fin de la Confédération et Cheung Po Tsai en tire les conséquences. Il choisit de négocier sa reddition et obtient le pardon des autorités.

En l'apprenant, Ching Shih comprend que sa seule chance est d'en faire autant. En avril 1810, elle entame des négociations avec Bai Ling. Son principal souci est le sort de son cher Chang Poa, ce qui ne pose pas de problème : elle obtient pour lui un poste au gouvernement. Ses hommes bénéficient de la même indulgence. Si cent vingt-six pirates, compromis dans des massacres, sont exécutés, les autres se voient accorder l'amnistie. Plus de dix-sept mille d'entre eux sont même autorisés à garder leur butin.

Quant à elle, elle se voit accorder ce qu'elle voulait : une seconde partie de vie dans le calme et l'aisance. Elle devient propriétaire d'une maison close et d'une maison de jeux à Canton. Son seul grand chagrin sera la mort de Chang Poa. Elle-même mourra de longues années plus tard, en 1844, riche et considérée. Elle ne l'a jamais su, mais elle a été le plus grand pirate de tous les temps, hommes et femmes confondus.

UNE FEMME SOUMISE

À quoi rêve-t-on, quand on est jeune fille et qu'on a 20 ans ? À l'amour, bien sûr, et, en cette fin des années 1950, Margit Ericson ne fait pas exception à la règle. Mais elle est certaine que ce n'est pas dans sa Suède natale qu'elle découvrira l'homme de sa vie et elle décide d'émigrer aux États-Unis... Outre l'amour, il y a autre chose qui compte pour elle : la foi. Elle est vivement mystique et l'Église mormone l'attire, même si elle ne connaît pratiquement rien à ses croyances et à ses rites.

C'est pourquoi elle choisit de s'installer à Salt Lake City, la ville des mormons, dans le désert de l'Utah. Elle élit domicile près de son université, la *Brigham Young University*, mais elle ne s'y inscrit pas : elle n'est pas capable d'en suivre les cours. Elle trouve, à proximité, un emploi de serveuse dans une cafétéria que fréquentent les étudiants. Ainsi, elle peut les voir, quelquefois bavarder avec eux, en espérant secrètement qu'elle fera connaissance avec le jeune homme de ses rêves...

Charles Longo, qui a juste un an de plus qu'elle, correspond exactement à ce portrait idyllique. Né en 1938 à Yonkers, dans l'État de New York, il appartient à une famille aisée, riche même. Il est beau, sportif et doué pour les études. Ce qui ne l'empêche pas d'être patriote. Il s'engage dans les Marines en 1957 et s'y comporte de brillante manière. Mais il y fait aussi une rencontre déterminante : un de ses camarades est mormon et lui parle de sa religion. Pour Charles Longo, c'est une révélation : il a trouvé le sens de son existence. De retour à la vie civile, il se convertit au mormonisme et demande à faire du prosélytisme.

Comme il est de règle pour les nouveaux adeptes, il est envoyé en mission à l'étranger avec un autre converti récent. Il se retrouve ainsi en Uruguay où il déploie ses connaissances théologiques toutes neuves. Elles sont prodigieuses ! Il connaît pratiquement par cœur le *Livre de Mormon*. Mais malgré cela, il est rappelé aux États-Unis. Son collègue a fait un rapport négatif aux autorités de l'Église : il souffre d'instabilité mentale, il veut devenir apôtre et il entend des voix divines. Un responsable mormon, qui l'a connu à cette époque, dira plus tard :

> *« C'était quelqu'un d'extrêmement dévot. Je n'avais jamais rencontré quelqu'un d'aussi croyant, trop peut-être... »*

Charles Longo rentre chez lui, à Yonkers. À l'instigation de ses parents, il suit des séances chez un psychiatre, mais il interrompt brutalement le traitement en 1961. Il veut retrouver les mormons. Il revient à Salt Lake City et s'inscrit à la *Brigham Young University* où il suit des cours d'espagnol...

Quand Charles Longo vient s'attabler à la cafétéria, Margit Ericson s'empresse avec son plateau. Elle a rarement vu un aussi beau garçon ! C'est un grand brun aux yeux bleus et à la mine conquérante. Il est même athlétique du fait de son passage chez les Marines. Elle lui adresse son sourire le plus engageant. Il faut dire qu'elle-même n'est pas désagréable, avec son charme scandinave, ses cheveux blonds très clairs et ses yeux bleus, très clairs eux aussi.

– Vous désirez ?

– Un café.

Margit réprime un soupir de contrariété : il est en train de lire un gros livre et il n'a même pas levé les yeux sur elle ! Quand elle revient avec le café, il est toujours plongé dans sa lecture. Elle n'est pas d'un naturel entreprenant, mais tant pis, elle se décide à engager la conversation :

– Ça doit être intéressant...

La réponse est prononcée toujours sans lever les yeux.

– C'est le *Livre de Mormon.*

Elle a un cri.

– Moi qui ai toujours voulu le lire !

Pour la première fois, le jeune homme quitte son volume et fixe son regard sur elle.

– C'est vrai ?

– Oui, mais je n'ai pas osé. C'est trop difficile pour moi.

– Si vous voulez, je peux vous aider...

Margit Ericson ne demande que cela. Ils se retrouvent régulièrement et c'est en compagnie des austères préceptes du mormonisme que se développe leur idylle. Tout naturellement, elle se conclut par un mariage au début de l'année 1963.

Le couple ne quitte pas Salt Lake City... Si Charles et Margit ont été sincèrement épris au début, le mariage est une institution sérieuse et le temps des effusions amoureuses ne dure pas. Le rôle de la femme consiste à faire des enfants et à les élever. Naissent ainsi successivement : Eva, en 1963 ; Elisabeth en 1964 ; Frank, l'année suivante ; Deborah, l'année suivante encore ; Joseph, en 1969 ; Bruce, en 1970 et Rebecca en 1972. En tout, ils sont sept.

Margit est parfaitement heureuse dans son rôle de mère et d'éducatrice et elle s'emploie à donner à ses enfants les principes les plus stricts. Nul n'est plus éloigné qu'elle des idées féministes. Elle est naturellement soumise et elle s'épanouit à l'ombre de son mari, pour lequel elle éprouve une dévotion sans bornes. Elle approuve sans réserve ses grandes déclarations enflammées.

– Un jour, je serai le chef des mormons, c'est Dieu qui me l'a dit !

Si sa femme accepte sans mal les idées de grandeur de Charles, il n'en est pas de même de ses supérieurs dans l'Église mormone. Ils supportent de plus en plus mal le comportement de ce nouveau venu, qui veut leur donner des leçons et qui entend avoir des responsabilités dans le clergé. Charles Longo est d'abord sommé de rentrer dans le rang et, comme il s'y refuse, il est purement et simplement excommunié !

Mais il est d'un naturel combatif et, comme il est absolument sûr de détenir la vérité, il fonde sa propre secte. Au même moment, grâce à une décision de justice, il obtient d'avoir un patronyme plus religieux : la famille ne s'appelle plus Longo, mais David. Les prénoms des parents et de certains enfants sont également changés. Lui-même devient « Immanuel » et Margit, « Rachal » ; parmi leur progéniture, Eva, l'aînée, devient Rachal, comme sa mère, et Frank, l'aîné des garçons, prend le nom de Joshua.

La secte, dont il est le chef ou plutôt le messie, comprend une trentaine de membres et, début 1969, tout le monde va s'installer un peu plus loin dans l'Utah, à Manti.

Ils habitent un ensemble de fermes abandonnées, portent la bonne parole autour d'eux et survivent tant bien que mal comme rémouleurs. Les autorités, qui ne les perdent pas de vue, dénombrent plus tard 12 adultes et 31 enfants. Aucun des enfants n'est scolarisé, malgré les injonctions de la police. Mais Charles Longo ou plutôt Immanuel David n'en a cure ! Il toise les policiers et se promène avec, à la taille, un sabre dans son fourreau, proclamant que quiconque verra le sabre dégainé mourra. Depuis quelques années, il a énormément grossi, il pèse 140 kilos et sa corpulence n'est pas loin d'être monstrueuse. Pourtant, malgré toute son assurance, la pression des autorités de Manti est trop forte et le groupe s'en va, pour se fixer à Duchesne, toujours dans l'Utah.

Les membres de la secte s'entassent dans une petite maison de deux pièces. Quand les voisins demandent de quoi ils vivent, Immanuel leur répond qu'il attend un arrivage d'or qui les mettra pour toujours à l'abri du besoin. En fait, il emprunte aux banques et il fait ce qu'on appelle de la cavalerie, empruntant à une autre banque, pour rembourser la première. Ce qui ne l'empêche pas de déclarer à qui veut l'entendre :

– Je vais bientôt m'emparer de l'univers !

Fin 1971, alors qu'il est menacé sur ses maigres biens, il déménage à la cloche de bois et va s'installer de nouveau à Salt Lake City. Des plaintes sont déposées pour escroquerie et délit de fuite. La famille se sépare des autres disciples, même si ces derniers gardent toute leur vénération à leur « messie ». Les David survivent encore plus mal qu'auparavant. Immanuel, qui est ceinture noire de karaté, parvient à donner quelques cours, Rachal s'occupe de sa nombreuse progéniture...

Au milieu des années 1970, tout change brutalement. Un des élèves de karaté devient disciple de la secte. Or, il s'agit d'un homme d'affaires richissime, qui inonde le gourou de ses dons : en tout, près de 100 000 dollars, une fortune ! Le FBI, qui n'a pas lâché Longo-David depuis le début, pense à une escroquerie et ouvre une enquête, mais ne trouve rien.

En attendant, leur nouvelle richesse permet à Immanuel, Rachal et leurs enfants de changer totalement d'existence. Ils louent une suite de trois pièces au onzième étage d'un palace, l'International Dunes, avec une vue imprenable sur Salt Lake City. Immanuel règle tous les jours en espèces les 90 dollars de la location.

Son état mental ne s'arrange pas. Il prétend maintenant être à la fois Dieu le Père, Jésus-Christ et le Saint-Esprit. Son état physique ne s'améliore pas non plus : il a encore grossi et dépense une fortune pour s'habiller sur mesure. Les enfants ne sont toujours pas scolarisés. Rachal leur donne quelques rudiments de connaissances, mais s'attache surtout à l'enseignement moral et en premier lieu à l'obéissance. Ils doivent faire ce qu'on leur dit en toute circonstance. De plus, ils n'ont droit de parler à personne. Quand la femme de ménage vient dans la suite, ils sont enfermés dans une pièce, pendant qu'elle en fait une autre.

Courant 1978, Immanuel se consacre à un projet grandiose : détruire l'État de Californie. Pour quelle raison ? Il ne le dit pas. En revanche, il explique longuement à Rachal comment il va procéder :

– Par télépathie, uniquement par télépathie ! Le Tout-Puissant va m'envoyer sa force spirituelle et je n'aurai plus qu'à la diriger contre ceux qu'il faut détruire. Je commencerai par San Francisco...

Margit-Rachal écoute, éblouie, ce récit. Plus que jamais, elle mesure la chance qu'elle a eue de rencontrer son Dieu !

Malheureusement, on a beau se prendre pour Dieu, on n'échappe pas à la machine judiciaire. Charles-Immanuel est rattrapé par une vieille affaire, une escroquerie du temps d'avant sa subite richesse. Il est sommé de se présenter devant la police et il sait qu'il sera immédiatement incarcéré, jusqu'au moment du procès. Or, la prison, il ne l'envisage à aucun prix !

Le 1er août 1978, sans prévenir Rachal, il quitte Salt Lake City à bord d'une camionnette. Il fait quelques dizaines de kilomètres et s'arrête dans la campagne. Quand on le retrouve, le lendemain matin, il est mort. Il s'est suicidé avec les gaz d'échappement.

On annonce la nouvelle à Rachal le jour même. Elle n'a pas de réaction apparente. Elle fait preuve d'un calme impressionnant. Elle va voir le directeur de l'hôtel et lui demande ce qui se passerait si elle ne réglait pas ses factures. Il lui répond de ne pas s'inquiéter : ils auront tout le temps de voir cela ensemble. Elle ne réplique rien et va se coucher, avec ses enfants.

Le lendemain matin, 3 août, elle fait sortir les sept enfants sur le balcon de leur suite. Il est 8 h du matin. Il y a pas mal de monde dans la rue, notamment des piétons sortis prendre l'air, car, plus tard dans la journée, il fera trop chaud. C'est alors qu'un des promeneurs lève machinalement les yeux et pousse un cri.

– Mais qu'est-ce qu'ils font ?

Autour de lui, les gens regardent et découvrent une scène incroyable. Là-haut, sur le balcon du onzième étage, une femme a rangé ses sept enfants par ordre de taille. Elle est allée chercher des sièges. Elle installe le plus jeune de ses enfants sur un tabouret de bar. Elle ne dit que deux mots :

– Monte, Rebecca.

Sans poser de question ni manifester une émotion quelconque, la petite Rebecca, 6 ans, monte avec précaution sur le tabouret et s'y maintient de son mieux en équilibre. Rachal place alors deux chaises, sur lesquelles elle fait monter Bruce, 8 ans et Joseph, 9 ans ; eux aussi s'exécutent sans un mot. En bas, dans la rue, tout s'est figé, les piétons comme la circulation. Des cris horrifiés éclatent :

– Arrêtez ! Arrêtez !

Une voiture de police vient de découvrir le spectacle. Elle pile dans un hurlement de freins et des agents se ruent à l'intérieur de l'hôtel, mais il est évident qu'ils arriveront trop tard... C'est maintenant au tour des trois plus grands : Deborah, 12 ans ; Frank-Joshua, 13 ans ; Elisabeth, 14 ans et Eva-Rachal, 15 ans. Rachal leur dit de s'avancer jusqu'à la rambarde et de ne plus bouger : elle leur arrive à hauteur de la poitrine.

En bas, les cris ont cessé. Tout le monde retient son souffle. On veut croire que les choses vont s'arrêter là, que tout cela n'est qu'une horrible mise en scène...

Non, ce n'est pas une mise en scène ! Rachal vient se placer derrière Rebecca, en équilibre sur son tabouret. Une légère poussée suffit pour que l'enfant tombe dans le vide. Ensuite, elle se contente d'ordonner :

– Saute, Bruce !... Saute Joseph !

Et tous, par ordre de taille, jusqu'à Eva-Rachal, la plus grande, s'exécutent, sans hésitation, sans peur, comme s'ils plongeaient dans une piscine. Enfin, quand ses sept enfants se sont écrasés, Rachal enjambe la balustrade et tombe à son tour trente mètres plus bas...

Lorsqu'on relèvera les corps affreusement mutilés, on découvrira un des enfants encore en vie : Eva-Rachal, la plus âgée. Un arbre a miraculeusement ralenti sa chute et l'a projetée sur un massif de buis. Il lui faudra quand même un an d'hôpital pour se remettre sur pieds. Elle sera ensuite adoptée par une famille de Salt Lake City... À la question qui lui a été mille fois posée :

– Mais pourquoi as-tu sauté ?

Elle a répondu à chaque fois :

– Parce que maman m'avait dit de le faire.

Elle aussi était une femme soumise.

SŒUR FÉLICITÉ

Il est 21 h, ce 27 juin 1967 et Minna Kempel se prépare à passer sa première nuit de garde à l'hospice gériatrique de Schaffhouse, en Suisse. L'établissement, réservé à une clientèle fortunée, est à la fois cossu et charmant. Il est installé dans un vaste parc ombragé de sapins. Au loin, on aperçoit les premières cimes des Alpes.

Minna Kempel non plus ne manque pas de charme. Elle est très jeune, elle a juste 21 ans, elle vient de terminer ses études d'infirmière et l'hospice de Schaffhouse est son premier poste. Elle arrive de la campagne, dont elle a le charme frais et naturel : un teint rose, des joues rebondies, des nattes blondes, qui dépassent du bonnet blanc réglementaire. Pourtant, elle est loin d'avoir la physionomie réjouie qui devrait être la sienne en ce jour. Dans la salle de garde où, pour l'instant, elle est seule, elle regarde furtivement de droite à gauche ; de temps à autre, elle sursaute, quelquefois même, elle réprime un léger tremblement. Bref, il est visible qu'elle a peur et cette peur a une cause : sœur Félicité.

Sœur Félicité est l'infirmière chef de l'établissement. C'est elle qui est en charge du recrutement et c'est elle qui a reçu Minna Kempel pour son entretien d'embauche... Cette dernière ne cesse de la revoir assise devant elle. Qu'elle soit sans charme, c'est, après tout, normal pour une religieuse : une grande femme sèche, à l'air revêche et à la voix cassante. Mais ce n'est pas cela qui a mis Minna si mal à l'aise. C'est au contraire les efforts qu'elle faisait pour être aimable, les sourires qu'elle lui adressait. Elle ne saurait dire pourquoi, mais ces attentions la glaçaient. Sœur Félicité a fini par lui proposer un poste d'infirmière stagiaire et elle a accepté. C'était un excellent début de carrière, de plus, très bien payé... L'infirmière chef a conclu :

– Nous commencerons par une garde de nuit. Nous la ferons ensemble. C'est la meilleure façon de débuter.

Minna Kempel se lève brusquement de son siège, comme si elle se mettait au garde-à-vous.

– Ma sœur...

Sœur Félicité vient d'entrer silencieusement, presque furtivement. Elle regarde, immobile, la jeune fille. Elle a un large sourire, qui produit un curieux effet sur son visage aux allures chevalines.

– Cela me fait plaisir d'être avec vous. Vous allez voir, tout va bien se passer. Décontractez-vous, ma petite.

Minna murmure timidement :

– Oui, ma sœur.

SŒUR FÉLICITÉ

Sœur Félicité empoigne un chariot et prend la jeune infirmière par le bras :

– Venez avec moi. Je vais vous montrer. C'est tout simple...

Sur ses pas, Minna Kempel pénètre dans le service pudiquement nommé des « malades chroniques ». C'est là que sont regroupés les grabataires, pour qui il n'y a plus d'espoir. Sœur Félicité entre successivement dans les chambres individuelles distribuées autour d'un long couloir. Le malade de la chambre 23 emplit tout le service de ses cris. En arrivant dans sa chambre, sœur Félicité s'adresse à lui d'une voix dure :

– Voulez-vous bien vous taire !

Le vieillard a les yeux hagards. Il continue à crier de plus belle. Sœur Félicité prend une seringue sur un plateau et lui fait rapidement une piqûre. Elle se retourne vers Minna :

– Comme cela, il va nous ficher la paix...

La première ronde est terminée ; Minna est de retour dans la salle de garde avec l'infirmière chef. C'est le moment qu'elle redoutait. Elle ne sait toujours pas pourquoi, mais la perspective de passer plusieurs heures avec cette femme la terrorise. L'infirmière chef se dirige vers un vaste réfrigérateur. Au milieu des flacons de plasma et des ampoules, elle saisit une bouteille et un petit pot en verre contenant une matière noire... Sœur Félicité s'assied sur un des deux lits de camp de la salle de garde. Elle parle d'une voix aussi douce que possible :

– Venez mon enfant...

Terriblement mal à l'aise, Minna s'approche. Elle désigne la bouteille :

– Mais c'est du champagne !

– Oui, du champagne français. Et cela, c'est du caviar... Je parie que tu n'en as jamais goûté... Allez, viens ! Assieds-toi ici, près de moi.

Minna va s'asseoir à l'autre bout du lit. C'est à cet instant qu'un hurlement retentit en provenance des chambres. Sœur Félicité se lève, plantant là sa bouteille et son caviar.

– C'est le 12 ! Il a déjà fait le même coup la semaine dernière ! Cette fois-ci, il ne va pas nous embêter longtemps !

À grandes enjambées, la religieuse quitte la salle de garde. Minna Kempel est tellement retournée qu'elle reste immobile. Elle écoute ces hurlements sinistres qui ne cessent pas. Et soudain, c'est plus sinistre encore : le hurlement fait place à une sorte de hoquet, de cri d'agonie.

Minna bondit. Elle se rue dans la chambre 12. L'infirmière chef, un verre d'eau à la main, se tient près du lit. Elle dit simplement :

– Il s'est étouffé en buvant. Il est mort.

Minna Kempel contemple, les yeux agrandis d'horreur, le visage violacé. Sœur Félicité l'entraîne hors de la pièce.

– Il ne faut pas être nerveuse comme cela. Vous en verrez d'autres, ma petite !

Presque aussi blanche que sa blouse, la jeune infirmière suit la religieuse. Une brusque angoisse la fait s'arrêter devant la chambre 23. Elle y entre et en sort presque aussitôt en poussant un cri :

– Il est mort !

Sœur Félicité hausse les épaules :

– Ah ?... C'est aussi bien pour lui.

Minna s'appuie à un mur.

– Ma sœur, je vais me trouver mal ! Je ne peux pas continuer ma garde. Excusez-moi.

L'infirmière chef la considère avec une moue méprisante.

– Ah ces jeunes, ça n'a pas de nerfs ! Ça va pour cette fois-ci, mais la prochaine fois, vous êtes renvoyée.

Et Minna Kempel s'en va en chancelant.

Le docteur Kübler, 29 ans, vient juste d'être nommé au centre gériatrique. Frais émoulu de la Faculté, il ne manque ni de distinction, ni de charme, avec ses cheveux très bruns, son menton bleuté et ses yeux gris. En face de lui, Minna Kempel a demandé à le voir de toute urgence :

– Alors, mademoiselle, vous avez un problème ?

Minna Kempel rougit sous sa coiffe blanche sans que l'on sache si c'est à cause de sa démarche ou du regard du jeune médecin.

– Eh bien voilà, docteur...

Et d'une voix aussi ferme qu'elle le peut, elle fait le récit complet de ce qui s'est passé la veille. À mesure qu'elle parle, le jeune médecin tient de plus en plus mal en place. Lorsqu'elle se tait, il explose.

– Ainsi vous accusez sœur Félicité d'avoir eu des intentions équivoques à votre égard ? Une religieuse ! Vous vous rendez compte de l'énormité de ce que vous dites.

– Je n'ai fait que raconter ce qui s'est passé...

– Il y a vingt-cinq ans que sœur Félicité est chez nous et personne ne s'est plaint d'une pareille chose !

– Peut-être que c'est déjà arrivé et que d'autres n'ont pas eu le courage...

Le docteur Kübler se lève.

– Bien. Allons voir ces deux décès que vous dites suspects... Je vous préviens que si vous avez menti, il y aura des suites.

Avant d'entrer dans les chambres des malades, le médecin tient pourtant à faire une vérification. Il se rend dans la salle de garde et ouvre le grand réfrigérateur. Un long examen n'est pas nécessaire : en écartant les fioles de plasma et les produits pharmaceutiques, il découvre une bouteille de champagne ouverte et un petit pot de verre contenant du caviar. Il ne dit rien, mais c'est l'air profondément troublé qu'il prend la direction des chambres...

Peu après, il se redresse au-dessus du lit 23 :

– Coma diabétique : c'est incompréhensible ! Ce malade n'avait jamais fait de diabète.

Dans la chambre 12, la surprise du médecin est plus grande encore.

– Un verre d'eau ? Vous êtes certaine ? Mais enfin ce n'est pas possible, à moins de l'avoir fait exprès !

Le docteur Kübler regarde l'infirmière dans les yeux.

– Je vous interdis de parler de cela à quiconque. Vous m'avez compris ?

La jeune Minna balbutie un petit « oui » et le docteur la quitte rapidement.

Peu après, il se dirige d'un pas rapide vers le bâtiment voisin, qui sert de logement au personnel. Il a en main la clé de l'appartement de sœur Félicité, dont il a un double, comme de toutes les portes de l'établissement.

Il est 11 h du matin. Sœur Félicité, qui prend ses repas avant les malades, est au réfectoire et il ne risquera pas d'être dérangé. Werner Kübler ouvre la porte et pousse un cri. Même dans ses pires suppositions, il ne s'attendait pas à cela !

L'appartement de sœur Félicité est d'un luxe insensé. Des bibelots rares, des tapis de prix, un téléviseur dernier modèle, une chaîne haute fidélité ultra sophistiquée et une foule de gadgets électroniques. Mais ce n'est pas encore cela le plus surprenant, c'est ce qu'il découvre dans les penderies et les tiroirs : des robes de grands couturiers, de la lingerie fine, des sous-vêtements invraisemblables : bas résille, culottes noires à froufrou, etc.

Le docteur Kübler se dispose à s'en aller : il en sait assez. Mais il a encore l'idée de fouiller dans le tiroir de la table de nuit. Et, cette fois, c'est la stupeur ! Le médecin palpe entre ses doigts trois petits sachets de poudre blanche. Il en ouvre un, le porte à son nez. Il a trop d'expérience pour avoir le moindre doute : c'est de l'héroïne. Non seulement sœur Félicité mène un train de vie de milliardaire avec de l'argent forcément volé, non seulement elle semble avoir des mœurs totalement incompatibles avec ceux d'une religieuse, mais en plus, elle se drogue !

Dans l'état qu'on imagine, Werner Kübler revient dans son bureau. Il a une dernière chose à vérifier : ces morts suspectes dont lui a parlé Minna. En ouvrant les archives du centre gériatrique, où sont consignés tous les décès, il est presque déjà certain de ce qu'il va découvrir…

Après un quart d'heure de lecture, le docteur Kübler se prend la tête dans les mains : pour les deux années précédentes, le nombre de morts est cinq fois plus élevé pendant les gardes de sœur Félicité. Durant le temps où la religieuse veillait sur ses malades, pas moins de quarante décès. Bien sûr, il faut compter avec les morts naturelles, mais quand même !

Werner Kübler ouvre alors le dossier de sœur Félicité... Il y a vingt-cinq ans qu'elle est entrée au centre comme stagiaire et elle a gravi tous les échelons jusqu'à devenir infirmière chef. Les attestations de son patron précédent en font foi : elle a toujours fait preuve d'une compétence professionnelle remarquable. Seulement, il y a quatre ans, en 1963, elle a été opérée d'une tumeur au cerveau. L'opération a réussi, mais les chirurgiens n'ont pas pu refermer la boîte crânienne. Ils lui ont posé à la place une prothèse en plastique. Le dossier de sœur Félicité fait état, à cette époque, de plusieurs congés de maladie pour des migraines incoercibles. Elle a même, six mois après, dû faire un séjour dans une maison de repos. Mais en sortant, elle a demandé et obtenu de réintégrer son poste...

Cette fois, pour le docteur Kübler, tout est clair. Souffrant atrocement des suites de son opération, sœur Félicité a dû être soignée avec des drogues, genre morphine, et elle y a pris goût. En même temps, son cerveau dérangé l'a entraînée à des comportements de plus en plus aberrants... Il faut immédiatement mettre un terme à cette situation !

25 avril 1967. Dans son bureau, le commissaire Hoffmann interroge sœur Félicité, infirmière chef de l'hospice gériatrique... Le commissaire Hoffmann n'est pas à l'aise. D'abord parce que c'est la première fois qu'il a affaire à une religieuse et

ensuite parce que les déclarations du docteur Kübler, qui ont motivé son intervention, sont proprement incroyables.

Sœur Félicité toise le policier sans aucune gêne. Elle a l'air tout à fait sûre d'elle-même.

– Voyez-vous, ma sœur, le docteur Kübler m'a dit certaines choses... Enfin, il m'a tenu des propos graves à votre sujet.

Sœur Félicité lance au commissaire Hofmann un regard direct :

– Vous voulez parler des petits vieux que j'ai aidés à passer ?

– Aidés à passer !...

– Oui. Tantôt, c'était une piqûre d'insuline, tantôt je leur demandais de respirer très fort et je leur faisais avaler un verre d'eau. Ils s'étouffaient immédiatement... Vous comprenez, ils faisaient quelquefois tellement de bruit la nuit !

Le commissaire Hoffmann considère la religieuse... Son regard sans grâce est très calme, comme si elle était soulagée d'avouer, comme si elle attendait depuis longtemps que tout cela se termine ainsi.

– Et l'argent avec lequel vous vous achetiez ces articles de luxe ?

Sœur Félicité hausse les épaules.

– Après leur mort, je fouillais dans leurs affaires. Les pensionnaires sont riches, vous savez. Les héritiers ne se sont aperçus de rien ; en tout cas, ils n'ont rien dit.

Sœur Félicité a été, bien sûr, arrêtée... À Schaffhouse, le scandale a été énorme, à la mesure de la réputation de l'hospice gériatrique. La suite de l'enquête a établi qu'elle n'avait pas moins de trente meurtres à son actif. Elle s'était approprié des sommes représentant plusieurs centaines de milliers de francs suisses de l'époque, une fortune ! Depuis son opération, elle avait fait des achats massifs de stupéfiants dans toutes les pharmacies de la région à l'aide d'ordonnances qu'elle avait dérobées à l'hôpital.

Sœur Félicité n'a pas été jugée. Les psychiatres l'ont reconnue irresponsable et elle a été internée. Avec ses migraines incoercibles et son crâne en plastique, comment en aurait-il été autrement ? Souhaitons seulement pour elle que, s'il lui est arrivé de crier la nuit, l'infirmière chef ait été patiente.

ITINÉRAIRE D'UNE MEURTRIÈRE

Peu de criminels ont eu une enfance heureuse, mais celle d'Aileen Wuornos dépasse tout ce qu'on peut imaginer dans la noirceur et dans le drame !

Elle naît le 29 février 1956, sous le nom d'Aileen Pittman, à Rochester, Michigan. Elle a un frère aîné, Keith, d'un an plus âgé qu'elle. Sa mère, Diane, est très jeune, presque adolescente : elle a 15 ans au moment de son mariage. Son père, lui aussi, est jeune, mais c'est peu de chose par rapport au reste ! Leo Dale Pittman est un pédophile psychopathe. Aileen ne le connaîtra jamais. Au moment de sa naissance, il purge une peine pour viol et tentative de meurtre sur un garçon de 8 ans. Par la suite, il ne cesse de faire des allées et venues entre la prison et l'hôpital psychiatrique, jusqu'au moment où il meurt, poignardé dans sa cellule par un codétenu. Aileen a alors 13 ans. Sa mère ne se sent plus la force de continuer de les élever, son frère et elle, et les confie à ses parents, Lauri et Britta Wuornos... Jusqu'à présent la vie d'Aileen n'était pas rose, elle va devenir un enfer.

Si le couple adopte légalement les deux enfants, dont le nom de famille devient, désormais, Wuornos, c'est bien tout ce qu'il fait pour eux. Le grand-père est violent, spécialement avec Aileen. Il la bat fréquemment, il lui reproche l'air qu'elle respire et l'accuse d'avoir gâché la vie de sa fille en naissant. La grand-mère est alcoolique. Aileen et Keith la détestent et tentent de la faire brûler dans son sommeil, avec des chiffons imbibés d'huile et d'essence. À partir de ce moment, elle les poursuit de sa haine et l'atmosphère devient encore plus irrespirable à la maison.

Aileen fait des fugues, seule ou avec son frère, avec lequel elle a certainement, même si ce n'est pas prouvé, des relations sexuelles. Il y a déjà longtemps qu'elle se donne aux garçons. Elle a commencé du temps où elle était avec sa mère. Elle s'est prostituée dès 11 ans, pour des cigarettes, ce qui lui a valu le surnom de « cochonne aux cigarettes » et le mépris de tout le monde, les garçons comme les filles. En outre, avec les années, en plus de ses désordres sexuels, son caractère s'aigrit, elle devient colérique, violente. On ne compte plus ses crises en tout genre.

À l'âge de 14 ans, elle tombe enceinte, déclarant que sa grossesse est la conséquence d'un viol par un inconnu. Elle donne naissance, en mars 1971, à un garçon, à la Maison des mères célibataires de Détroit. L'enfant est immédiatement placé, pour être adopté. Cette épreuve, Aileen la traverse seule. Un médecin avise ses grands-parents de la nécessité de faire suivre la jeune fille, mais ils ne l'entendent pas ainsi. Ils sont furieux contre elle et ne croient pas à la thèse du viol. Ils la considèrent comme une dévergondée et le lui répètent à longueur de journée.

Britta, la grand-mère, ne le répète pas longtemps. Elle est parvenue au dernier degré de l'alcoolisme et elle meurt, trois mois plus tard, d'une cirrhose du foie. La conséquence ne se fait pas attendre. Le grand-père, Lauri, n'a pas la moindre envie d'élever seul les deux enfants et il les jette à la rue sans autre forme de procès.

Aileen Wuornos n'a pas encore 15 ans et, pour elle, c'est le début d'une chute sans fin. Elle quitte définitivement l'école. Elle est sans argent, sans éducation, sans rien connaître au monde du travail. Keith est son seul lien avec la réalité. Tous deux tentent de revenir chez leur mère. Mais celle-ci est effrayée de découvrir à quel point ils ont changé et elle n'accepte de les reprendre que s'ils se plient à sa discipline. Pour le frère et la sœur, il n'en est pas question : ils préfèrent s'enfuir.

Ils mènent une vie errante, allant de ville en ville en auto-stop et dormant dans les bois ou dans des voitures. Elle devient « prostituée à temps plein », comme elle le dira elle-même plus tard. C'est elle qui les fait vivre tous les deux, avec les quelques dollars qu'elle gagne. Elle n'a pas grand succès auprès des hommes. Elle n'est pas vraiment laide, mais avec ses cheveux blonds tout raides et son air renfrogné, elle a quelque chose d'ingrat et de dur. Cela dure plusieurs années, jusqu'à ce que Keith décide de s'engager dans l'armée. Elle a 18 ans, elle est maintenant complètement seule et elle bascule dans la délinquance.

Quelques semaines après ce départ de Keith, elle est interpellée pour conduite en état d'ivresse, comportement contraire aux bonnes mœurs et tir au pistolet à partir d'un véhicule. Quelques semaines plus tard encore, elle est arrêtée pour voies de fait et trouble à l'ordre public, après avoir provoqué un esclandre dans un bar et avoir lancé une boule de billard à la tête d'un barman. Dans les deux cas, elle s'en tire avec du sursis.

En 1976, année de ses 20 ans, surviennent plusieurs événements. Son grand-père se suicide, ce qui ne suscite chez elle que soulagement. Mais l'autre décès, qui arrive peu après, l'affecte profondément : son frère Keith meurt d'un cancer foudroyant, à 21 ans seulement. Il avait placé une assurance-vie à son nom de 20 000 dollars. Cette somme importante pourrait permettre à Aileen de commencer une nouvelle vie. Mais elle la dilapide en quelques mois.

À la fin de la même année, se produit un événement qui pourrait tourner pour elle de manière plus favorable encore. En faisant de l'auto-stop, comme elle en a l'habitude, elle fait la connaissance de Lewis Grass Feel. L'homme est âgé, il a 69 ans, mais il est riche et fait partie des notables de la petite ville de Floride où il habite. Il est immédiatement séduit et lui propose le mariage. Elle accepte et la voilà installée chez lui. Mais alors qu'elle devrait se tenir tranquille et profiter de l'aisance miraculeuse qui lui tombe du ciel, elle est incapable de rompre avec ses habitudes. Elle fréquente le bar local, elle est impliquée dans plusieurs altercations et, comme son mari lui fait des reproches, elle le frappe avec sa propre canne. Celui-ci demande et obtient le divorce. Leur union n'a pas duré dix semaines !

Tout reprend donc comme avant pour Aileen : une vie minable, alternant les liaisons sans lendemain et la prostitution, qui est son quotidien. Elle est toujours aussi violente, et ses délits s'aggravent. Le 20 mai 1981, elle est arrêtée en

Floride, pour l'attaque à main armée d'un petit commerce. Elle est condamnée à une peine d'un an de prison ferme, qu'elle accomplit entièrement. Dès sa sortie, elle est de nouveau arrêtée, après avoir tenté de déposer des chèques falsifiés dans une banque. Emprisonnée et libérée de nouveau, elle est plusieurs fois suspectée de vol d'armes à feu, mais bénéficie du doute. Une chose est certaine, pourtant : à partir de ce moment, elle ne se déplace plus qu'armée, ce qui, aux États-Unis, est légal.

Les années passent dans la même grisaille et c'est au cours de l'année 1985 que se produit le grand événement de sa vie. Ce soir-là, Aileen Wuornos se trouve dans un bar gay de Daytona. Cela lui arrive de temps en temps, il y a des moments où elle est totalement dégoûtée des hommes et où elle n'a pas envie de travailler. Elle est au bar, en train de finir sa bière, lorsqu'une voix s'élève à côté d'elle.

– Si tu veux, je t'en offre une autre…

Aileen Wuornos se retourne. Celle qui vient de parler est jeune, environ 25 ans, mais d'un physique sortant pour le moins de l'ordinaire. C'est une grande rousse aux allures de camionneur. Aileen la considère avec méfiance et hostilité :

– Pourquoi est-ce que tu m'offres une bière ?

– Parce que cela me fait plaisir.

– Tu es lesbienne, c'est ça ?

– T'occupe pas. Ça me fait plaisir, je te dis !

Aileen Wuornos finit par accepter et elles se mettent à discuter. Elle apprend que sa nouvelle connaissance s'appelle Tyria Moore et qu'elle est femme de ménage dans un hôtel. À la fin de la soirée, Aileen Wuornos accepte de la suivre chez elle. De toute façon, elle ne sait pas où coucher, alors ! Et puis, avec une femme, elle n'a pas peur...

Contrairement à ce qu'on pouvait attendre et à ce qu'imaginait Aileen elle-même, c'est le début d'une grande passion. Aileen n'avait pourtant jamais eu de penchant homosexuel, mais elle a fini par prendre les hommes en horreur. Il faut dire que, dans ses activités de prostituée, le plus souvent en auto-stop, elle n'a rencontré que les pires d'entre eux : des êtres grossiers, violents, libidineux, pervers.

De son côté, Tyria Moore partage ses sentiments. Elle n'a pas connu les mêmes épreuves qu'Aileen et sans doute est-elle touchée par cette femme blessée par la vie, qui fait face comme elle peut. Mais les sentiments n'ont pas besoin d'explication : c'est ainsi, c'est tout. Tyria quitte son métier de femme de ménage et elles vivent ensemble de manière itinérante, sur les routes de Floride, l'État qu'elles préfèrent toutes les deux. Aileen, comme elle l'avait fait avec son frère, assure le quotidien de leurs revenus par la prostitution.

Pendant quatre ans, elles ne se quittent pas, fréquentent des motels misérables, quelquefois couchant dans des granges et dans des bois. Cela ne les empêche pas de verser de temps en temps dans la délinquance. Aileen, en particulier, reste hyper-violente. En juillet 1987, la police retient les deux femmes pour interrogatoire à la suite d'une bagarre dans un bar et coups et blessures avec des bouteilles de bière. L'année suivante, Aileen est accusée d'avoir agressé un chauffeur dans un bus. L'incident reste mineur et elle n'est pas inquiétée, mais les choses auraient bien pu mal tourner, car il ne faut pas oublier qu'elle a dans son sac un revolver, dont elle ne se sépare jamais.

C'est le 30 novembre 1989 que tout bascule. Cette nuit-là, Aileen fait du stop sur une petite route du comté de Volusia. Cela fait des heures qu'elle attend et pas une voiture ne s'arrête. Enfin un gros break se range près d'elle. L'homme baisse la vitre du passager, la dévisage un moment et dit seulement :

– Monte !

Il est bâti comme un colosse, mal rasé, il est tout sauf attirant, mais la jeune femme n'a pas le choix, elle s'exécute… À la première intersection, il quitte la route, s'engage dans un petit bois et coupe le moteur. Aileen Wuornos demande :

– Qu'est-ce que tu veux que je te fasse ?

Au lieu de répondre, il se jette sur elle tout en ouvrant la boîte à gants. Il s'empare d'une cordelette et elle se retrouve les mains liées par-devant. Il a un ricanement.

– Les putes, c'est marrant, elles m'excitent, mais en même temps j'ai envie de leur faire du mal ! Ne bouge pas…

Il la quitte pour aller chercher quelque chose dans le coffre… Aileen Wuornos ne perd pas son sang-froid. L'homme ne s'est pas méfié. Il a laissé son sac près d'elle. À l'intérieur, il y a son revolver et, même avec les mains attachées, elle peut s'en servir sans problème. Quand il revient, elle le brandit et tire. Il fait un grand bond en arrière, elle sort et tire encore, jusqu'à ce qu'il ne remue plus. Elle se détache et le laisse là, non sans avoir pris les 500 dollars qui se trouvaient dans son portefeuille. Elle démarre et abandonne la voiture non loin du motel où elles sont avec Tyria.

Elle a maintenant retrouvé tout son calme. Elle jette l'argent sur le lit. La grande rousse a un cri de satisfaction.

– Eh bien, dis donc, ils ont été généreux, aujourd'hui !

– Il y a des fois, comme ça…

Les jours suivants, tout en continuant sa vie itinérante avec sa compagne, à qui elle a décidé de cacher la vérité, elle suit l'enquête dans les journaux. La victime a été tuée de plusieurs balles dans le cœur et les poumons. La police du comté de Volusia n'a pas de piste, elle pense au crime crapuleux d'un auto-stoppeur. Aileen apprend aussi que l'homme, Bill Hornett, gérant d'un magasin d'électronique, avait été condamné pour viol et coups et blessures. Elle est certaine d'avoir échappé au pire, peut-être à la mort.

Mais elle pense aussi aux 500 dollars. Elle n'avait jamais rapporté autant d'argent en une seule soirée. Et, peu à peu, naît en elle l'idée de recommencer. Cette fois, il ne s'agira pas de se défendre, mais de tuer pour de l'argent.

Elle ne met pas six mois pour passer à l'acte. Le 19 mai 1990, Charles Humphrey, 56 ans, ancien commandant de l'U.S. Air Force, est retrouvé mort, dans le comté de Marion. Il a reçu six balles dans la tête et le torse. Sa voiture est découverte peu après, dans le comté voisin de Suwannee. De toute évidence, il s'agit d'un crime crapuleux d'auto-stoppeur, son argent liquide ayant disparu. Mais ainsi qu'Aileen Wuornos peut l'apprendre en lisant les journaux, la police de Marion est aussi désorientée que, précédemment, celle de Volusia. Alors, elle recommence et sans attendre !

Le 31 mai 1990, Charles Carskaddon, 40 ans, ouvrier de rodéo à temps partiel, est tué de neuf balles, dans le comté de Pasco. Devant la similitude des trois meurtres, une enquête groupée est décidée et confiée à la police de Miami. Le lieutenant

Taylor, qui en est nommé responsable, décide d'employer les grands moyens. Avec la collaboration des principaux médias de Floride, radio, télévision, journaux, il lance une campagne d'information, mettant les automobilistes en garde contre un dangereux auto-stoppeur criminel.

Malgré cela, les meurtres continuent. Le 10 juin, David Spears, 43 ans, ouvrier en bâtiment, est victime d'une agression exactement semblable : son corps criblé de balles est retrouvé en bordure de l'autoroute 19, dans le comté de Citrus. Pour le suivant, il n'y a pas de certitude, mais de fortes présomptions. Peter Siems, 65 ans, a quitté la ville de Jupiter, sur la côte est de la Floride, à destination du New Jersey, mais ni lui ni sa voiture ne seront retrouvés.

Cela ne s'arrête pas ! Troy Burress, 50 ans, vendeur de saucisses à Ocala, est découvert le 4 août 1990 dans un secteur boisé, en bordure de la route d'État 19, dépendant du comté de Marion. Il porte deux impacts de balle, tous deux mortels. Sa voiture sera découverte à son tour quelques jours plus tard.

Au siège de la police de Miami, règne une vive effervescence. Il est quasiment impossible à tout habitant de la Floride d'ignorer la présence d'un auto-stoppeur criminel. Pourtant, les conducteurs continuent à en prendre et de nuit, par-dessus le marché, période où, selon les autopsies, ont eu lieu les crimes. Cela semble fou, invraisemblable, à moins que... C'est le lieutenant Taylor qui a l'intuition décisive, en faisant le point avec son équipe.

– Et si les automobilistes ne s'étaient pas méfiés, parce que l'auto-stoppeur leur semblait inoffensif ?

– Qu'est-ce que vous entendez par « inoffensif » ?

– Une femme, par exemple.

– C'est impossible ! Les tueuses en série, cela n'existe pas.

– Cela existe. C'est très rare, mais cela existe…

Le lieutenant Taylor ne tergiverse pas longtemps sur son hypothèse. Pratiquement au même moment, lui parvient un témoignage capital. Il s'agit d'une habitante d'Orange Springs, qui a été témoin d'un accident de voiture. Le véhicule a quitté la route et a heurté violemment un muret. Deux femmes étaient à l'intérieur, une blonde et une rousse. Elle est allée voir si elles étaient blessées. Elles ne l'étaient pas. Elles l'ont suppliée de ne rien dire et elles se sont enfuies à pied.

La police de Miami se rend sur place et elle n'est pas déçue ! Les plaques d'immatriculation ont été changées, mais le numéro du châssis permet d'identifier le véhicule comme celui de Peter Siems, la victime non retrouvée. À l'intérieur, figurent deux types d'empreintes féminines, dont celles d'Aileen Wuornos, fichée par la police. L'autre n'est pas fichée, mais son physique si particulier permet d'en dresser facilement un portrait robot. Les avis aux automobilistes désignent désormais des auto-stoppeuses, tandis que la police recherche activement les deux femmes. Elle ne tarde pas d'ailleurs à apprendre l'identité de la seconde : il s'agit de Tyria Moore, qui a été reconnue par ses anciens employeurs.

Pourtant, malgré cela, elles échappent aux poursuites et Aileen se permet même de récidiver. Le 19 novembre 1990, le corps en partie dénudé de Walter Antonio, 62 ans, est retrouvé près d'une route d'exploitation forestière, dépendant du comté de Dixie. Il a été tué de quatre balles. Sa voiture est retrouvée cinq jours plus tard, dans le comté de Brevard.

Tout a pourtant une fin. Le 7 janvier 1991, Aileen Wuornos est reconnue par le patron du bar de motards The Last Resort, dans le comté de Volusia. C'est elle, il est formel, mais il précise aussi qu'elle est seule. L'arrestation est décidée pour le lendemain et la police choisit d'employer la ruse. Il faut la faire parler, savoir en particulier où est Tyria Moore. Car, si les plus fortes présomptions pèsent sur elle, il n'y a pas de preuve véritable pour les meurtres. On n'a retrouvé ses empreintes que dans la voiture de Peter Siems, dont le corps est toujours introuvable ; dans les autres, elle a pris soin de ne pas en laisser...

Le soir suivant, deux policiers prenant l'apparence de motards (blouson de cuir, bottes, gros ceinturon) se rendent dans le bar. Elle est attablée au comptoir, apparemment sans méfiance et elle est effectivement seule. Ils s'asseyent à côté d'elle.

– Salut ! On peut t'offrir une bière ?

Elle a un grognement en guise d'assentiment et la conversation s'engage. Mais elle ne dit pratiquement rien, elle se contente de boire. Les policiers constatent même avec stupeur qu'elle boit plus et qu'elle tient mieux l'alcool qu'eux. Au bout d'un moment, comprenant qu'ils n'arriveront à rien, ils l'arrêtent pour le vol de la voiture de Peter Siems, car, dans l'immédiat, aucun autre chef d'accusation ne peut être retenu contre elle.

Interrogée, Aileen Wuornos refuse obstinément de dire où est Tyria Moore, mais ce ne sera pas nécessaire, car, le jour même, cette dernière est localisée chez sa sœur, à Scranton, en Pennsylvanie. Ramenée à Miami, elle est interrogée à son tour, mais il apparaît vite que non seulement elle est innocente des meurtres, mais qu'Aileen Wuornos les lui avait cachés. Elle n'a compris qu'à la publication de l'avis de recherche contre Aileen et elle. Elle a alors pressé sa compagne de questions, mais cette dernière est restée évasive. Récemment, elle lui a demandé de quitter la Floride et de se réfugier dans sa famille.

Comme il est fréquent aux États-Unis, la police lui propose un marché : obtenir les aveux d'Aileen Wuornos en échange de l'impunité. Tyria Moore hésite, elle a de réels sentiments pour Aileen, mais elle finit par céder.

– OK. C'est d'accord. Qu'est-ce qu'il faut faire ?

– Lui téléphoner…

On lui fait appeler la prison d'État de Floride où Aileen Wuornos est incarcérée. Un matériel dernier modèle permet d'enregistrer la conversation… Celle-ci ne tarde pas à s'engager. La voix de Tyria Moore est suppliante.

– Par pitié, Aileen, sauve-moi !

– Qu'est-ce qui t'arrive ? Où es-tu ?

– Dans un motel, en Floride. La police m'a conduite à Miami. Elle m'a relâchée, mais elle va m'arrêter encore, j'en suis sûre !

– Qu'est-ce qu'elle te reproche ?

– D'être ta complice pour les meurtres. Dis-leur que ce n'est pas vrai ! Dis-leur que c'est toi qui as tout fait !

– Je ne vois pas de quoi tu parles…

– Je t'en supplie ! Je suis innocente. Dis-leur que c'est toi et pas moi… Si tu m'aimes, Aileen…

Il y a un silence et puis :

– OK, je leur dirai.

Aileen Wuornos raccroche. Tout a été enregistré, mais ce sera inutile. Le jour même, elle passe aux aveux complets, affirmant qu'elle a été victime de tentatives de viol et qu'elle n'a fait que se défendre.

Conformément aux bizarreries de la loi de Floride, Aileen Wuornos n'est pas jugée en une seule fois pour tous les meurtres, mais il se déroule plusieurs procès, les uns pour une seule affaire, les autres pour des affaires groupées.

Le premier procès, concernant Bill Hornett, celui qui avait tenté de l'agresser, s'ouvre le 14 janvier 1992. L'accusée prétend avoir été violée et n'avoir fait que se défendre et ses avocats rappellent le lourd passé judiciaire d'Hornett. Des psychiatres cités par la défense déclarent que Wuornos est instable mentalement et qu'ils ont diagnostiqué chez elle des troubles de la personnalité, avec des désordres mentaux assimilables à de la schizophrénie. Mais c'est le témoignage de Tyria Moore qui fait la plus grosse impression.

La jeune femme, qui bénéficie désormais de l'impunité, vient à la barre sans un regard pour son ancienne compagne. Et, tandis que celle-ci, totalement bouleversée, se prend la tête dans les mains, elle raconte son retour au motel après le crime.

– Elle n'était absolument pas émue. C'était comme si ce qu'elle avait fait était sans gravité. Elle a jeté les 500 dollars sur le lit et c'est tout.

Ces propos doivent sembler accablants aux jurés, car, le 27 janvier 1992, après une courte délibération, ils condamnent l'accusée à la peine de mort. En entendant la sentence, celle-ci est prise d'un de ses accès de violence. Elle se dresse dans le box :

– Je suis innocente ! J'ai été violée ! J'espère que vous serez violés, sacs à merde d'Amérique !

Le 31 mars 1992, Aileen Wuornos est jugée pour les trois meurtres de Charles Humphrey, Troy Burress et David Spears. Cette fois, elle plaide coupable, mais cela ne change rien. Toujours selon l'étonnante loi de Floride, elle est condamnée trois fois à la peine capitale. En juin de la même année, elle plaide de nouveau coupable pour le meurtre de Charles Carskaddon et se voit infliger la peine de mort pour la cinquième fois. En février 1993, enfin, elle est jugée pour le meurtre de Walter Antonio et condamnée une sixième fois à la peine capitale... Ce sera tout. Même si elle avait volé sa voiture, aucune charge n'est retenue contre elle pour le meurtre de Peter Siems, dont on n'a pas retrouvé le corps.

Commence alors pour Aileen Wuornos l'épreuve des condamnés américains à la peine capitale : l'interminable attente dans le couloir de la mort. Son appel auprès de la Cour suprême des États-Unis est rejeté en 1996. En 2001, elle n'en peut plus de cette situation. Elle annonce qu'elle ne fera plus appel. Elle fait une requête pour se séparer de son avocat et arrêter tous les recours.

Peu après, le gouverneur de Floride Jeb Bush mandate trois psychiatres, pour un examen définitif. Leur conclusion est que la condamnée comprend qu'elle va mourir et pour quels crimes elle va être exécutée. Rien ne s'oppose à ce qu'elle subisse sa peine.

Durant cette période, Aileen Wuornos accorde une série d'entretiens au journaliste Nick Broomfield. On y retrouve ce mélange de puérilité et de violence qui la caractérise. Elle a cette formule sur sa mort prochaine :

– C'est comme un voyage avec des anges, à bord d'un vaisseau spatial...

Mais, à un autre moment, elle s'en prend vivement à son intervieweur :

– Vous m'avez cassée, toi, la société, les flics et le système. Une femme violée va être exécutée et servir à écrire des livres, à faire des films et de la merde !

Aileen Wuornos a été exécutée par injection létale, le 9 octobre 2002, à la prison d'État de Floride. Elle est la dixième femme exécutée aux États-Unis, depuis que la Cour suprême a rétabli la peine capitale, en 1976, et la deuxième en Floride. Elle a été incinérée, ses cendres ont été rapportées dans son Michigan natal et dispersées sous un arbre.

LA DERNIÈRE GUILLOTINE

— Mais qu'est-ce qu'ils peuvent bien lui trouver tous à la Germaine ?

C'est une phrase qui revient souvent dans les conversations des habitantes de Baugé, un gros bourg à une trentaine de kilomètres de Saumur, dans le Maine-et-Loire… « Ils », ce sont les hommes, leurs maris, le plus souvent, et « la Germaine », c'est Germaine Leloy. Elle a tout juste 30 ans, en cette année 1947 et il faut bien reconnaître qu'elle ne paye guère de mine. Les cheveux bruns mal peignés, le visage rougeaud, les yeux inexpressifs, la taille enrobée, elle est le plus souvent vêtue comme l'as de pique et d'une propreté douteuse. Mais il faut croire qu'il n'y a pas besoin d'être une beauté fatale pour conquérir les hommes. Elle sait y faire, voilà tout, elle se montre aguichante, entreprenante et bien peu lui résistent.

Germaine Leloy est la femme du charbonnier de Baugé. Elle est issue d'une famille modeste et nombreuse. Après des études médiocres, qui lui ont tout juste permis de lire et écrire, elle a été bonne à tout faire dans plusieurs fermes, jusqu'au jour où elle a rencontré Albert Leloy... Lui non plus, ce n'était pas la richesse. Il venait d'un milieu presque aussi pauvre. Ils se sont mariés en 1936 et ils ont pris une ferme en location.

L'exploitation agricole leur a permis d'accumuler un pécule, avec lequel ils ont pu racheter, début 1947, le commerce de bois et charbon de Baugé. Oh, ce n'est pas mirobolant ! Une boutique exiguë, avec un petit logement attenant, un vieux camion fatigué pour faire les livraisons et le commis charbonnier, qui fait partie du lot, Raymond Boulissière, 18 ans, tout aussi défavorisé que ses patrons et moins instruit encore.

Mais ce n'est pas cela qui peut atteindre l'enthousiasme d'Albert ! Tenir un commerce, c'est le rêve de sa vie. Alors, tant pis si ce n'est pas le plus grand ni le plus luxueux, tant pis si l'adresse du magasin – 40 rue du Cimetière – n'est guère engageante, il se lance à fond dans l'aventure. Il va travailler sans relâche, pour qu'ils aient des vieux jours heureux, Germaine et lui !

Germaine Leloy, justement, a une demande à lui faire, peu après qu'ils sont installés.

– Maintenant que nous voilà commerçants, il faudrait passer devant le notaire.

– Pour quoi faire ?

– Pour signer des papiers officiels, comme les bourgeois.

Albert Leloy n'en voit pas bien la nécessité, mais puisque cela fait plaisir à Germaine, il s'empresse de la satisfaire. Ils vont donc devant un notaire de Saumur et il fait un testament par lequel il lui lègue tous ses biens. Il prend, en plus, une assurance vie d'un montant de 50 000 francs.

Après quoi, il se met au travail avec acharnement. Il s'occupe des livraisons, quelquefois avec Raymond Boulissière, quelquefois sans lui ; il parcourt des centaines de kilomètres pour livrer son anthracite, se levant à l'aube et ne rentrant qu'à la nuit. Germaine, de son côté, reçoit les commandes dans le magasin. Pour cela, elle a, dit-elle, besoin de l'assistance du jeune Raymond. C'est la raison pour laquelle il n'est pas toujours avec son mari dans le camion.

Comme on peut s'en douter, l'assistance du commis n'est nullement nécessaire à Germaine, mais elle a jeté son dévolu sur lui et elle veut l'avoir à ses côtés, pour son entreprise de séduction. Ce n'est, d'ailleurs, pas bien difficile. Le jeune homme, qui a douze ans de moins qu'elle et qui est un peu simple d'esprit, n'est pas en mesure de repousser ses avances. Ils deviennent amants.

Elle n'en prend pas d'autre. Avec son mari, elle n'a jamais été affectueuse, mais son caractère s'aigrit encore. Quand il revient, épuisé, de ses tournées, elle n'a pas de mot trop méprisant pour lui.

– Un gagne-petit, un minable : voilà ce que tu es !

Albert Leloy est, au contraire, vivement épris de sa femme. Il est bien au courant de quelques rumeurs concernant son infidélité, mais il n'a jamais voulu y croire.

– Je t'assure que je fais ce que je peux…

– Parce que tu penses qu'avec ce que tu rapportes, je peux m'acheter des bijoux ou des robes ?

– Tu en auras, je te le promets.

– Avec toi, c'est toujours plus tard !

Et ce sont des cris, quelquefois des assiettes cassées qui résonnent dans le petit logement de la rue du Cimetière... Mais si ces scènes étaient courantes depuis des années, cette fois, Germaine va plus loin. Quand son mari n'est pas là, elle se met à parler à Raymond Boulissière.

– Si Albert cassait sa pipe, ça nous arrangerait bien !

– Il ne faut pas dire ça.

– Imagine un peu : tu deviendrais le patron !

Le jeune homme est totalement sous la coupe de sa maîtresse, mais il est quand même un peu effrayé par le tour de la conversation.

– De toute manière, monsieur Albert se porte bien.

– On pourrait changer ça...

– Ne compte pas sur moi !

– Je ne te demande rien. Je me chargerai de tout...

Et, jour après jour, Madeleine revient à la charge auprès de son jeune amant. Pour elle-même, elle est déterminée, mais elle se rend compte que, s'il avait un rôle actif, il risquerait de flancher. Ce qu'elle veut, c'est son silence... Au début, elle parle d'empoisonnement. Et puis, elle change d'avis.

– J'ai trouvé un plan ! Je l'ai mis au point et tout colle. Tu n'auras qu'une seule chose à faire.

– Je ne veux pas devenir un criminel !

– Qui te parle de ça ? Il s'agit de presque rien. Écoute...

10 décembre 1947. Il est à 23 h, lorsqu'on tambourine au 42 rue du Cimetière, une maison contiguë au commerce de bois et charbon. Les voisins ouvrent et se trouvent en face de Germaine Leloy.

– Qu'est-ce qu'il se passe ?

– Mon mari a été assassiné ! Prévenez vite les gendarmes…

Ceux-ci ne tardent pas à arriver et découvrent une scène particulièrement atroce. Albert Leloy est dans la chambre, gisant sur le lit, le visage tourné vers le mur. Sa tête baigne dans le sang. Il a une ouverture béante au sommet du crâne et une autre sur le côté droit de la tête. Sang et matière cérébrale maculent le mur, tout comme le bois du lit. Il n'y a pas de sang sur les draps, ce qui laisse à penser qu'il ne s'est pas débattu et qu'il a été tué dans son sommeil. Les vêtements de la victime sont posés sur une chaise… Sa femme leur raconte ce qu'il s'est passé.

– Un peu avant 23 h, je cousais et mon mari somnolait, lorsqu'on a frappé à la porte donnant sur la rue. Je n'ai pas ouvert, mais mon mari m'a dit de le faire.

– Il ne dormait pas ?

– Je suppose que ça l'a réveillé… J'ai ouvert et un inconnu s'est précipité sur moi. Il m'a renversée, puis il s'est dirigé dans la chambre d'Albert.

Germaine Leloy s'interrompt quelques instants avant de reprendre son récit… L'homme a sorti une hachette. Elle ne l'a pas suivi dans la chambre, mais elle a entendu qu'il frappait des coups. L'homme est revenu peu après. Il lui a dit avec violence :

– Donne-moi les économies du ménage !

Elle a tenté de refuser, mais il a sorti alors un canif et lui a porté deux coups, au front et à la joue.

– Si tu n'obéis pas, je te crève les yeux !

Terrorisée, Germaine Leloy a plongé la main dans le portefeuille de son mari, d'où elle a extrait une dizaine de milliers de francs.

– Tu te moques de moi ? Je veux beaucoup plus !

Alors, elle lui a remis le contenu d'une boîte métallique cachée dans une armoire, soit environ 90 000 francs. À ce moment, elle a tenté de s'enfuir, mais elle s'est trouvée face à face avec un autre individu, qui l'a menacée avec un revolver. Puis, le meurtrier s'est enfui, avec son complice.

Les gendarmes, qui ont écouté en silence, posent pour la première fois une question :

– À quoi ressemblaient les agresseurs ?

– L'assassin avait une quarantaine d'années, il faisait environ 1,70 m, il avait les cheveux gris. Il portait une canadienne noire, avec un col très abîmé et une casquette.

– Et le complice ?

– Je ne sais pas, je ne l'ai pas vu assez. Tout ce que je peux dire c'est qu'ils n'étaient de Baugé ni l'un, ni l'autre.

Voilà… C'est ce récit abracadabrant qui constitue le « plan » de Germaine Leloy. Malgré sa mauvaise réputation conjugale, un empoisonnement aurait eu des chances minimes de passer inaperçu, tandis que ce scénario n'est pas crédible un seul instant. Les gendarmes constatent, en outre, que, si Germaine Leloy porte bien deux estafilades verticales au front et à la joue, elle n'est pas décoiffée et que ses vêtements ne sont pas même froissés.

Le juge d'instruction arrive peu après rue du Cimetière. Lui non plus n'est pas dupe. Il remarque l'absence de trace de lutte dans la maison. D'autre part, aucun meuble n'a été fouillé. Germaine Leloy ne cesse de crier :

– Mon pauvre Albert, mon argent !

Mais son ton sonne faux et elle ne verse aucune larme.

Le juge fait quand même son travail. Il ne veut laisser aucune piste inexplorée. Il recherche des individus étrangers à Baugé, qui se trouveraient dans la région et fait procéder à plusieurs interpellations dans les hôtels des environs. Deux hommes paraissant suspects sont arrêtés. Germaine Leloy est convoquée pour les identifier, mais elle nie les avoir jamais vus.

Pendant ce temps, on interroge Raymond Boulissière. Le jeune homme est absolument terrorisé de se trouver devant les gendarmes.

– Ce n'est pas moi ! Je n'ai rien fait.

– On ne dit pas que c'est toi. Mais parle-nous de madame Leloy. Tu l'aimes bien, madame Leloy…

Le commis ne met pas plus de quelques minutes pour reconnaître qu'il est l'amant de sa patronne. À partir de là, il avoue facilement le reste.

– Elle m'a demandé de cacher l'argent.

– Les économies du ménage ?

– Oui.

– Où elles sont ?

– Dans mon lit.

On retrouve, effectivement, sous son matelas, chez sa mère où il vit, 86 590 francs. Quant à la hachette, elle était dissimulée sottement dans le camion du charbon. Il ne fait plus de doute que c'est Germaine qui a tué son mari. Le seul point à éclaircir est l'importance du rôle de Raymond Boulissière.

Amenée chez les gendarmes, Germaine Leloy est interrogée sans relâche. Elle nie farouchement. Elle avoue ses relations adultérines avec le commis, mais c'est tout. Puis, les questions se faisant de plus en plus pressantes, elle reconnaît le meurtre, mais elle charge Raymond : c'est lui qui a tué son mari, elle-même n'a été que complice. Les gendarmes n'y croient pas, il n'aurait pas tenu le coup psychologiquement et ils le lui disent. Alors, elle accuse un de ses anciens amants, un fermier de Baugé, ce qui laisse tout aussi incrédules ses interlocuteurs. Enfin, elle craque : elle avoue avoir agi seule.

Le 10 décembre, elle a donné à son amant les économies du couple, qu'il a cachées dans sa chambre. Le lendemain, un peu avant 23 h, alors qu'Albert dormait à poings fermés, elle lui a asséné deux coups de hachette sur la tête. Ensuite, elle s'est coupé le visage avec un rasoir, elle a lavé la hachette et est allée la cacher dans le camion. Après, elle a été prévenir les voisins.

Nous sommes le 13 décembre, il n'y a pas deux jours que le crime a eu lieu et l'enquête est déjà terminée ! Germaine Leloy est arrêtée, de même que Raymond Boulissière. Ils sont écroués à la maison d'arrêt de Saumur.

Leur procès a lieu un an plus tard, le 26 novembre 1948, devant la cour d'assises d'Angers. Les faits sont si clairement établis que les débats sont prévus pour durer seulement un jour, chose exceptionnelle dans une affaire de cette gravité. La culpabilité de Germaine Leloy ne fait aucun doute, le seul point pouvant faire débat est la part prise par Raymond Boulissière. Mais les psychologues sont particulièrement clairs à ce sujet : si l'accusée est peu intelligente, lui est proche de la débilité et il était totalement dominé par elle. Il n'a pu avoir qu'un rôle de comparse.

Le défenseur de Germaine, maître Loison, tente bien d'obtenir l'indulgence du jury, mais en vain et, à l'issue d'une rapide délibération, elle est condamnée à mort, tandis que Raymond Boulissière se voit infliger dix ans de prison... Cinquante ans exactement plus tard, dans une interview au quotidien régional *La Nouvelle République*, l'avocat reviendra sur l'impossibilité de sa tâche :

> *« C'était un vrai bonhomme, cette femme-là, une vraie brute, il faut bien le reconnaître ! »*

Le pourvoi en cassation est refusé et, le 20 avril 1949, le recours en grâce est rejeté par le président Vincent Auriol. Il choisit, selon l'expression officielle, de « laisser la justice suivre son cours ». C'est une décision très étonnante. Les femmes sont souvent graciées et les crimes passionnels bénéficient traditionnellement de l'indulgence. On peut penser que la brutalité du meurtre a joué contre la condamnée, même si Christine Papin, dont il est question dans cet ouvrage, avait, avec sa sœur Léa, commis un crime plus horrible encore et avait été graciée par Albert Lebrun.

Mais il ne sert à rien de se poser ces questions. Un président de la République n'a pas à donner les raisons de son acceptation ou de son refus de la grâce et aucun ne l'a jamais fait...

La guillotine est dressée dans la prison d'Angers et, le 21 avril 1949 à l'aube, Germaine Leloy est réveillée par les autorités. En prison, elle s'est beaucoup rapprochée de la religion et elle connaît une fin très digne. L'adjoint du bourreau Desfournaux écrira plus tard :

> *« Elle nous parlait d'une voix douce, on était tous émus. Je lui ai coupé sa chevelure, puis, quand j'ai donné des coups de ciseaux dans son corsage pour dégager ses épaules, mais pas trop bas pour qu'on ne voie pas sa poitrine, j'ai vu qu'elle avait dissimulé des images pieuses. Malgré le règlement, on les lui a laissées. Elle est morte en murmurant des prières. »*

Telle fut la fin de Germaine Leloy et elle l'a fait entrer pour toujours dans les annales criminelles : elle est la dernière femme guillotinée en France.

LE MARTYRE DE JENNIFER

Nous sommes le 9 mai 1987. Un homme et une femme d'une trentaine d'années, Craig et Kathy Bush, arrivent devant les urgences de l'hôpital principal de Fort-Lauderdale, en Floride. La femme est blonde comme les blés et très corpulente, l'homme n'a pas de signe particulier, si ce n'est qu'il tient serrée contre lui une petite forme emmitouflée dans une couverture : leur fille Jennifer, âgée de 6 mois.

Dans l'hôpital, compte tenu de l'état de l'enfant, qui est toute rouge de fièvre et qui respire avec difficulté, un médecin les prend immédiatement en charge.

– Que s'est-il passé ?

C'est la femme qui répond :

– Nous l'avons trouvée comme cela ce matin. Nous avons préféré vous l'amener tout de suite.

– Vous avez bien fait...

Le docteur procède à un rapide examen.

– Nous allons la mettre sous oxygène.

– Vous savez ce qu'elle a ?

– Pas encore. Il faut d'abord s'occuper de son insuffisance respiratoire...

Tandis qu'une infirmière s'empare de la fillette, le praticien se veut rassurant :

– Ne vous inquiétez pas. On va trouver et la guérir !

Mais le médecin se trompe. On n'est pas près de trouver. Ce qui vient d'arriver n'est que le début d'une longue et épouvantable histoire. Le calvaire de Craig et Kathy Bush vient juste de commencer. Sans parler de celui de Jennifer. Et, dans son cas, ce n'est pas de calvaire qu'il faut parler, c'est de martyre !

Nous sommes à présent le 18 août 1994. Sept ans ont passé depuis la première hospitalisation de Jennifer. Pendant ces sept ans, elle a connu le plus affreux des drames. Elle n'a cessé de souffrir de maladies mystérieuses à répétition. Elle a été hospitalisée plus de deux cents fois et a subi quarante opérations graves, avec ablation de la vésicule biliaire, de l'appendice et d'une partie des intestins ! Et tout cela, sans résultat ou, du moins, sans découvrir la nature de son mal.

Indépendamment de ce que cela représente pour l'enfant, la situation pose aux parents un terrible problème matériel. Kathy et Craig Bush sont des gens modestes. Lui est mécanicien dans un garage ; elle n'exerce plus de profession depuis 1993. Avant, elle était secrétaire médicale, mais l'état de santé de Jennifer l'occupe à plein temps.

Or, aux États-Unis, même s'il y a eu des améliorations depuis, la Sécurité sociale est loin d'être ce qu'elle est chez nous. Elle est pratiquement réservée aux nécessiteux. Les autres doivent souscrire des assurances personnelles très coûteuses. Des gens comme les Bush n'en ont pas les moyens et se ruinent en soins. Voilà pourquoi Craig et Kathy ont pris l'initiative d'écrire à la Maison Blanche. Ils ont raconté leur drame aux autorités du pays et Hilary, la femme du président Clinton, qui est favorable à une extension de la Sécurité sociale, les a invités personnellement. Elle a fait de Jennifer le porte-drapeau de cette cause généreuse…

L'événement, qui a lieu sur le perron de la Maison Blanche, a déplacé les principales chaînes de télévision du pays. La première dame des États-Unis reçoit la petite fille, maintenant âgée de 7 ans et demi. Jennifer toute mignonne dans sa robe d'été, un peu frêle, peut-être, lui tend un tee-shirt rose avec l'inscription : « Les amis de Jennifer ». Elle prend la parole d'une voix intimidée :

– S'il vous plaît, Madame, voulez-vous donner ce tee-shirt au Président ? Comme cela chaque matin, il pensera à tous les enfants qui sont dans mon cas.

Hilary Clinton a un sourire et, tandis que scintillent les flashes et que ronronnent les caméras, elle prend Jennifer dans ses bras pour lui donner un baiser.

Après le départ d'Hilary, les journalistes se précipitent vers le couple Bush… C'est la mère qui leur répond, le père se tient en retrait ; il doit être plus timide ou plus réservé. Kathy Bush, au contraire, occupe le devant de la scène avec assurance. Elle ne semble nullement gênée par son obésité, comme c'est courant aux États-Unis.

– La santé de Jennifer me préoccupe depuis sa naissance. J'ai consulté des dizaines de médecins, elle a subi des tas d'opérations, mais sans amélioration du tout.

– Qu'a exactement Jennifer, madame Bush ?

– Elle a sans arrêt des troubles digestifs, des nausées, des vomissements et puis d'autres malaises tout aussi inquiétants.

– Mais de quelle maladie s'agit-il ?

Kathy Bush pousse un profond soupir.

– Si nous le savions...

– Vous n'avez pas consulté de spécialistes ?

– Vous pensez bien ! Les meilleurs de tous les États-Unis. Nous avons dû parcourir le pays de long en large pour les rencontrer. Cela n'a servi à rien, mais nous a coûté une fortune.

– Justement. À combien estimez-vous les sommes que vous avez dépensées pour votre fille ?

– Nous avons fait nos comptes, mon mari et moi. En huit ans, cela fait trois millions de dollars. Et ce n'est pas fini, malheureusement !

Trois millions de dollars de 1994, c'est trois millions d'euros d'aujourd'hui ! Ce chiffre est répété par les médias de tout le pays. La réaction est unanime : il faut faire quelque chose pour les Bush, qui vivent un véritable enfer et, en particulier, pour Kathy, cette mère admirable !

Du jour au lendemain, c'est la célébrité pour le couple et leur petite fille. Une association est créée : « Les amis de Jennifer », qui a pour programme la réforme immédiate de la Sécurité sociale. Elle recueille des centaines de milliers de signatures. Des tee-shirts semblables à celui remis à la femme du président sont fabriqués en masse, ainsi que des posters représentant le visage de la fillette.

Mais parallèlement, une souscription est organisée et elle obtient un succès plus grand encore. Les dons de tout le pays affluent vers la modeste maison de Fort-Lauderdale. Aux journalistes qui les interrogent, les Bush restent discrets sur le montant. Mais on peut s'apercevoir bientôt qu'il couvre beaucoup plus que les dépenses de santé. Le couple ne tarde pas à s'acheter une villa de star, avec piscine grand modèle. Dans le garage, sont rangées deux voitures de luxe et un modèle d'Harley Davidson plutôt cher.

Mais après tout, pense l'opinion, ce n'est qu'une compensation méritée. Jennifer a un cadre de vie plus agréable. C'est bien normal, avec toutes les souffrances qu'elle a endurées.

Malheureusement, l'enfant n'en profite pas longtemps. En avril 1995, peu après l'emménagement dans la luxueuse demeure, sa santé s'aggrave brusquement. Elle est soignée, de nouveau, à l'hôpital principal de Fort-Lauderdale pour une affection toujours aussi inquiétante et mystérieuse. Mais cette fois, les choses se passent encore plus mal que d'habitude. Malgré les soins intensifs qui lui sont prodigués, son état ne s'améliore pas. Elle gît, de plus en plus pâle, sur son oreiller. C'est incompréhensible, inexplicable ! À moins que…

Peggy Palmer, l'infirmière en chef, est une personne qui a la tête sur les épaules. Cela fait plus de trente ans qu'elle fait ce métier et elle n'a jamais vu une chose pareille. Ces rechutes à répétition ne correspondent à rien. Elle veut comprendre ! Alors, elle fait ce que personne n'avait fait avant elle : elle examine de fond en comble tout ce qui entoure la malade c'est-à-dire son lit, ses médicaments, ses instruments de soins. Et c'est en retirant de son bras la sonde intraveineuse destinée à la nourrir qu'elle pousse un cri :

– Mon Dieu !

Ce qu'elle vient de découvrir est proprement terrifiant : ce sont des traces d'excréments. Il est absolument impossible qu'il s'agisse d'une faute du personnel soignant. C'est volontairement qu'on a introduit ces matières sur la sonde, ce qui aurait pu entraîner une infection mortelle. Mais qui a pu faire cela ?

Qui ?... En y réfléchissant, il n'y a qu'une seule réponse à cette question !... Peggy Palmer court trouver le directeur de l'hôpital, qui ne peut en croire ses oreilles.

– Une chose pareille dans mon établissement, c'est insensé !

– Je crois que votre établissement n'y est pour rien, Monsieur.

– Comment cela ?

– Les mêmes faits ont dû se produire dans tous les hôpitaux où est allée Jennifer.

– Vous ne voulez pas dire que... ?

– Si, Monsieur. Maintenant que j'y repense, Jennifer a eu des poussées de fièvre tout de suite après le passage de sa mère.

– Madame Bush, cette femme admirable ! C'est elle que vous accusez d'être un monstre ? Vous insinuez qu'elle tue sa fille à petit feu pour se faire de l'argent ?

– Je n'insinue rien du tout, Monsieur. Je parle de ce que j'ai vu. Et je parle d'une enfant qui est peut-être en danger de mort !

Le directeur est devenu tout pâle.

– Vous avez raison : il faut prévenir la police. Je m'en charge. Il faut le faire discrètement. Vous vous rendez compte du scandale si ce n'est pas la vérité ?

Une enquête discrète est donc menée, tandis que Peggy Palmer et ses collègues se relaient nuit et jour au chevet de la petite malade, surveillant, en particulier, tous les gestes de sa mère. Ils peuvent constater deux choses : que Kathy Bush en manifeste une grande irritation et qu'à partir de ce moment l'état de santé de la malade s'améliore rapidement.

Quant aux investigations policières, elles vont dans le même sens et elles sont accablantes. On découvre que le couple Bush n'avait jamais vu, contrairement à ses dires, les plus grands spécialistes du pays, qui auraient certainement décelé que l'enfant n'avait rien. D'autre part, ce n'est pas pour s'occuper de sa fille que Kathy a quitté son poste de secrétaire médicale, elle a été renvoyée pour escroquerie.

Kathy Bush est arrêtée le 15 avril 1996 et elle seule, l'enquête ayant établi qu'elle avait agi à l'insu de son mari. Inutile de dire que l'opinion publique américaine, qui en avait fait son héroïne, est stupéfaite et horrifiée.

L'accusée clame son innocence, avec l'assurance qu'elle avait toujours manifestée, devant les micros et les caméras :

– C'est une machination contre la Sécurité sociale ! Je suis victime d'une chasse aux sorcières !

Mais il est impossible de la croire. Entre-temps, Jennifer a été confiée à une clinique ultra-moderne, qui a pratiqué sur elle les examens les plus sophistiqués. Le résultat est sans appel : l'enfant était certainement saine à sa naissance et toutes ses maladies ont été provoquées par empoisonnement. Jennifer a subi deux cents hospitalisations, quarante opérations, a perdu sa vésicule biliaire et une partie de ses intestins du fait de sa mère !

Du coup, les médias, qui avaient encensé cette mère courage pendant des mois, ne trouvent pas de mots assez durs contre elle. On réclame de toutes parts la peine de mort. C'est alors que des psychiatres se font entendre, pour apporter une information, qui est, somme toute, un peu rassurante.

En fait, ce n'est pas par appât du gain que Kathy Bush s'est comportée de cette manière, c'est en raison d'une maladie du comportement, connue sous le nom de « syndrome de Münchhausen ». Il concerne toujours une mère et son enfant. La mère le rend malade, afin de s'occuper de lui, de se faire plaindre et de se donner de l'importance auprès des médecins.

Grâce à leur argent, les Bush peuvent facilement obtenir la liberté sous caution de Kathy et commence alors une longue bataille juridique, afin d'empêcher le procès. Mais, malgré tous leurs efforts, celui-ci a lieu en 1999, trois ans après la découverte de la vérité.

Entre-temps, les Bush ont été déchus de leurs droits parentaux sur Jennifer, qui a été placée dans une famille d'accueil jusqu'à sa majorité. Après de longues tractations, Craig Bush et ses deux fils (car le couple a deux autres enfants, auxquels Kathy n'a infligé aucun mauvais traitement) sont autorisés à rendre visite à Jennifer.

Le procès de Kathy Bush s'ouvre devant le tribunal du comté de Broward, dont dépend Fort-Lauderdale. La mère de Jennifer est accusée de tentative d'empoisonnement et risque théoriquement vingt ans de prison. Son système de défense n'est pas fait pour arranger les choses. Elle a obligé ses avocats, des vedettes du barreau payées fort cher, à plaider l'innocence. Ils ne peuvent que répéter, comme elle ne cesse de le faire, que tout cela n'est qu'un complot des ennemis de la Sécurité sociale ; elle-même est une mère admirable, qui n'a jamais fait le moindre mal à sa fille.

Mais son meilleur soutien va lui venir des psychiatres. Ils exposent à la cour et aux jurés ce qu'est ce syndrome de Münchhausen, dont elle ne veut pas entendre parler.

– Chez ces personnes, toujours des femmes, il y a un besoin de se donner de l'importance, en rendant malade un de leurs enfants.

Le président tient à traduire ce diagnostic en termes juridiques :

– Vous voulez dire qu'elles ne peuvent pas faire autrement, qu'elles ne sont pas responsables ?

– Je ne dis pas cela, Votre Honneur. Madame Bush est saine d'esprit et elle est accessible à une sanction pénale, mais sa responsabilité est quand même diminuée.

– Dans quelle mesure ?

– C'est très difficile à dire. Le syndrome de Münchhausen est quelque chose de nouveau ; nos connaissances sont limitées...

C'est sans aucun doute cette déclaration qui vaut à Kathy Bush une certaine indulgence. À l'issue des débats, elle est condamnée à cinq ans de détention. En prison, elle est autorisée à correspondre avec sa fille, sous la supervision d'un thérapeute et elle est libérée en 2004, après avoir purgé la quasi-totalité de sa peine.

L'année suivante, Jennifer atteint sa majorité. Selon sa volonté, elle quitte sa famille d'accueil et rejoint Kathy, à laquelle elle est restée très attachée. Elle nie toute maltraitance de sa part et n'a pas voulu témoigner contre elle.

Aujourd'hui, elle est mariée, elle a des enfants et elle exerce la profession d'assistante sociale. Elle n'est pas sujette au syndrome de Münchhausen, qui n'est même pas, pour elle, un mauvais souvenir. Tout cela n'a jamais existé, elle a été la plus heureuse des filles, avec la plus aimante des mères.

LA DIABOLIQUE DE DALLAS

L'histoire commence comme un véritable conte. Autour du berceau de Joy Aylor, née à Dallas un beau jour de 1949, toutes les bonnes fées se sont, semble-t-il, donné rendez-vous. La fée fortune, d'abord. Son père est un architecte connu dans tout le pays et multimilliardaire. La petite fille vit dans les villas les plus somptueuses, entourée d'une flopée de domestiques : gouvernantes, bonnes, cuisinières et chauffeurs stylés, qui conduisent une armada de voitures dernier modèle.

La fée intelligence ne s'est pas montrée moins généreuse. Dès son plus jeune âge, Joy Aylor est douée en tout et, lorsqu'elle commence sa scolarité, elle est première dans l'ensemble des matières... La fée beauté se manifeste la dernière, mais avec quel éclat ! Une fois sortie de l'adolescence, elle s'épanouit d'un coup. Elle est absolument superbe : des cheveux châtain foncé, des yeux clairs, un visage et un corps admirables. C'est l'une des meilleures élèves et l'une des plus belles filles de son collège.

Inutile de dire que tous les garçons lui tournent autour. Mais elle ne perd pas la tête, elle reste réservée, modeste, et, à 18 ans, elle fait un mariage d'amour. L'homme de son cœur se nomme Larry Davis. Il a deux ans de plus qu'elle, il est son condisciple au collège et ils se déclarent leur flamme lors d'un match de base-ball.

Le jeune homme n'est pas riche, mais le père de Joy l'accueille sans la moindre réserve. Il lui semble habile et débrouillard : il construira les maisons qu'il dessinera. Et l'association marche parfaitement. L'argent s'ajoute à l'argent, le couple est fabuleusement riche, roule dans des voitures de sport européennes, reçoit le Tout-Dallas au cours de réceptions somptueuses. Pour mettre un comble à leur bonheur, en 1970, Joy et Larry ont un fils, Christopher.

Voilà… Tout pourrait s'arrêter là, mais c'est alors que se manifeste une dernière fée, qui va faire de ce conte enchanté un cauchemar. Comment pourrait-on la nommer ? Peut-être la fée perverse, la fée maléfique ou plutôt, pour reprendre le surnom qu'on donnera plus tard à Joy Aylor, la fée diabolique.

Pendant plusieurs années, tout se passe normalement, dans un bonheur sans nuage et puis, brusquement, quelque chose change dans le caractère et le comportement de Joy. Ce changement restera le grand mystère de cette affaire. D'un jour à l'autre, ce n'est plus la même femme. La Joy réservée, modeste fait place à une sorte de vamp dévergondée. Elle se maquille de manière agressive, vulgaire, elle dépense une fortune chez un chirurgien esthétique pour se faire grossir les seins.

Que s'est-il passé ? Si elle avait eu un accident qui avait provoqué un traumatisme crânien, tout s'expliquerait, mais rien de tel ne s'est produit... Larry n'en revient pas. Il cherche à comprendre.

– Tu ne te sens pas bien ?

– Je me sens merveilleusement bien ! Pourquoi me demandes-tu cela ?

– Je ne te reconnais plus. Tu as l'air d'une actrice de film porno !

La réponse est accompagnée d'un éclat de rire.

– L'ancienne Joy n'existe plus. Maintenant, il y en a une nouvelle et il faudra que tu t'y fasses !

Mais Larry ne s'y fait pas. Il tient six mois, pas davantage. Et il lui propose une séparation à l'amiable. Il s'installe, avec le consentement de sa femme, dans le plus grand des ranchs de la famille. C'est la fin d'un couple à qui tout semblait sourire, mais la rupture s'est faite sans drame.

C'est, du moins, ce que pense Larry. La vérité est que, sans que personne ne s'en rende compte, Joy est devenue un monstre.

Il prend une maîtresse, une jeune femme en instance de divorce, une de ses anciennes clientes, Rozanna Gailiunias. Joy n'y fait aucune objection, elle fréquente même le couple, se montrant aimable et naturelle, puis prend, elle aussi, un amant, un collaborateur de Larry...

4 octobre 1983 : la bonne de Rozanna Gailiunias, qui vit seule dans un pavillon des faubourgs de Dallas, entre dans la

chambre de sa patronne et découvre un spectacle d'horreur. Rozanna gît sur son lit. Elle est attachée avec un chiffon dans la bouche. Avant d'avoir été abattue de deux balles dans la tête, elle a été torturée.

Dès le départ, pour la police, Larry Davis est le principal suspect. Il est interrogé pendant des jours.

– Qu'est-ce qui s'est passé, M. Davis ? Vous vous êtes disputés ?

– Nous nous entendions très bien. Tous nos amis vous le diront.

– Ils nous l'ont dit, effectivement. Mais un accès de colère est toujours possible…

– Enfin, elle a été torturée avant d'être tuée. Je ne suis pas capable d'une monstruosité pareille !

Les policiers finissent par conclure que Larry, qui n'avait pas de mobile et pas le profil de l'assassin, est innocent. Ils suivent alors une autre piste : ils interrogent celui qui est encore officiellement le mari de la victime, le Dr Peter Gailiunias. Il n'aurait pas supporté de divorcer et aurait assassiné sa femme, peut-être. Mais tout comme Larry Davis, ce dernier clame son innocence et les choses en restent là. L'affaire est provisoirement classée… Il y avait bien une troisième piste, mais la police n'a pas jugé bon d'aller dans cette direction.

Une fois disculpé, Larry est rentré dans son ranch et il est encore sous le coup des émotions qu'il vient de vivre, quand, sans se faire annoncer, Joy vient le voir.

– J'ai voulu te faire une surprise !

Larry n'en revient pas. Ce n'est pas la Joy perverse avec laquelle il avait rompu. Elle a perdu son étrange et inquiétant sourire. Elle est même particulièrement douce, prévenante. Elle se jette dans ses bras.

– Je ne t'abandonnerai pas, Larry! Je ne sais pas ce qui m'a pris. J'ai dû traverser une mauvaise période. Mais maintenant, tout va redevenir comme avant. Ne me repousse pas, je t'en supplie!

Comment refuser? Avec la mort de Rozanna, Larry Davis se retrouve brutalement et tragiquement seul. Et voici que la seule femme qu'il ait aimée, et qu'il croyait perdue pour toujours, lui revient.

Larry se croit retourné quinze ans plus tôt, quand sa camarade de collège et lui se déclaraient leur flamme sur les gradins du stade. Du coup, il en oublie la pauvre Rozanna. Tout va recommencer; la vie va lui sourire comme avant!

Larry Davis ne peut, évidemment, deviner que tout cela est faux, que Joy lui ment, qu'elle est plus perverse que jamais. Il ne peut pas le deviner parce que sa conduite est totalement irrationnelle, incompréhensible. Il ne lui a rien fait, mais elle a toujours une seule idée en tête: le détruire.

6 juin 1986. Trois ans ont passé. Le couple habite toujours le ranch et Joy semble avoir tenu parole. Ce jour-là, au matin, Larry est seul au ranch. Le téléphone sonne. C'est Joy.

– Je vais venir avec maman. Nous voudrions faire une promenade à cheval. Est-ce que tu pourrais préparer les bêtes?

Larry Davis accepte. La présence de sa belle-mère ne le gêne pas. Il s'est toujours bien entendu avec elle. Il se rend aux écuries. Elles abritent ce qu'on fait de mieux comme chevaux.

Dan Kennedy, un des nombreux employés du ranch, règne sur ce domaine. Larry Davis lui annonce les intentions de sa femme et de sa belle-mère.

– D'accord. Je vais leur prendre des juments faciles.

Les bêtes sont sorties et, sous le beau soleil de juin, les deux hommes attendent. En face d'eux, derrière une clôture peinte en blanc, se dresse un petit bois. Les minutes passent. Au bout d'une demi-heure, Larry Davis commence à s'impatienter.

– Qu'est-ce qu'elles font ? Elles se moquent de nous ou quoi ?

Il est en train de prononcer cette phrase, lorsque des claquements éclatent en provenance du petit bois, accompagnés de sifflements aigus. Larry comprend qu'il s'agit de coups de feu et se jette à terre. Dan Kennedy a moins de présence d'esprit : il reste debout et une balle l'envoie au sol. Il n'est heureusement blessé qu'à l'épaule.

Les tireurs doivent s'estimer satisfaits, car la fusillade cesse. Il n'y a plus le moindre coup de feu non plus quand Larry Davis se met à courir vers le téléphone pour prévenir la police.

Les policiers soupçonnent aussitôt Joy. Elle est pressée de questions.

– Il n'y avait que vous qui sachiez où se trouvait votre mari à ce moment-là. Est-ce vous qui avez tiré ou est-ce que vous avez recruté des complices ?

– Ce n'est pas moi. On en voulait aux Aylor à cause de leur argent.

– Pourquoi n'êtes-vous pas venue faire cette promenade à cheval ?

– J'ai changé d'avis.

– Vous avez dit que vous viendriez avec votre mère. Or, elle n'était même pas au courant.

– Je voulais venir avec elle, mais je n'ai pas réussi à la joindre.

– Ce ne peut être que vous. Avouez !...

Mais Joy n'avoue pas. Elle n'est pas femme à se laisser intimider. Elle tient tête à la police avec une parfaite assurance et l'enquête s'arrête faute de preuves.

Quelqu'un, pourtant, n'a pas besoin de preuves, c'est Larry Davis. Après l'attaque manquée contre lui, il se sépare de nouveau de Joy et entame une procédure de divorce. Vu les circonstances, il n'a aucun mal à l'obtenir. Il quitte même le Texas et va s'installer à l'autre bout des États-Unis, en Virginie, où habitent ses parents.

C'est là qu'il apprend la nouvelle : début 1988, Joy est arrêtée. La police a reçu une dénonciation l'accusant du meurtre de Rozanna Gailiunias et de la tentative manquée contre lui. La milliardaire aurait, pour cela, recruté trois tueurs. Le nom de l'informateur est tenu secret, mais pour qu'il ait été pris immédiatement au sérieux, il devait s'agir de quelqu'un de très bien renseigné, probablement de l'un des tueurs.

Joy Aylor se retrouve en prison. Conformément à la loi du Texas, elle peut en sortir, peu après, contre le versement d'une caution de 140 000 dollars, mais elle reste inculpée et passera en jugement pour meurtre et tentative de meurtre. En outre, l'affaire connaît un grand retentissement dans les médias du Texas, qui ont tous pris position contre elle et l'ont surnommée « la diabolique de Dallas ».

Quand elle rentre chez elle, elle se retrouve face à face avec son fils Christopher, à présent âgé de 19 ans. Christopher lui ressemble, enfin, ressemble à ce qu'elle était avant sa métamorphose : il est sage et sérieux. Depuis la séparation de ses parents, il vit avec elle, ne passant avec Larry que ses vacances. Mais il la regarde, pour la première fois, bizarrement. Il a forcément vu et entendu ce qu'on dit sur elle et il a visiblement été ébranlé. Elle en est bouleversée.

– Christopher, tu ne me crois pas coupable ?

– Non... Bien sûr que non...

Joy sent que quelque chose a changé. Il y a maintenant chez son fils des regards, des silences qui en disent long. On dirait qu'elle lui fait peur et peut-être même horreur.

Alors, pour le garder, elle le couvre de cadeaux. Rien n'est trop beau pour lui et ses moyens sont illimités. Pour Noël 1989, elle lui offre une voiture de sport du dernier modèle.

Les voitures ne sont pas la passion de Christopher, qui ne ressemble pas, en cela, aux autres garçons. Il va quand même l'essayer avec un camarade et, comme celui-ci en meurt d'envie, lui confie le volant. Un geste qui lui est fatal. Le camarade rate un virage. Lui-même s'en tire indemne, mais Christopher est tué sur le coup.

Le désespoir de Joy est sans limites, mais même dans sa douleur, elle continue à faire preuve de toute sa méchanceté. Elle décide que Christopher sera inhumé dans son ranch et non au cimetière. Elle pourra ainsi se rendre sur sa tombe, mais pas Larry.

Bien entendu, ce dernier n'est pas d'accord et, comme Joy reste intransigeante, il est obligé de faire un procès. L'action en justice retarde les funérailles et le cercueil reste quarante-huit heures dans l'église avant de prendre le chemin du cimetière, Larry l'ayant emporté...

Joy Aylor est seule, désormais, face à son destin, c'est-à-dire la cour d'assises de Dallas. Elle prend pour défenseur Mike Wilson, un avocat véreux, en instance d'être radié du barreau pour trafic de drogue et qui est, depuis peu, son amant.

S'il est véreux, maître Wilson connaît tout de même son métier. Il comprend tout de suite que la situation de Joy est sans espoir.

– Tu dois fuir, c'est ta seule chance.

Joy Aylor ne s'inquiète pas des difficultés de la chose. Elle ne pose qu'une condition :

– D'accord, mais tu viens avec moi !

Mike Wilson a, lui-même, tout à craindre en restant aux États-Unis. Il accepte et, le 7 mai 1990, avant-veille du procès, tous deux s'enfuient au Canada.

Ils ne restent pas longtemps ensemble. L'avocat ne peut supporter plus de quelques semaines sa bouillante compagne. Le 15 juillet, il se rend aux policiers canadiens en leur déclarant :

– J'en avais marre d'être avec elle !

Quant à Joy, elle a continué sa cavale, sans lui dire où elle allait...

Pendant ce temps, le procès s'est ouvert en son absence et le 4 août, Joy Aylor, reconnue coupable d'avoir commandité le meurtre de Rozanna Gailiunias et la tentative de meurtre contre Larry Davis, est condamnée à mort. Elle se voit, en outre, infliger la fabuleuse amende de 31,2 millions de dollars. Dix millions de dollars sont à verser pour « la détresse émotionnelle de Larry », vingt millions pour le meurtre et la tentative de meurtre, le reste allant aux frais de dossier.

Au moment du verdict, Joy est au Mexique où elle se cache sous le nom d'Edith Sharp, une amie d'enfance décédée, dont elle a pris les papiers. La police ayant retrouvé sa trace, la fugitive emploie les grands moyens et se réfugie en Europe : successivement en Allemagne, à Genève et sur la Côte d'Azur où elle arrive, début 1991.

Elle décide de s'y fixer et se livre à une prodigieuse métamorphose, pour échapper à ses poursuivants. Elle se rend aussi insignifiante que possible. Elle, la milliardaire aux allures de vamp se transforme en petite bourgeoise habillée comme tout le monde. Elle s'installe dans une villa modeste de Vence, qu'elle loue 3000 francs par mois. Elle apprend le français et se fait des amis dans le voisinage. Elle leur raconte qu'elle est l'épouse d'un homme d'affaires qui voyage en Afrique.

Malheureusement pour elle, elle ignorait que le nom d'Edith Sharp était connu d'Interpol et c'est sous ce nom qu'elle a loué une voiture en arrivant à l'aéroport. C'est par cet intermédiaire qu'on remonte jusqu'à elle : le 10 mars 1991, elle est arrêtée par la police française.

Elle proteste, mais elle est emmenée au commissariat où elle est bien obligée d'avouer qu'elle vivait sous un faux nom. C'est le milieu de la matinée... Comme elle n'a pas eu le temps de se laver, elle demande à prendre une douche. La requête est acceptée. Un agent féminin la conduit et reste en faction devant la porte.

Quelque temps plus tard, la femme policier appelle et, n'obtenant pas de réponse, entre. Joy Aylor est allongée sur le carrelage. Son sang s'échappe de ses poignets et se mêle à l'eau de la douche. Elle s'est ouvert les veines avec une lame qu'elle avait réussi à dissimuler.

Tandis qu'on appelle les secours, on peut l'entendre répéter :

– Je ne veux pas être exécutée. Je préfère me tuer moi-même.

Joy Aylor est conduite dans le pavillon réservé aux prisonniers de l'hôpital Pasteur, à Nice. Une semaine après son arrivée, elle est déclarée hors de danger et inculpée de faux et usage de faux en documents administratifs. Elle comparaît, en septembre 1991, sous ce chef d'accusation, devant le tribunal correctionnel et s'entend condamner à trois mois de prison.

Mais tout cela n'est que secondaire, c'est peu après que se joue son sort. Il est entre les mains du Conseil d'État. Les États-Unis ont déposé une demande officielle d'extradition. Mais la France, qui a aboli la peine de mort en 1981, a pour règle de refuser l'extradition vers un pays où elle est en vigueur, à plus forte raison, pour une personne qui, comme Joy Aylor, a été condamnée à la peine capitale.

De longues tractations ont donc lieu avec les autorités judiciaires du Texas. Les Texans, comprenant qu'ils n'obtiendront jamais gain de cause si Joy risque la mort, acceptent de commuer sa peine en détention à perpétuité et l'extradition est acceptée.

Rentrée au pays, la « diabolique de Dallas » est incarcérée dans la prison pour femmes de Mountain View, à Gatesville, Texas... Elle y est toujours. Elle a fait, en mars 2011, une demande de libération conditionnelle, qui a été refusée. La date pour déposer une nouvelle demande n'a pas encore été fixée.

C'est en prison qu'elle a appris le sort des hommes de main qu'elle avait recrutés. Ce sont les mêmes qui lui ont servi pour assassiner Rozanna Gailiunias et tenter de tuer Larry: George Hopper et les frères Buster et William Matthews... En réalité, elle n'avait jamais accepté que Larry la remplace par une autre femme.

Conformément à ses instructions, les trois hommes se sont présentés chez Rozanna, sous l'apparence de livreurs de fleurs. Ils se sont jetés sur elle et l'ont emmenée dans sa chambre. Conformément à ses instructions également, ils l'ont longuement torturée avant de l'abattre.

On ne peut pas dire que la jalousie ait été le mobile de Joy. Pour cela, il aurait fallu qu'elle ait des sentiments pour Larry, or, non seulement, elle ne l'aimait plus, mais elle le détestait au point de vouloir le tuer lui aussi. D'où la tentative de meurtre contre lui. Là, ses hommes de main n'ont guère été consciencieux : ils se sont contentés d'une brève fusillade, avant de disparaître.

La police n'a pas brillé non plus. Dans le premier cas, elle ne l'a pas soupçonnée ; dans le second, elle n'a pas réussi à réunir assez de preuves contre elle. Il a fallu une initiative des meurtriers eux-mêmes pour que la vérité soit connue. Les frères Matthews se sont dénoncés et ont dénoncé leur complice George Hopper.

Cela leur a permis de bénéficier d'une certaine bienveillance, au cours de leur procès, qui a eu lieu indépendamment de celui de Joy. Ils ont été condamnés à la perpétuité, tandis qu'Hopper se voyait infliger la peine capitale. Ce dernier n'a bénéficié d'aucune indulgence. Il a été exécuté par injection létale, le 8 mars 2005.

Tels sont les faits criminels. Mais l'aspect psychologique, dont il n'a jamais été question dans cette affaire, Joy Aylor n'ayant pas été examinée par des psychiatres, garde tout son mystère. Qu'est-ce qui a pu transformer une jeune, jolie et riche jeune femme en « diabolique » ? La question, il faut le craindre, restera sans réponse.

LES POISONS DE LA MARQUISE

Marie-Madeleine Dreux d'Aubray naît le 2 juillet 1630. Son père, Antoine d'Aubray est lieutenant civil du Châtelet, ce qui en fait un des responsables de la police du royaume. Aînée de cinq enfants, Marie-Madeleine reçoit une excellente éducation. Elle est également dotée de tous les charmes de la nature. De petite taille, mais idéalement faite, elle possède une abondante chevelure châtain et surtout des yeux bleus absolument extraordinaires.

En mai 1651, la belle se marie avec Antoine Gobelin, marquis de Brinvilliers. S'il est d'une excellente famille, fils d'un président de la Cour des comptes, ses qualités morales ne sont guère à l'avenant. Il est effronté, de mœurs dissolues et surtout joueur. Il perd des fortunes aux cartes. En outre, malgré les attraits de celle-ci, il ne se montre guère épris de son épouse et il s'en désintéresse rapidement au profit de ses innombrables maîtresses.

Délaissée, la nouvelle marquise se console en s'achetant tout ce qu'il y a de plus beau et de plus cher : des robes, des bijoux, des carrosses... Le couple s'est installé dans un luxueux hôtel du Marais, rue Neuve-Saint-Paul (aujourd'hui, rue Charles-V), mais les époux ne cessent de se disputer : elle lui reproche ses pertes au jeu, il lui reproche ses frais de toilette et d'équipage.

Les années passent. Ils font quand même des enfants, mais ce n'est pas cela qui les rapproche. Et c'est alors que se produit l'événement décisif... Un beau jour, Antoine de Brinvilliers arrive dans l'hôtel particulier avec un de ses compagnons de débauche.

– Ma chère, voici monsieur de Sainte-Croix. C'est l'un de mes amis. J'ai décidé qu'il habiterait sous notre toit.

Ce monsieur de Sainte-Croix s'appelle en réalité Godin. C'est un des innombrables parasites qui gravitent dans la haute société parisienne. Il en a les défauts, mais aussi les qualités. S'il est totalement dénué de scrupules, il est beau parleur et beau tout court. Âgé d'environ 35 ans, il a le corps élancé, le visage viril et un sourire irrésistible.

Il remarque tout de suite que la marquise se morfond et n'attend qu'un mot de lui. Seulement il hésite : il vit des largesses du marquis et ne peut le mécontenter. Pourtant, il ne tarde pas à s'apercevoir que, non seulement ce dernier ne verrait aucune objection à ce qu'il ait une liaison avec sa femme, mais que c'est peut-être pour cela qu'il l'a fait venir chez lui.

Alors, il entreprend sa cour. Marie-Madeleine de Brinvilliers tombe aussitôt dans ses bras et ne tarde pas à devenir follement amoureuse de lui. Pour la marquise de Brinvilliers, il ne s'agit pas d'une passion passagère, mais d'un grand amour. Elle s'affiche publiquement avec Sainte-Croix et, si certains en sont choqués, ce n'est pas le cas du marquis, qui peut désormais mener sa vie dissolue comme il l'entend.

En fait, le danger, pour la marquise, ne vient pas de son époux complaisant, mais de sa propre famille. Son père Antoine d'Aubray est en charge d'un des plus hauts postes de police du pays et le fait que sa fille aînée, non seulement soit adultère, mais s'affiche ouvertement avec un aventurier, jette le discrédit sur lui-même et sa fonction...

L'une des institutions les plus connues de l'Ancien Régime (et qui a contribué à sa perte) est celle des lettres de cachet. Elles permettent aux personnes proches du roi de faire interner sans jugement, et même sans qu'il y ait délit, une personne qui leur cause du tort. L'intéressé est conduit à la Bastille et la durée de son emprisonnement dépend uniquement de l'arbitraire du souverain.

Antoine d'Aubray fait partie des quelques privilégiés qui ont assez d'influence pour obtenir ce service du roi. Le roi signe la lettre de cachet, mais l'intéressé n'ayant rien fait de vraiment grave, il fixe son internement à six semaines. Son interlocuteur se confond en remerciements. Il ne se doute pas qu'il vient de déclencher un mécanisme mortel, dont il sera la première victime.

À la Bastille, Sainte-Croix fait une curieuse rencontre : un Italien du nom d'Exili. Ils finissent par se lier d'amitié et l'Italien lui confie son secret.

– Sais-tu comment te débarrasser de quelqu'un ?

– Non et je ne le ferai jamais, c'est trop dangereux !

– Cela dépend du moyen que tu utilises. S'il est grossier, sanglant, certainement, mais si c'est un moyen subtil, invisible, le poison…

Exili prend un air de confidence, puis, ajoute à mi-voix :

– Il n'y a qu'un homme qui sache vraiment le fabriquer : Maître Glaser, place Maubert. Si jamais un jour tu en as besoin, va le voir de ma part.

Au bout de six semaines, Sainte-Croix retrouve Marie-Madeleine. Après l'émoi et les transports des retrouvailles, elle lui déclare, avec fougue :

– Je ne pardonnerai jamais à mon père ce qu'il nous a fait. J'ai juré sa mort !

Il essaie de la calmer, de la modérer, de lui faire entendre raison, mais il n'y a rien à faire. Il découvre en elle une femme qu'il ne connaissait pas : violente et animée d'une volonté inflexible. Or, il n'a aucune envie d'être entraîné dans une affaire de parricide. Il a tout à y perdre, y compris la vie et rien à y gagner. Mais la marquise repousse l'objection.

– Tu y as un grand intérêt, au contraire ! Si mon père meurt, j'hériterai et j'aurai, nous aurons beaucoup d'argent !

Elle se tait un instant. Ses beaux yeux bleus se chargent de contrariété.

– Seulement, je ne sais pas comment faire…

Sainte-Croix ne peut s'empêcher de se remémorer sa conversation avec Exili. Il finit par se laisser convaincre par sa maîtresse et, quelques jours plus tard, il se rend place Maubert… Maître Glaser n'est nullement un charlatan, c'est un authentique savant. De nationalité suisse, Christophe Glaser est apothicaire ordinaire du roi et auteur de découvertes chimiques remarquables. En parallèle, des bruits inquiétants circulent sur lui, sans qu'il y ait, toutefois, de preuve absolue.

Il accueille Sainte-Croix avec méfiance, mais quand ce dernier cite le nom d'Exili, tout change.

– Soyez le bienvenu ! Que désirez-vous ?

– Du poison.

Glaser a un hochement de tête et le conduit devant une cornue contenant un liquide brunâtre.

– Un mélange d'arsenic, de sublimé de mercure et de bave de crapaud. Donné à petites doses, il provoque un pourrissement progressif des entrailles, qui ressemble en tout point à l'effet d'une tumeur maligne. Il est recommandé de le faire sécher et de le recueillir sous forme de poudre.

Sainte-Croix renifle l'odeur pestilentielle qui s'en dégage.

– Et il n'a pas un goût désagréable ?

– Pas si vous le mélangez à un mets très épicé ou, au contraire, très sucré.

À partir de ce moment-là, la machine criminelle se met en place. La marquise de Brinvilliers est une femme patiente et organisée. Avant de tuer son père, elle décide de procéder à des expérimentations en administrant le poison à des inconnus.

Contrairement à ce qu'on pourrait croire, cela ne présente pas de difficulté particulière. À cette époque, beaucoup de grandes dames ont l'habitude de porter des plats aux malades démunis de l'Hôtel-Dieu. La marquise s'empresse de se joindre à leur charitable cohorte, ce qui lui vaut des louanges unanimes. Son initiative est interprétée comme la manifestation publique de son amendement. Et la nouvelle parvient également aux oreilles d'Antoine d'Aubray, qui ne doute plus du repentir de sa fille.

Marie-Madeleine de Brinvilliers va donc apporter aux malades miséreux des petits pâtés au poivre ou des beignets à la confiture. Elle les visite régulièrement et témoigne de la plus grande compassion, en les voyant s'éteindre jour après jour dans d'atroces souffrances. Parfois, elle augmente les doses et apprend, surprise, qu'ils sont morts le lendemain... Elle a lieu d'être satisfaite : non seulement la poudre est efficace, mais à aucun moment, elle n'a provoqué le moindre soupçon. Elle-même a acquis, au contraire, une réputation de générosité, presque de piété. Après avoir été un objet de scandale, elle devient un exemple.

Trois ans ont passé... Marie-Madeleine s'est depuis longtemps réconciliée avec son père. Antoine d'Aubray a complètement oublié les tracas que sa fille lui a causés jadis. Bien sûr, il sait qu'elle est toujours avec son amant, mais cela ne le gêne pas. Elle ne se montre plus avec lui, c'est cela qui compte.

Il lui demande de venir passer quelque temps dans son château, à la campagne. La marquise s'empresse d'accourir. Elle tient à faire une partie de la cuisine elle-même et, comme il tombe malade, le soigne avec un dévouement admirable.

Tout cela ne dure pas moins de huit mois, jusqu'à sa mort le 6 septembre 1666, due, selon son médecin, à une tumeur maligne. Marie-Madeleine touche une part importante de l'héritage et son frère, Antoine d'Aubray fils, devient possesseur de la charge de lieutenant civil de Paris. La marquise de Brinvilliers a réussi sur toute la ligne.

Il y a pourtant une ombre à ce tableau : son amant. Depuis que sa maîtresse a hérité de cette petite fortune, il réclame énormément d'argent. Il ne s'agit pas de chantage, car une dénonciation le compromettrait lui aussi, mais simplement d'exigences et la marquise, qui est toujours aussi amoureuse, ne sait rien lui refuser. Tant et si bien qu'au bout d'un an, elle a dilapidé tout l'héritage paternel et n'a plus rien à lui donner. Alors, elle n'hésite pas, elle va tuer de nouveau !

Des dispositions testamentaires ont laissé dans l'indivision des biens importants et, si ses frères mouraient, elle aurait des rentrées supplémentaires. Il se trouve que ceux-ci, Antoine fils et Louis, habitent ensemble. Antoine est marié à une femme austère et prude qui la déteste ; Louis, célibataire, partage leur hôtel particulier à Paris... Marie-Madeleine a-t-elle eu dans sa jeunesse, comme elle s'en est accusée par la suite, des relations incestueuses avec ces deux-là ? C'est bien possible, mais si c'est exact, cela n'a pas fait naître de sentiments suffisants pour la détourner de son projet.

Si donc, pour elle, il n'y a pas d'obstacle moral, il reste un obstacle matériel : elle ne peut administrer le poison elle-même, comme elle l'a fait pour son père. Pour ne pas éveiller les soupçons, la poudre doit être donnée à petites doses pendant des mois, et il est exclu qu'elle aille vivre aussi longtemps avec ses futures victimes.

Il lui faut donc introduire chez eux un homme de main et elle pense à un de ses anciens valets, nommé La Chaussée. Elle le sait totalement dénué de scrupules et elle ne se trompe pas : il accepte sans sourcilier, moyennant bien sûr une importante rétribution. Il se fait engager chez Antoine d'Aubray. Les meurtres peuvent se poursuivre...

La Chaussée est véritablement la perle des domestiques ! Chacun l'apprécie pour son caractère aimable et il sait tout faire ; il excelle, en particulier, dans la cuisine. Le second Antoine d'Aubray ne tarde pas à tomber malade. La Chaussée le soigne de manière irréprochable et tout le monde lui adresse des éloges, à commencer par l'acariâtre belle-sœur de la marquise. Malheureusement, le 17 juin 1670, Antoine d'Aubray, lieutenant civil de Paris, rend l'âme à Dieu, des suites, déclare doctement son médecin, d'une tumeur maligne.

C'est maintenant au tour de Louis d'Aubray d'apprécier la cuisine tantôt épicée, tantôt sucrée de La Chaussée. Lors de la maladie qui suit, son valet le soigne avec un dévouement si admirable que celui-ci, non seulement est sans méfiance, mais le couche sur son testament pour cent écus ! Il meurt trois mois après son frère, en septembre 1670. Encore une fois, les médecins concluent à une mort naturelle.

Un homme se montre plus perspicace qu'eux : le marquis de Brinvilliers. Il est certain que sa femme est une empoisonneuse, mais cela ne le dérange pas. La seule chose qu'il voit, c'est qu'avec les héritages successifs qu'elle fait, elle a beaucoup d'argent et qu'il pourra éventuellement lui en demander, pour éponger ses dettes... Il se méfie, pourtant. Et s'il lui prenait l'idée de l'empoisonner, lui aussi ? Il mange le plus souvent hors de chez lui, et, quand ce n'est pas le cas, il refuse de toucher à tout plat suspect.

Le marquis n'a pas tort, car il est bel et bien la prochaine victime sur la liste de la marquise. Cette fois, il s'agit d'un projet personnel, dont elle n'a parlé à personne et, de plus, désintéressé : elle est toujours aussi amoureuse de Sainte-Croix et elle veut tout bonnement devenir veuve pour l'épouser ! Seulement, ce dernier, qui n'éprouve toujours aucune affection pour elle, n'en a pas la moindre envie et il a deviné ses intentions.

C'est peu de temps après que se produit le rebondissement capital de l'affaire : le 31 juillet 1672, on retrouve Sainte-Croix mort, dans le laboratoire qu'il s'était fait installer, place Maubert. On ne saura jamais avec certitude la cause de son décès, sans doute s'est-il empoisonné, en pratiquant ses dangereuses manipulations.

Le désespoir de la marquise de Brinvilliers est sans nom, mais tout à sa douleur, elle néglige de se préoccuper de sa sécurité. Elle a tort... La police perquisitionne au domicile de son amant. Elle ne trouve rien de spécial, en particulier aucun poison, mais elle découvre, dissimulée dans un placard, une cassette rouge, portant l'inscription « À n'ouvrir qu'en cas de mort antérieure à celle de la marquise ».

On y trouve une correspondance enflammée entre Sainte-Croix et madame de Brinvilliers, ainsi que de la poudre, beaucoup de poudre. On teste celle-ci sur des animaux, qui meurent rapidement. Apprenant cela, La Chaussée s'enfuit. La marquise, elle, choisit de rester, se pensant insoupçonnable. Mais sa belle-sœur porte plainte contre elle pour empoisonnement, elle prend la fuite à son tour. La Chaussée est arrêté début septembre. Il est jugé, condamné et roué vif, après avoir été soumis à la question. Bien qu'il n'ait rien avoué concernant la marquise, elle est condamnée à mort par contumace.

Après s'être réfugiée en Angleterre, la marquise se cache en Picardie, puis aux Pays-Bas. Elle est finalement découverte dans un couvent de Liège et arrêtée… Sa noblesse lui vaut le privilège de comparaître devant la plus haute juridiction du royaume, la chambre de la Tournelle. Les débats vont s'étaler sur quatre mois, d'avril à juillet 1676…

La chambre est présidée par Guillaume de Lamoignon, premier magistrat de France, président du Parlement de Paris. Mais c'est l'accusée que chacun veut apercevoir, car l'affaire connaît une popularité extraordinaire. À Paris et à Versailles, chacun ne parle plus que de « La Brinvilliers ».

À vrai dire, elle n'a rien de bien effrayant. Elle est petite, jolie, un peu boulotte. Elle a l'air d'une gentille bourgeoise, pas de la cruelle aristocrate qu'on imaginait. Mais on va se rendre compte tout de suite qu'il ne faut pas se fier aux apparences et que l'affaire est aussi horrible que le dit la renommée.

Le procès commence par la lecture d'une confession manuscrite trouvée sur l'accusée. Elle est proprement monstrueuse :

« Je m'accuse d'avoir commis des incestes trois fois la semaine, et peut-être trois cents fois en tout. J'ai eu envie sur mon frère. J'ai commis plusieurs adultères avec un homme marié, quatorze ans durant. J'ai deux enfants parmi les miens qui sont de son fait… Je m'accuse qu'un garçon m'a prise dès l'âge de 7 ans. Je m'accuse d'avoir fait des attouchements avec mon frère avant 7 ans.

Je m'accuse d'avoir empoisonné mon père. C'était pour avoir son bien. J'ai fait empoisonner mes deux frères.

Je m'accuse d'avoir donné cinq ou six fois du poison à mon mari. Le regret me prit. Je l'ai bien fait traiter et il en est guéri... »

Durant la lecture de la confession, chacun peut remarquer que l'intéressée reste parfaitement impassible. Et c'est l'attitude qu'elle va adopter pendant toute la suite du procès : elle est froide, dédaigneuse, méprisante.

Pourtant, les faits sont accablants, le meurtre de son père, surtout. C'est le temps qu'elle y a mis et la perfidie dont elle a fait preuve qui impressionnent le plus le public. Madame de Sévigné, qui est présente, écrira plus tard :

« *Assassiner, c'est une bagatelle en comparaison d'être huit mois à tuer son père, et à recevoir toutes ses caresses et toutes ses douceurs, où elle ne répondait qu'en doublant toujours la dose...* »

À l'issue des débats, le président Lamoignon prononce le verdict : la marquise de Brinvilliers est condamnée à avoir la tête tranchée, son corps brûlé et les cendres jetées au vent, après avoir été soumise à la question ordinaire et extraordinaire.

Rentrée dans sa cellule, la marquise y trouve son confesseur, un certain abbé Pirot, qui sait se montrer persuasif et la convainc de tout avouer. Aussi, le lendemain, 17 juillet 1676, dernier jour de son existence, elle dit tout à ses juges, dans la chambre de torture de la Conciergerie.

– J'ai utilisé l'arsenic, le mercure et le venin de crapaud. Mes seuls complices ont été Sainte-Croix et La Chaussée...

Elle a tout dit, mais cela ne l'empêche pas d'être soumise à la question. En l'occurrence, il s'agit du supplice de l'eau. On lui en fait absorber la quantité incroyable de 18 litres, tout cela pour lui arracher des aveux qu'elle a déjà consentis… La journée est déjà avancée, lorsque commence le supplice. Elle est conduite en tombereau à Notre-Dame, pour l'amende honorable, puis à la place de Grève, pour son exécution.

Elle fait preuve d'un courage exemplaire et la foule, qui au début la maudissait, lui manifeste maintenant sa compassion. Le bourreau lui lie les mains, lui bande les yeux et la prie de poser sa tête sur le billot. Elle s'exécute sans trembler et le coup est si précis que la tête tranchée reste un instant en place, avant de rouler sur le sol. Puis le corps est jeté au bûcher, qui, allumé depuis un moment déjà, lance de grandes flammes.

LORI, LA TIGRESSE

L'époque n'est pas si lointaine, mais elle semble appartenir à un autre âge. Jusque vers le tournant du XXIe siècle, une violence permanente régnait dans les grandes villes américaines. Sur fond de trafic de drogue, on assistait à un affrontement quotidien entre bandes, sous les yeux d'une police bien souvent impuissante.

En cette année 1990, le quartier emblématique de cette violence est le Bronx, à New York. Il faut se représenter des rues aux immeubles décrépis, avec leurs escaliers d'incendie rouillés sur les façades. Sur les trottoirs, gisent des tas d'ordures que les éboueurs n'ont plus le courage de ramasser. Des groupes inquiétants se déplacent çà et là et les passants vont d'un pas pressé, en espérant qu'il ne leur arrivera rien…

C'est là que vit Lori Marino, qui vient d'atteindre ses 9 ans. Ses parents sont tous deux immigrés. Son père Angelo est d'origine italienne, sa mère Zulma est portoricaine. Ils vivent comme ils peuvent, c'est-à-dire très mal. Angelo n'est pas trafiquant de drogue comme beaucoup, il est mendiant dans le métro, une activité moins dangereuse, mais beaucoup moins rentable et, quand il rentre le soir, il n'a pas grand-chose avec lui. C'est peut-être parce qu'il ne rapporte presque rien qu'il se venge tous les soirs sur sa femme, mais aussi sur sa fille, depuis ses 6 ans.

Quand Angelo arrive à la maison, les coups pleuvent. Zulma a appris à y faire face. Pas moyen de les éviter, mais on peut s'arranger pour qu'ils fassent moins mal. Elle boit quelques canettes de bière et fume un ou deux joints avant l'arrivée de son mari, moyennant quoi l'épreuve est supportable. Lori, pour l'instant, n'a pas voulu recourir à ce procédé, qui ferait d'elle une droguée et une alcoolique dès son jeune âge, mais un jour ou l'autre, elle sent bien qu'elle sera obligée d'y venir.

À 9 ans, elle commence à avoir un charme certain : elle est gracieuse et son type très latin lui donne des allures un peu félines... C'est sans doute ce que constate son père, ce soir-là, car, après avoir commencé à la battre comme d'habitude, il s'arrête brusquement et se met à sourire.

– Mais dis-moi, tu es devenue mignonne, toi !

Il lui prend le menton et l'attire à lui... Comme d'habitude, Zulma, qui avait été battue la première, se trouve dans la pièce à côté, se remettant de son épreuve en buvant une bière. C'est alors qu'elle entend les cris perçants de Lori et les rires d'Angelo. Et il se produit alors quelque chose d'extraordinaire ! Alors qu'elle avait été totalement soumise jusque-là, elle se révolte brusquement. Sa fille violée par son mari, non, elle ne veut pas !

Elle fait irruption et frappe avec sa bouteille de bière sur le crâne d'Angelo. Celui-ci, totalement surpris, tombe à genoux. Il se relève, ouvre la porte d'entrée et s'en va, en titubant, sur le palier, mais elle le poursuit, frappant de toutes ses forces. Il tombe de nouveau. Et elle s'acharne pendant de longues minutes, alors qu'il est inanimé et déjà mort.

La porte de l'appartement d'en face s'ouvre. C'est la voisine, en robe de chambre et bigoudis, Trinita Sanchez, une Cubaine. Elle vit seule. Son mari a été tué par balles; sa fille et ses deux fils ne sont plus avec elle, mais ils sont vivants, ils viennent la voir de temps en temps. Elle contemple le cadavre ensanglanté.

– Vous avez bien fait!

Pour l'instant, Zulma est trop émue pour dire quoi que ce soit. La petite Lori est sortie à son tour et se blottit contre elle. Trinita Sanchez répète:

– Vous avez bien fait. C'est tout ce qu'il méritait!

Zulma Marino retrouve ses esprits.

– Oui, mais maintenant?

– Il vaut mieux ne pas moisir ici. Je vais vous faire rencontrer quelqu'un de la Nation...

« La Nation », c'est-à-dire « La Nation toute-puissante des rois et reines latinos »: Zulma a déjà entendu ce nom. Elle sait vaguement qu'il s'agit d'une association qui domine le ghetto latino-américain de New York. Mais ce qu'elle sait avec certitude, c'est qu'à partir de cet instant, sa vie va changer du tout au tout. Et celle de Lori aussi.

La personne à qui la Cubaine présente Zulma, dans un terrain vague au petit matin, n'est autre que Daniel Flores, dit « le roi aux yeux verts », le chef en personne de la Nation toute-puissante des rois et reines latinos. Il est jeune, pas encore la trentaine et ses yeux verts forment un contraste saisissant avec son physique très latin. Il est entouré d'hommes et de quelques femmes en armes, presque tous plus jeunes que lui.

La Cubaine explique en quelques mots ce qui s'est passé au cours de la nuit et lui demande si Zulma peut faire partie de la Nation. Le chef détaille cette dernière.

– D'accord. Mais tu dois payer ton entrée : coucher avec moi ou un passage à tabac. Choisis…

Zulma Marino n'a plus aucune envie de se laisser faire. Qu'est-ce qu'il s'imagine, avec ses yeux verts ? Qu'elle va lui tomber dans les bras ? Qu'elle a peur des coups ? Elle réplique fermement :

– Le passage à tabac.

Daniel Flores a un léger mouvement de surprise, mais il se ressaisit, claque dans ses doigts et trois garçons s'approchent… L'instant d'après, Zulma Marino est rouée de coups sous les yeux de sa fille. Au bout d'un moment, Lori la voit s'écrouler. Daniel va la ranimer en lui versant un seau d'eau sur la tête. Et elle est encore toute dégoulinante, lorsqu'il lui fait prêter le serment de la Nation toute-puissante des rois et reines latinos.

– Répète après moi : « Au nom de l'honneur, de l'amour, de l'obéissance et du respect, je suis prête au sacrifice. »

Zulma s'exécute. Le chef suprême lui remet un revolver de gros calibre.

– Tu es des nôtres. On va te tatouer une larme.

– Une larme ?

– Tu as descendu ton mari, non ? Dans la Nation, les reines se tatouent une larme sous les yeux à chaque meurtre.

Sur un nouveau geste de sa part, une fille sort du groupe pour lui tatouer sa larme. Quand elle a fini, Daniel Flores désigne à Zulma l'arme qu'il vient de lui donner.

– Une fille qui tire, on la respecte : n'oublie jamais ça. Quel âge tu as ?

– 23 ans.

– Tu l'as eue tôt, ta môme, alors ?

– 14.

Daniel Flores sourit. Ce n'est plus le chef autoritaire. Il parle d'une voix différente, radoucie.

– Cela te plairait d'habiter chez moi ?

– Si tu me le demandes comme cela... Mais il faut que Lori vienne avec moi.

– C'est d'accord.

– Et il faut que tu me fasses une promesse : tu ne la toucheras pas.

Le chef suprême répond une seconde fois :

– D'accord.

Pour Lori Marino, ce n'est plus la même existence. Autant elle haïssait et méprisait son père, autant elle n'a qu'admiration et affection pour Daniel Flores. S'il continue à se montrer autoritaire et violent à l'extérieur, c'est le plus attentionné des hommes dans son nouveau foyer. Avec elle, en particulier, il fait preuve de la plus grande douceur. Jamais il ne se permettrait un geste ou un regard déplacé.

Quant à sa mère, Lori Marino déborde d'admiration pour elle. Elle a décidément changé du tout au tout. Non seulement elle est la compagne du chef des rois et reines latinos, mais elle est aussi devenue son bras droit. Elle est de toutes les actions violentes. Elle n'a plus rien de la femme du mendiant du métro, c'est devenu une tueuse, une terreur ! Pour s'en convaincre, il n'y a qu'à voir les larmes qui s'accumulent sous ses yeux…

Octobre 1992. Lori Marino a 12 ans. Ce jour-là, elle voit rentrer Zulma seule à la maison. Elle lui déclare simplement :

– Daniel a été tué.

Lori sent son cœur s'arrêter.

– Comment c'est arrivé ?

– On marchait ensemble dans la rue. Il y a eu un seul coup de feu. J'ai voulu riposter, mais il n'y avait personne. Le tireur était parti ou alors, c'était simplement une balle perdue.

Zulma Marino ne pleure pas. Elle est tendue à l'extrême.

– Viens avec moi. On va rejoindre les autres au terrain vague…

Peu après, elle est sur les lieux avec sa mère. Cette dernière annonce sobrement la mort de Daniel et conclut :

– Le prochain chef de la Nation toute puissante des rois et reines latinos sera une reine et ce sera moi !

Personne n'émet d'objection. Seul un silence respectueux fait suite à cette déclaration. Tout le monde vient l'embrasser, en signe à la fois de condoléances et d'allégeance et, pour Lori, c'est encore une nouvelle vie qui commence. Maintenant, elle est la fille de la reine suprême et, alors qu'elle avait été en retrait du temps de Daniel Flores, elle tient à agir à ses côtés. Zulma n'y voit pas d'objection, bien au contraire, et lui donne un poste dans le trafic de drogue...

C'est ainsi que, pendant trois ans, elle vend du crack dans les rues du Bronx. C'est dangereux, mais vu sa position au sein du gang, elle a du monde autour d'elle pour la protéger.

Elle a 15 ans, lorsque se produit un nouveau coup de tonnerre : sa mère est arrêtée. Zulma Marino, prise les armes à la main, est incarcérée au *Metropolitan Maximum Security Correctional Centre* de Manhattan, la prison la plus violente des États-Unis, où il faut signer une décharge avant d'entrer, pour le cas où on se ferait blesser ou tuer... Lori vient la voir quinze jours après. Au parloir, Zulma a gardé toute sa combativité, même si elle est fataliste.

– Pour moi, c'est fini. Je n'y couperai pas, à la perpétuité. C'est à toi que je pense.

Lori, elle aussi, a eu le temps de réfléchir. Et elle a son idée bien arrêtée.

– Maman, je ne veux plus faire partie de la Nation. Je veux fonder ma propre bande.

– Ce n'est pas simple, tu sais.

– Si c'est simple. Il suffit de tirer ! « Une fille qui tire, on la respecte » : c'est ce que t'a dit Daniel le jour de ton entrée dans la Nation. Je ne l'ai jamais oublié et je vais créer un gang rien que de filles.

– De filles ?

– Oui et je lui ai même trouvé un nom : « Les Tigresses de New York ».

L'ancienne reine suprême la regarde sans surprise. Lori tient d'elle, c'est normal.

– Comme tu voudras... Je vais te donner de l'argent.

– Comment tu aurais de l'argent en prison ?

– Il y a beaucoup d'argent en prison et, nous, les rois et les reines, on rançonne les autres. On a des lames de rasoir cachées sous la langue et ceux qui ne veulent pas payer ont un 150, une croix dans le dos, qu'il faut 150 points de suture pour refermer.

Lori recrute sans mal dans les bas-fonds de New York. Elle choisit ses hommes ou plutôt, ses femmes, très jeunes, de 13 à 18 ans. Elles ont toutes une revanche à prendre sur la vie, mais aussi, bien souvent, sur les hommes. Lori leur annonce qu'après chaque meurtre, elles auront le droit de se faire tatouer une larme sous l'œil. C'est le seul emprunt qu'elle fait aux rois et reines latinos, avec lesquels, par ailleurs, elle continue d'entretenir de bons rapports.

L'une de ses recrues, Alyson Campos, âgée de 13 ans, se présente avec un enfant de quelques mois dans les bras. Lori lui demande qui est le père. La fille hésite et se trouble. Lori a compris.

– Il est de ton père, n'est-ce pas ?

– Oui. Quand je l'ai dit à ma mère, elle m'a traitée de chienne et elle m'a foutu dehors. Alors, comme j'ai entendu parler des Tigresses, je me suis dit...

– Tu as bien fait. Moi aussi, j'ai failli être violée par mon père. Ici, on a toutes vécu quelque chose comme ça. Sois la bienvenue !

Telle est la force des Tigresses de New York. Le gang a pour but le gain par le crime, mais il offre à celles qui n'ont connu que le pire une ébauche de fraternité.

La bande est bientôt constituée et sa première tâche est de s'imposer dans le milieu extrêmement violent du Bronx. Si les

Tigresses peuvent compter sur la neutralité bienveillante de la Nation, il n'en est pas de même des autres groupes, qui tentent d'éliminer ces nouvelles arrivantes. Ils commettent pourtant une erreur: celle de les sous-estimer, parce que ce sont des filles. Sur l'initiative de Lori Marino, les Tigresses se montrent hyper-violentes. Elles ne se contentent pas de se défendre, elles organisent de véritables expéditions, tirant les premières et achevant les blessés. Lors de ces engagements, Lori gagne ses deux premières larmes...

La police, elle aussi, les sous-estime au début. C'est que le banditisme féminin n'entre pas dans ses schémas. Pour les autorités, les filles ne sont capables que de chapardage ou de se livrer à la prostitution. Quand elle entend parler des Tigresses de New York, la police pense plus ou moins à du folklore. Tout cela ne durera pas, ce n'est pas sérieux!

La presse est plus prompte à réagir que la police. Une revue américaine à grand tirage apprend l'existence des Tigresses et, en prenant de grands risques, une journaliste va interroger Lori Marino. Celle-ci lui raconte toute son histoire. À travers elle, le public découvre le sort fait aux femmes dans les quartiers défavorisés, sort tout aussi difficile, sinon plus, que celui des hommes. L'article est illustré de plusieurs photos. Sur l'une d'elles, on voit les Tigresses au grand complet, les armes à la main; sur un autre, Lori prend la pose avec défi. La journaliste termine par une question:

– Tu n'as pas peur de mourir?

– Non. Je sais que cela m'arrivera bientôt, mais j'ai retrouvé ma dignité et, ce jour-là, je ne pleurerai pas...

Le retentissement est énorme à travers les États-Unis. Dans le grand public, bien sûr, mais aussi dans les quartiers difficiles. En quelques semaines seulement, des gangs de filles se créent un peu partout, sur le modèle des Tigresses. À New York même, toutes les Latinos les admirent. On se bat entre gamines de 12 ans, pour avoir l'honneur de faire partie du groupe.

Du coup, tout est changé ! Cette délinquance de très jeunes femmes est devenue un phénomène de société et un problème national. Les Tigresses sont maintenant la priorité absolue des autorités new-yorkaises. Lori Marino vient d'avoir 16 ans et elle s'est fait tatouer sa sixième larme, trois par œil. Bientôt leur nombre atteindra celui de ses années.

Les policiers sont bien décidés à ne pas attendre jusque-là. Il faut éliminer coûte que coûte ce gang, qui a non seulement un nombre impressionnant de meurtres à son actif, mais qui donne des idées aux autres filles. Les moyens les plus importants sont alloués pour son élimination.

Le 30 janvier 1997, une opération de grande envergure est montée dans le Bronx, sans doute à la suite de renseignements. Lori et les siennes tombent dans un guet-apens. Elles tirent les premières, mais elles n'ont que des revolvers et leurs adversaires répliquent à l'arme automatique. Huit filles restent au sol, six sont blessées, deux sont mortes. Parmi ces dernières, Lori Marino. Les policiers la ramassent dans le caniveau, criblée de balles.

Ainsi s'est terminée la brève et violente existence de la fondatrice des Tigresses de New York. Elle a connu la fin à laquelle elle s'attendait, mais elle s'était trompée en répondant à la journaliste : elle pleurait. Six grosses larmes étaient bien visibles sous ses yeux grands ouverts.

LA POUPÉE QUI TUE

Une poupée : l'enfant que le sergent Lindgren, de la police de Newcastle, a sous les yeux est une poupée vivante ! Il a rarement vu une fillette aussi adorable. Elle est menue de taille, avec un visage à l'ovale gracieux, des cheveux très noirs coiffés en bandeau et des yeux d'un bleu intense, lumineux. Mais elle est plus que jolie. Elle possède déjà un charme de femme, avec ses lèvres bien dessinées qui esquissent un sourire. Bref, elle est à croquer ! À ses côtés, une autre fille, un peu plus âgée et un peu plus grande, au physique, au contraire, tout à fait banal…

Nous sommes le samedi 11 mai 1968, au pub Delaval Arms, à Scotswood, un des faubourgs les plus défavorisés de Newcastle, au nord de l'Angleterre. La police a été appelée parce qu'un gamin de 3 ans, John G., a été retrouvé dans la rue, la tête en sang. Très choqué, il n'a pu dire s'il était tombé ou s'il avait été frappé. Il vient d'être conduit à l'hôpital où son état se révélera heureusement sans gravité. Ce sont les deux petites filles qui l'ont découvert et elles ont été priées d'attendre au pub l'arrivée de la police… Le sergent Lindgren s'adresse à la plus jeune et la plus jolie.

– Tu t'appelles comment ?

– Mary Bell.

– Tu as quel âge ?

– 11 ans.

Il se tourne vers l'autre.

– Et toi ?

– Norma Bell, 13 ans.

– Vous êtes sœurs ?

– Non simplement amies.

Bien qu'elles portent le même nom, elles n'ont, effectivement, aucun lien de parenté. C'est une pure coïncidence… Après avoir pris leurs adresses, le policier leur demande de passer le lendemain au commissariat, pour leur déposition. Voici celle de Norma Bell :

« *Vers 13 h 30, le samedi 11 mai 1968, Mary et moi, nous sommes allées chercher du bois dans les vieilles maisons de Coanwood road et on l'a rapporté à nos mamans. Puis, on est allé jouer dans le parking, près du pub Delaval Arms. Pendant qu'on jouait, Mary m'a dit qu'elle entendait des cris venant des vieilles baraques à côté. En passant par le talus, on a trouvé John G. derrière les baraques. Sa tête saignait. On a appelé un homme qui passait, mais il n'a pas voulu nous aider. Puis, on a vu un autre homme, qui a porté John au pub où ils ont envoyé chercher une ambulance et la police. Je n'avais jamais vu John G. jouer là-bas.* »

Mary Bell confirme son récit : elles ont été chercher du bois, qu'elles ont rapporté à leurs mères, elles sont retournées jouer sur le parking et ont entendu John G. crier. Il saignait de la tête et avait vomi sur son manteau. Elles ont essayé de le tirer par les bras, elles ont appelé un premier homme, qui a refusé de leur porter secours, puis un second, qui a conduit l'enfant au pub…

Le sergent Lindgren les remercie et leur dit qu'elles peuvent rentrer chez elles. Elles rentrent, mais pas directement et il se produit alors des faits curieux et même très inquiétants. Le soir du même jour, Mme Watson porte plainte : sa fille Pauline, 7 ans, et deux de ses camarades, Cindy Hepple, 6 ans, et Susan Cornish, 6 ans également, ont été attaquées sur le tas de sable de l'école maternelle du quartier, entre 16 h 30 et 17 h, par Norma Bell et Mary Bell.

La jeune Pauline Watson vient raconter les faits, le lendemain 13 mai :

« *La plus petite des deux filles m'a dit de sortir du tas de sable. J'ai dit "non". Elle a mis les mains autour de mon cou en serrant très fort. Ensuite, la fille a retiré les mains de mon cou et a fait la même chose à Susan. Cindy, Susan et moi, on a couru à la maison. Je ne connaissais pas cette fille et je ne l'avais jamais vue…* »

Il est à noter que, d'après sa déclaration, seule « la plus petite des deux filles », c'est-à-dire Mary, est en cause. Norma n'a rien fait…

Norma Bell confirme ce récit à la police un peu plus tard :

« Après avoir été au commissariat, Mary Bell et moi, on a été jouer à l'école maternelle. Il y avait deux filles ; l'une s'appelle Pauline Watson, je ne sais pas comment s'appelle l'autre. Mary est allée dire à l'autre fille : "Qu'est-ce qu'il se passe si tu étrangles quelqu'un ? Il meurt ?" Alors, Mary a mis les mains autour du cou de la fille et elle a serré. La fille a commencé à devenir violette. J'ai dit à Mary d'arrêter, mais elle n'a pas voulu. Elle a continué un moment, puis elle a mis ses mains autour du cou de Pauline, qui est, elle aussi, devenue violette. Toutes les deux pleuraient. Une autre fille, Susan Cornish, est venue et Mary lui a fait pareil. Susan avait des bonbons et Mary les lui a pris. J'ai dit à Mary : "Ça va faire des histoires." Alors, Mary m'a demandé si je voulais des bonbons. J'en ai pris un petit et j'ai filé. J'ai laissé Mary. Je ne suis plus son amie, maintenant. »

Appelée à son tour, deux heures plus tard, devant le sergent Lindgren, Mary Bell ne se démonte pas. Avec un charmant sourire et un regard candide, elle donne une tout autre version des faits :

« Dimanche 12 mai, après le commissariat, je suis allée avec mon amie Norma Bell dans l'école maternelle. Il y avait deux filles : Pauline Watson et Cindy Hepple. Norma et moi, on a parlé avec les deux filles. Après, je suis allée derrière une cabane. Pendant que j'étais derrière la cabane, j'ai entendu Pauline crier. Je suis revenue et j'ai vu Pauline se sauver. Elle se tenait le cou en poussant des cris. Norma m'a dit que Pauline était tombée et s'était cogné le cou sur le rebord du tas de sable. Je n'ai plus vu Cindy. Ensuite, je suis retournée à la maison avec Norma… »

Trois jours plus tard, le sergent Lindgren conclut ainsi son rapport :

« Nous avons conseillé aux parents d'engager des poursuites pour coups et blessures, s'ils le désiraient. Ils se sont déclarés satisfaits de l'intervention de la police et ne comptent pas intenter une action. Les filles Bell ont été engagées à bien se conduire à l'avenir. »

C'est ainsi que se termine le premier acte. Il est tentant, quand on connaît la suite, de dire qu'il y a eu, de la part de la police, une négligence criminelle. Mais il était impossible, à ce stade, d'imaginer la vérité. On ne pouvait pas deviner ce qui se cachait derrière ce visage de poupée, aux yeux bleus lumineux et au sourire adorable. Une poupée qui tue, cela n'a pas de sens, cela n'existe pas !

Deux semaines exactement ont passé. Nous sommes le samedi 25 mai, toujours à Scotswood. Martin Brown, 4 ans, achève son déjeuner dans le modeste pavillon de ses parents. C'est un gros garçon joufflu, qui respire la santé : blond, potelé, les yeux bleus. Il sort, en disant qu'il va s'acheter une sucette et regarder les maisons en démolition. Il ira voir aussi sa tante Rita Finlay, qui habite le quartier.

Il quitte la maison à 15 h et se rend dans une baraque qui vend des sucreries aux enfants. Il repart à 15 h 15, avec une sucette. Il va ensuite chez sa tante Rita. Celle-ci a reçu, peu avant, la visite de Norma et Mary Bell, qui sont ses voisines et qui viennent souvent la voir. Elle attrape le gamin, parce qu'il a les doigts sales.

– Rentre chez toi te laver les mains !

Martin hausse les épaules et s'éloigne en direction des maisons abandonnées, dans lesquelles travaillent des électriciens. On ne le reverra pas vivant...

15 h 30 : les électriciens, qui viennent de terminer leur tâche dans une des maisons, se rendent dans une autre. Ils montent au premier étage et poussent un cri. Un petit garçon gît sur le dos, les bras en croix ; du sang et de la salive lui coulent des lèvres. L'un des ouvriers tente de lui faire du bouche-à-bouche, mais il est mort et presque froid... Norma Bell et Mary Bell arrivent alors dans le bâtiment.

– Qu'est-ce qu'il se passe ? On peut monter ?

– Non. Restez où vous êtes !

Les deux gamines font demi-tour et vont trouver Rita Finlay. Mary est tout excitée.

– Un môme a eu un accident ! Vous devriez y aller.

– Qu'est-ce que c'est que cette histoire ?

– La vérité. Même que je pense que c'est Martin Brown.

La tante de Martin, subitement inquiète, se rend dans les maisons en démolition. Elle y découvre tout un remue-ménage. Elle dira plus tard : « J'ai vu Martin dans les bras d'un homme. J'ai pensé : "Il dort. Il va se réveiller." Mais quand j'ai vu qu'il était tout gris, j'ai compris qu'il était mort... »

Le décès est officiellement constaté à 15 h 40. Des policiers cherchent des indices sur place et l'enquête s'oriente très vite vers un accident. Il n'y a, en particulier, aucun signe de lutte.

L'autopsie a lieu le lendemain. Elle ne peut déterminer la cause de la mort. Il n'y a pas de blessure sur le corps ni de produit toxique dans les viscères, pas de trace de strangulation non plus. D'autre part, le garçonnet ne souffrait d'aucune pathologie. Le médecin légiste a bien pensé à une mort par étouffement, mais il n'y a aucune preuve... L'affaire sera vraisemblablement classée.

Personne n'a, semble-t-il, remarqué le comportement de Norma et Mary Bell. Il est curieux ! Pendant toute la journée fatidique, elles semblent suivre la petite victime à la trace. Elles sont sur les lieux tout de suite après le drame et veulent entrer dans la pièce où se trouve le corps. Ensuite, Mary vient dire à Rita Finlay que Martin est mort. Comment le sait-elle, puisqu'on ne lui a pas donné l'identité de la victime ?

Mais ces questions-là, ni Rita, ni personne ne se les pose. Alors, le manège des gamines continue. Le lendemain, Norma et Mary viennent revoir Rita Finlay et lui tiennent les propos les plus étranges :

– Il vous manque, Martin ?... Ça vous fait pleurer quand vous pensez à lui ?... Et à sa mère, il lui manque ?

Rita avouera par la suite : « Je ne pouvais m'expliquer pourquoi elles faisaient cela. Mais je n'étais pas dans mon assiette, alors, je ne réfléchissais pas. »

Quatre jours plus tard, Mary, toute seule cette fois, se rend chez les Brown. C'est June, la mère, qui la reçoit.

– Pourrais-je voir Martin, s'il vous plaît ?

– Mais il est mort !

– Je sais. Je voudrais le voir dans son cercueil.

Horrifiée, la mère lui claque la porte au nez...

Le surlendemain, il y a des faits concrets. Ils ont eu lieu dans la maternelle où avaient été agressées les petites filles, sur le tas de sable. La salle de classe est sans dessus dessous et on a laissé bien en évidence des bouts de papier, rédigés dans une écriture enfantine : « Nous, on a tué Martin Brown. Va te faire baiser ! Signé Fanny et Faggot » ; « Vous êtes bêtes, parce que nous avons tué Martin Go Brown » ; « Faites bien attention, espèces de flicards. Il y a des assassinats ici, par Fanny et le vieux Faggot. » La police, prévenue, emporte les messages sans y faire autrement attention. Elle se contente d'installer dans l'école une alarme reliée au commissariat.

Et pourtant, le contenu de ces messages est extrêmement grave. Ils affirment que la mort du petit Martin est un meurtre, dont s'accusent deux personnes disant s'appeler Fanny et Faggot. Or, c'est sur ces lieux que se trouvaient, il y a peu de temps, Norma et Mary et que Mary aurait commis une agression contre des enfants. Tout indique que ce sont elles qui ont écrit ces messages…

On en a la confirmation quelques jours plus tard. Le signal d'alarme sonne au commissariat. Les policiers vont à la maternelle et découvrent Norma et Mary Bell. Interrogées, elles nient être venues auparavant. On les relâche, en leur annonçant qu'elles sont inculpées d'effraction.

C'est tout et les choses n'iront pas plus loin. Il y avait pourtant, cette fois, des indices troublants et concordants, mais ni la police ni personne n'a voulu les voir, sans doute parce qu'une telle monstruosité n'était pas concevable. Cet aveuglement va faire une seconde petite victime.

Brian Howe, 3 ans, est lui aussi toujours fourré chez Rita Finlay : c'est le meilleur copain de son fils John… Ce 31 juillet 1968, il vient, comme d'habitude, jouer avec lui. Ensemble, ils vont voir les maisons en démolition. Rita ne le leur a pas interdit, preuve qu'elle est sans crainte. Ce qui est arrivé à Martin Brown ne risque pas de se reproduire.

Les deux enfants se séparent à 16 h, Brian disant à John qu'il rentre à la maison. Mais en fin de journée, Pat, la mère de Brian, vient chez Rita : son fils n'est pas là. Inquiètes, les deux femmes se mettent à sa recherche, bientôt rejointes par Mary Bell, qui « passait par là ».

Elles cherchent pendant des heures et le découvrent à 23 h 10, sur un chantier près de la voie ferrée, derrière de gros blocs de béton. Il a des égratignures sur le nez, un peu d'écume ensanglantée autour de la bouche et les lèvres bleuies. Des traces de pression sont visibles sur son cou. Il est mort.

L'inspecteur chef James Dobson, de la brigade criminelle, arrive à 1 h 10. Dobson occupe un poste important à Newcastle, car, cette fois, la police a compris. Plus question de penser à un accident, c'est un crime, tout comme la mort de Martin Brown était un crime et tout comme l'agression sur John G. était une tentative de meurtre. Il y a un tueur en série dans le quartier de Scotswood !

Les premières constatations renforcent encore l'horreur des enquêteurs. Les traces de strangulation sont peu appuyées. Or, un adulte en aurait laissé de beaucoup plus fortes. De plus, la victime a de légères incisions sur le ventre et on lui a rasé des mèches de cheveux, ce qui fait penser à une sorte de jeu puéril. L'hésitation n'est pas permise : c'est un crime d'enfant ! L'inspecteur chef Dobson prévient ses supérieurs et, ainsi, c'est la mobilisation générale.

Une centaine de policiers sont sur place le lendemain. Ils questionnent sans relâche les enfants. Dobson se charge plus particulièrement de Norma et Mary Bell. Pour lui, ce ne peut être qu'elles ou l'une d'elles...

Le 4 août, Norma Bell reconnaît avoir vu le corps de Brian Howe en compagnie de Mary. Celle-ci lui a avoué l'avoir tué en l'étranglant.

– Ses lèvres étaient violettes. Mary a passé les doigts dessus. Elle m'a dit que cela lui faisait plaisir.

– Est-ce que tu as vu quelque chose près de Brian ?

– Mary m'a montré un rasoir et m'a dit qu'elle lui avait coupé le ventre. Elle a remonté son chandail et m'a montré une petite coupure sur son ventre. Elle a caché le rasoir et m'a dit de ne rien dire.

– Pourrais-tu me montrer où est caché le rasoir ?

– Oui.

On conduit Norma Bell à l'endroit où Brian a été retrouvé mort, près de la voie de chemin de fer. Elle désigne le coin d'un bloc de ciment. Dobson fouille et trouve une lame de rasoir... Norma est à l'écart et ne peut pas voir l'objet découvert.

– Quelle sorte de rasoir était-ce ? Un rasoir qui s'ouvre comme un couteau ?

– Non, c'était une lame de rasoir.

– Celle-là ?

– Oui.

À 22 h 10, Norma Bell est ramenée au commissariat où elle signe une déclaration officielle, après quoi, elle est conduite dans l'établissement départemental d'éducation surveillée pour filles de Newcastle.

À 0 h 15, Dobson et deux agents se rendent chez Mary Bell. La télévision est allumée. Betty, la mère de Mary, n'est pas là. Billy Bell, son père, refuse de réveiller sa fille, mais les policiers lui disent que, dans ce cas, ils vont le faire eux-mêmes. Billy va chercher sa sœur, qui habite à côté et c'est cette dernière qui réveille Mary. À la surprise des policiers, c'est elle également qui l'accompagne au commissariat. Le père, lui, est retourné regarder sa télé.

Mary est détendue. Elle ne semble pas inquiète de se trouver là en pleine nuit et, malgré trois heures d'interrogatoire, elle tient bon. Elle n'a pas vu Brian au moment du crime. Elle accuse Norma d'être une menteuse. Sentant qu'il ne pourra rien en tirer, Dobson la renvoie chez elle.

Norma Bell, justement, se manifeste peu après. L'inspecteur chef apprend qu'elle désire faire une seconde déclaration. Et quelle déclaration ! Elle a assisté au meurtre et pas seulement découvert le corps plus tard. Voici des extraits de son terrible récit :

> « *Mercredi dernier, nous avons vu Brian Howe qui jouait près de la ligne de chemin de fer. Mary a dit à Brian : "Lève le cou." Elle lui a mis les mains autour du cou. Elle a dit qu'elle voulait lui faire du mal. Elle l'a fait tomber dans l'herbe. Elle a continué à lutter avec lui et il se débattait en essayant de lui faire retirer ses mains. J'ai dit : "Mary, laisse le bébé tranquille", mais elle n'a pas voulu. Alors, je me suis sauvée.* »
>
> « *Une vingtaine de minutes plus tard, Mary est venue et m'a demandé de retourner là-bas. En descendant, Mary*

a trouvé une lame de rasoir dans le sentier... J'ai soulevé un peu la tête et les épaules de Brian. J'ai tâté son pouls, mais on ne le sentait pas battre. Mary a pressé la lame de rasoir sur le ventre de Brian, plusieurs fois au même endroit. Je n'ai pas vu de sang. C'est à ce moment qu'elle a caché la lame de rasoir et qu'elle m'a dit : "Ne le dis pas à ton papa, je serais punie." Mary est partie et je suis rentrée à la maison. Après nous sommes retournées voir le môme. Mary a dit qu'elle voulait le faire chauve et elle a coupé un gros morceau de cheveux sur le devant de la tête qu'elle a posé sur l'herbe en arrière de sa tête. »

L'enterrement de Brian Howe a lieu le 7 août, en présence d'une foule considérable. Mary Bell est là et Dobson la voit rire, en se frottant les mains. Il est terrifié. Il comprend non seulement que c'est elle mais que, s'il ne l'arrête pas immédiatement, elle va recommencer !

Il la convoque à 16 h 30. Sa mère Betty est, encore une fois, à Glasgow. Son père Billy n'est pas là non plus. Il est entendu par la police de Newcastle, pour un délit mineur, dont il est accusé. Sa sœur est allée avec lui, ce qui fait que Mary est seule. Or, selon la loi anglaise, un mineur de moins de 16 ans ne peut être interrogé sur un crime qu'en présence d'un parent ou d'une personne du même sexe ne faisant pas partie de la police. L'inspecteur chef Dobson téléphone à l'hôpital public de Newcastle, pour qu'on lui envoie une infirmière. Et, quand celle-ci est arrivée, il commence son interrogatoire.

Tout de suite, Mary Bell reconnaît qu'elle a menti et qu'elle a rencontré Brian avec Norma au moment du crime. Suit la même insoutenable description, avec les mêmes détails, à la différence qu'elle attribue le meurtre et les sévices au rasoir à Norma. L'infirmière, qui a été tirée de son travail pour être jetée en plein drame, est bouleversée. Elle dira plus tard : « Elle ne ressentait rien. Elle racontait toutes ces choses horribles, mais elle ne ressentait pas la moindre chose. On n'aurait pas du tout dit un enfant, surtout pour son vocabulaire. J'ai un fils de 11 ans, mais il serait incapable d'employer les mots qu'elle employait… »

Mary est inculpée à 20 h. Elle déclare :

– Ça m'est égal.

À 20 h 30, on introduit Norma qu'on a fait chercher. Elle est inculpée à son tour du meurtre de Brian… Norma et Mary passent le lendemain au tribunal en vue de leur inculpation, car, en Angleterre, toute personne de plus de 10 ans responsable d'un crime doit être jugée aux assises. Notons que cette situation juridique ne pourrait pas se produire en France où les enfants de moins de 13 ans ne sont susceptibles d'aucune sanction pénale…

Les parents de Norma sont dans la salle du tribunal d'accusation, mais Betty Bell est toujours absente ; seuls sont présents Billy, sa sœur et la grand-mère de Mary. L'audience ne dure pas plus de trois minutes. Les deux petites filles sont inculpées de meurtre. Après quoi, elles sont dirigées vers deux établissements différents.

Le 21 août, Dobson convoque Mary Bell pour le meurtre de Martin Brown. Elle nie. Il l'interroge aussi sur John G., qui est d'ailleurs le cousin de Mary. D'après la mère de John, à qui l'enfant a dit quelques mots, Mary et Norma étaient avec lui. Elles lui ont pris une sandale et l'ont placée sur un talus. Mary a dit à John d'aller la chercher. Il est monté, mais elle lui a fait un croche-pied et il est tombé. Il ne s'agirait donc pas d'une tentative de meurtre, mais d'un jeu cruel. Malgré cela, Mary nie les faits et Norma, interrogée à son tour, nie également...

Mary Bell est transférée au service des enfants d'un hôpital psychiatrique des environs de Newcastle. En octobre et novembre, elle voit quatre psychiatres, trois hommes et une femme. Leurs avis sont concordants. Elle est supérieurement intelligente et douée d'une maturité incroyable pour son âge. C'est également une séductrice. Elle se montre familière, enjôleuse, et donne à chacun l'impression qu'il est le seul à pouvoir la comprendre.

Mais le plus extraordinaire est son absence totale de sentiment moral. Elle évoque la mort de Brian Howe, qu'elle attribue toujours à Norma, avec un détachement sidérant. Voici quelques formules qu'elle emploie :

« – La mort est quelque chose de si définitif et le meurtre de si fréquent que ça n'a pas beaucoup d'importance.

– Brian Howe n'avait pas de père, alors on ne le regrettera pas.

– Quand on est mort, on est mort, tout ça n'a plus d'importance. »

Et, à la femme psychiatre, qui l'interroge sur son état d'esprit, le jour du meurtre, elle confie :

– J'avais plein de rire au-dedans de moi, ce jour-là.

Le procès de Norma et Mary Bell s'ouvre le 5 décembre 1968, aux assises de Newcastle. Le président, sir Ralph Cusack, est un des juges les plus renommés d'Angleterre. Il n'y a pas de box : les deux filles sont devant l'assistance, près de leurs avocats.

Norma Bell fait incontestablement moins que ses 13 ans ; elle est maigre, avec un visage ingrat. Elle est agitée, elle regarde à droite et à gauche, l'air inquiet. Sa famille est présente presque au complet, une famille nombreuse : Norma est la troisième de onze enfants. On sent ses parents très proches d'elle.

Mary est toute différente. Elle est beaucoup plus calme et, malgré les circonstances, elle n'a rien perdu de son charme si étonnant. Ceux qui la découvrent sont surpris de voir à quel point elle est jolie. Elle dévisage de ses beaux yeux bleus le président, les jurés, le public.

Sa mère, Betty, est présente pour la première fois, depuis le début de l'affaire. C'est une grande femme portant une perruque blonde, le visage recouvert d'un épais maquillage. Cette apparence n'a rien d'étonnant, quand on sait qu'elle est prostituée. C'est la raison de ses séjours à Glasgow, où elle exerce. Ses rapports avec Mary ont toujours été mauvais, voire exécrables, et ils pourraient expliquer en partie le comportement de sa fille, mais il n'en sera pas question au procès. Quant au père, Billy, un bel homme aux cheveux noirs et aux favoris roux, il manifeste toujours la même apathie. Il est penché en avant, le menton appuyé sur la main et il gardera cette attitude durant tous les débats, quoi qu'il entende…

Rudolph Lyons, l'avocat général, fait l'exposé des faits. Il est établi, selon lui, que les meurtres des deux garçons ont été commis par la ou les mêmes personnes. Il insiste sur les messages déposés dans l'école maternelle après le meurtre de Martin Brown. L'analyse graphologique a prouvé que c'était l'écriture des deux fillettes. D'autre part, les fibres de tissu trouvées sur les vêtements du petit Martin proviennent de la robe grise de Mary.

Le 11 décembre, c'est la déposition de Norma, très émue, en larmes. On l'interroge sur l'incident du tas de sable où Mary a serré le cou de deux petites filles et sur la mort de Martin Brown où manifestement elle n'était pas, puisque c'est seulement le tissu de la robe de Mary qu'on a retrouvé.

Le témoignage de Mary, dans l'après-midi du même jour, est d'une tout autre tonalité. Elle se montre pleine d'aplomb, parvenant à se déjouer des pièges avec aisance. Elle affirme, par exemple, qu'elle a fait se balancer Martin le jour de sa mort pour expliquer la présence de fibre de sa robe sur ses vêtements.

Si, jusqu'à la fin du procès, elle parvient à laisser planer le doute sur la mort de Martin Brown, en revanche, tout est parfaitement clair pour Brian Howe : c'est elle seule qui l'a tué, Norma ayant sans doute participé à sa tonsure et aux coups de lame sur son ventre après sa mort.

Les faits sont donc relativement établis, mais il n'en est pas de même pour l'état mental de la jeune meurtrière. La question est de savoir si Mary Bell est saine d'esprit, responsable de ses actes. La déposition du premier psychiatre, le Dr Orton, va dans le sens de la maladie :

– J'affirme, Votre Honneur, qu'elle souffre d'un dérangement de l'esprit provoquant une conduite anormalement agressive ou hautement irresponsable et nécessite un traitement médical.

Le président Cusack :

– Quels sont les symptômes indiquant cet état de choses ?

– Premièrement, une absence de sentiments à l'égard des autres êtres humains ; deuxièmement, une disposition à agir au gré de son impulsion et sans préméditation ; troisièmement, l'absence de remords devant ce qu'on a fait.

– Mais elle n'a pas d'aliénation au sens habituel du terme ?

– Non. L'examen ne révèle chez elle aucun signe de maladie mentale, telle que la schizophrénie ou la dépression, ni de déficience intellectuelle. Elle est, au contraire, d'une intelligence bien au-dessus de la moyenne.

Et le Dr Orton conclut :

– Je pense que cette fille n'est pas normale du point de vue mental. Elle présente une personnalité psychopathe, ce qui est de nature à affaiblir considérablement sa responsabilité.

Le président aborde alors un point qui concerne surtout le rôle de Norma :

– Croyez-vous que Mary Bell ait un caractère dominateur ?

– Oui, je le crois.

– Est-elle ce qu'on peut appeler une manipulatrice ?

– Oui, Votre Honneur.

Cela confirme ce que tout un chacun avait pu conclure : Norma, totalement dominée par Mary, a été entraînée par elle. Elle n'a fait qu'assister en témoin aux crimes de sa cadette...

Le second expert psychiatre, le Dr Westbury, aboutit aux mêmes conclusions sur l'état pathologique de Mary Bell et l'attribue à une arriération d'origine héréditaire. À la demande du défenseur de Norma, il confirme, lui aussi, que Mary est « manipulatrice et tyrannique ».

Le président tient à ce que les choses soient parfaitement claires.

– Mary Bell est-elle violente ?

– Oui, Votre Honneur.

– Est-elle dangereuse ?

– Très dangereuse.

Deux incidents, survenus en marge du procès, alors qu'elle est détenue entre deux séances au centre d'accueil proche du tribunal, illustrent de manière saisissante cette dangerosité. Voyant un chat sur le rebord de la fenêtre, Mary demande à la femme-policier qui la garde si elle peut le prendre. Celle-ci ayant dit « oui », Mary se met à jouer avec lui et, brusquement, commence à l'étrangler. La femme bondit et lui demande pourquoi elle fait cela. Mary lui fait alors cette réponse :

– Oh, il ne le sent pas et, de toute façon, j'aime faire du mal à des petites choses qui ne peuvent pas se défendre !

Un autre jour, une femme-agent lui pose cette question banale :

– Qu'est-ce que tu veux faire comme métier, quand tu seras grande ?

– Infirmière, répond Mary.

La femme-agent lui sourit amicalement. Mais son sourire se fige, quand Mary ajoute :

– Je voudrais être infirmière pour enfoncer des aiguilles dans les gens. J'aime faire mal aux gens.

Le 13 décembre s'ouvre sur le réquisitoire. Rudolph Lyons fait nettement la différence entre les deux inculpées… Norma, pourtant l'aînée, a subi l'influence de Mary, qui la dominait totalement. Il demande son acquittement et une peine d'une durée à déterminer pour Mary Bell.

Maître Smith, avocat de Norma, fait une plaidoirie émouvante, mais sans accabler Mary. L'avocat de celle-ci, Harvey

Robson, insiste, bien entendu sur l'âge de l'accusée, qui rend caduc le procès lui-même.

– Le seul fait, pour un enfant de cet âge, de commettre un acte qui serait un crime chez un adulte ne suffit pas à la condamner. Il faut qu'il en soit conscient, qu'il soit « coupable en esprit… ».

Le 16 décembre, les plaidoiries sont closes. Conformément au code britannique, le président Cusack prend la parole pour résumer les débats et on se rend compte qu'il est d'accord avec l'avocat de Mary : ce procès n'a aucun sens, seulement il y a une législation, qu'il faut bien appliquer.

– Sans doute, certains pensent aujourd'hui qu'il est déplacé de soumettre des fillettes de cet âge à un jugement par juge et jury, avec tout le cérémonial d'une cour d'assises. Mais, mesdames et messieurs les jurés, voici toute la vérité : le Parlement a décrété, en promouvant cette loi, que tout enfant âgé de plus de 10 ans devait passer en jugement, lorsqu'il est accusé d'un crime. Vous et moi sommes tenus par la loi et nous devons l'appliquer telle qu'elle est et non telle qu'elle pourrait être si elle était remaniée d'une façon plus conforme à nos désirs…

Les jurés se retirent et rendent leur verdict : Norma Bell est innocente des deux meurtres, Mary Bell est coupable d'homicide involontaire, pour cause de responsabilité atténuée, concernant les deux meurtres.

À cette annonce, Mary Bell se met à pleurer. Sa mère pousse des cris déchirants, mais n'a pas un geste vers elle ; c'est sur son sort qu'elle se lamente. Ensuite, le président Cusack prend la parole pour énoncer sa sentence. Il aurait souhaité placer Mary dans un établissement psychiatrique, mais tous ont refusé. Il prononce donc une peine de détention indéterminée, qui pourra être à vie, mais qui devra être réexaminée de temps en temps.

Si Mary Bell, tueuse en série à 11 ans par sadisme, est un cas unique dans le crime, elle le reste après son jugement, car rien n'est adapté à une condamnée de son âge pour un pareil motif. L'affaire remonte même jusqu'au sommet de l'État. Elle provoque plusieurs débats au ministère de l'Intérieur et plusieurs questions au Parlement. On ne peut pas la mettre dans un hôpital psychiatrique, puisque tous ont refusé de la prendre en charge et les prisons n'ont pas le droit d'accueillir des personnes aussi jeunes. La solution serait de construire un établissement spécialement pour elle, mais c'est évidemment trop cher. Alors, il faut improviser.

Elle passe les deux premiers mois de sa détention dans une institution pour filles délinquantes de Londres et c'est en février 1969, qu'est trouvé ce qui va être la solution définitive : elle est envoyée à la Section spéciale d'éducation surveillée Red Bank, à Newton-le-Willows, qui ne recevait que des garçons et devient mixte pour l'occasion.

C'est un établissement très récent, accueillant les enfants délinquants de 14 à 18 ans, dans le but de les réinsérer. Les lieux sont fermés, comme ceux d'une prison, mais ils ne sont pas déplaisants : des maisons individuelles claires, une salle de séjour avec télévision, des salles de classe, un atelier perfectionné, une bibliothèque, un jardin potager, des animaux domestiques. Trente personnes y sont employées à plein temps pour s'occuper de vingt-six enfants.

La difficulté spécifique pour Mary est le manque de personnel médical – les autres sont simplement délinquants et n'ont pas besoin de soins – et le fait qu'elle soit la seule fille, ce qui l'isole des autres. En juillet 1969, un jugement est rendu, suite à l'appel de son avocat pour obtenir une hospitalisation au lieu d'une incarcération. En l'absence de tout établissement approprié, l'appel est rejeté. Cette fois, la décision est définitive : Mary Bell ne recevra pas de soins psychiatriques…

Sa vie s'organise donc à Newton-le-Willows. Sa chambre est remplie de cadeaux que lui envoie sa famille (poupées, parfums, vêtements, articles de toilette), mais elle n'en veut pas ; elle les laisse dans leur emballage et les regarde comme si c'était une exposition. Au début, elle reçoit les visites de son père, mais il cesse de venir la voir lorsqu'il est condamné à quinze mois de prison. Sa mère Betty prend le relais, mais leurs rapports sont toujours aussi mauvais et, en avril 1970, Mary lui demande de ne plus venir.

Elle traverse alors une période de solitude totale, seule pensionnaire fille de l'établissement, cloîtrée au milieu de garçons qu'elle n'a pas le droit de voir. Ce n'est qu'en 1973, lorsqu'elle atteint 16 ans, l'âge normal de détention, qu'elle est transférée dans une prison pour femmes du Cheshire. Mais la compagnie qu'elle y trouve est pire encore. En raison de son passé criminel, elle est persécutée par ses co-détenues, elle subit des sévices et, sans doute, des viols.

Mary Bell est libérée en 1980, à 23 ans, après douze ans de détention. Elle retourne chez sa mère, qui la saoule de pintes de bière et de calmants et qu'elle ne tarde pas à quitter. Un jour, elle rencontre Bob, un homme un peu plus jeune qu'elle. Ils ont une fille, à qui Mary Bell, « mère exemplaire » selon les juges d'application des peines qui la suivent, ne raconte rien de son passé.

En 1998, elle accepte de raconter sa vie à une historienne, Gitta Sereny, qui en tire un livre sobre et digne. Il révèle, en particulier, que les pulsions meurtrières n'existent plus chez elle. Mary Bell n'était pas un monstre de naissance, destiné à rester enragé toute sa vie. Après un bref et violent épisode criminel, qui n'a pas été traité sur le moment et qui restera inexpliqué, elle s'est assagie définitivement.

Gitta Sereny estime normal de donner une part de ses droits d'auteur à Mary et cette dernière accepte. Mal lui en prend ! On assiste à une levée de boucliers dans le pays. Pour toute une partie de l'opinion, elle est le symbole absolu du crime et c'est inconcevable. Le Premier ministre estime « répugnant » qu'elle puisse gagner de l'argent avec ses meurtres. Le ministre de l'Intérieur s'acharne à lui faire rembourser les sommes que lui a données l'éditeur. Les journalistes, qui ont retrouvé sa trace, font le siège de sa maison, dans une ville du Sud de l'Angleterre.

La justice doit intervenir. Pour sauvegarder sa tranquillité, celle de son compagnon et celle de son enfant, elle est autorisée à changer de nom et à s'installer ailleurs, dans un lieu qui sera tenu secret. Il est fait interdiction aux journalistes de vouloir l'identifier et de continuer à la traquer. Un autre juge interdit au ministre de l'Intérieur de chercher à récupérer l'argent des droits d'auteur.

La situation finit par s'apaiser et on est encore là aujourd'hui. Nul ne sait dans quel endroit d'Angleterre se trouve Mary Bell, ni ce qu'elle est devenue et c'est bien ainsi. La petite fille de Scotswood, la poupée meurtrière, restera à jamais dans l'histoire du crime, mais la femme ordinaire qu'elle est devenue mérite ce qu'elle demande : l'oubli.

L'ART D'ÊTRE GRAND-MÈRE

On travaille dur, chez les Hazle, à Blue Mountain, dans l'Alabama. Cela n'empêche pourtant pas la pauvreté. La ferme familiale est vaste, mais la terre est ingrate et ne permet que de faire pousser un maïs médiocre. Si on y ajoute quelques poules, les revenus parviennent tout juste à nourrir le père, la mère et leur progéniture.

Nancy, qui voit le jour en 1905, est le quatrième enfant du couple, toutes des filles. On ne l'appellera jamais par son prénom véritable, mais par le surnom de « Nannie ». Toute jeune, Nannie est employée aux tâches faciles, comme la nourriture de la volaille. Plus tard, elle travaille aux champs. Elle devrait aller à l'école, mais son père ne l'y envoie que rarement, malgré les protestations de l'instituteur.

Durant ces années difficiles, elle n'a qu'un seul souvenir de distraction et encore, l'affaire s'est bien mal terminée !

Lorsqu'elle a 10 ans, elle prend le train pour rendre visite à une tante. Malheureusement, en raison d'un obstacle sur la voie, le conducteur freine brusquement et elle est projetée la tête la première sur la barre de fer du siège en face. Elle perd connaissance et, pendant longtemps, elle sera sujette à des maux de tête.

À 15 ans, Nannie termine sa scolarité, ou ce qui en a tenu lieu, et la discipline qui règne à la ferme lui devient brutalement insupportable. Elle a envie de connaître les plaisirs de son âge, d'autant qu'elle est jolie. Elle est ce qu'il est convenu d'appeler une brune piquante et elle se sent tout à fait capable de plaire aux garçons. Mais, pour son père, il n'en est pas question. Il interdit à ses filles les jolies coiffures, le maquillage et les belles robes. Elles n'ont pas le droit d'aller aux fêtes qui se donnent à Blue Mountain et dans les villages voisins. La seule sortie autorisée est la messe du dimanche, en compagnie de leur mère.

Face à cette attitude, Nannie choisit la ruse plutôt que l'affrontement. Elle va trouver son père :

– Le travail aux champs ne me plaît pas. Je préfère aller à la fabrique.

Il existe, en effet, une usine de fil de lin dans la région. Monsieur Hazle ne l'entend pas ainsi.

– Pas question, j'ai besoin de toi à la ferme.

– Réfléchis un peu. Si je rapporte mon salaire à la maison, cela fera beaucoup plus…

Monsieur Hazle réfléchit et trouve qu'effectivement l'idée est bonne. Nannie va donc à la fabrique et, à partir de ce moment, les choses ne traînent pas. Jolie comme elle est, elle voit les hommes lui tourner autour et elle ne tarde pas à faire son choix.

L'élu se nomme Charley Braggs. C'est un beau garçon de son âge, solide et d'un naturel facile. Cette fois le père n'a plus rien à dire et elle part s'installer avec son mari. Dans son soulagement d'avoir échappé à la ferme, elle est certaine d'aller vers une existence meilleure. Elle a tort. Charley est très attaché à sa mère et lui demande de venir habiter avec eux. Madame Braggs mère est une vieille dame acariâtre et tyrannique, qui se plaint perpétuellement d'être malade, pour qu'on s'occupe d'elle…

Nannie a 17 ans, quand elle donne naissance à son premier enfant, une fille prénommée Melvina. Mais cela ne rapproche pas le couple. Charley Braggs se révèle un alcoolique invétéré, toujours à traîner dans les bars. En plus, il est infidèle. Il multiplie les aventures sans même se cacher. Il lui arrive de déserter le foyer conjugal plusieurs jours et de revenir sans une explication.

Cela ne l'empêche pas de faire des enfants. En 1927, à l'âge de 22 ans, Nannie accouche de sa quatrième fille, Florine. Mais c'est alors que se produit le premier des événements dramatiques qui vont jalonner son existence : ses deux filles intermédiaires meurent soudainement. Elles sont en bonne santé le matin et à midi, elles sont mortes. Le double décès fait grand bruit dans le voisinage. La rumeur arrive jusqu'au shérif, qui décide pourtant de ne rien faire. Il n'y aura pas de suites judiciaires.

Charley, lui, n'a pas besoin d'enquête : il est certain qu'il s'agit de meurtres. Il n'en comprend pas la raison, mais cela ne change rien et, de plus, il a la certitude qu'il sera la prochaine victime. Il prend la fuite avec Melvina, alors âgée de 5 ans. Il rentre un an plus tard. Entre-temps, madame Braggs mère, qui était restée seule avec Nannie, est morte d'une soudaine et mystérieuse maladie. Malgré le chagrin qu'il en éprouve, Charley pense d'abord à lui. Il demande le divorce et, dès qu'il l'a obtenu, il part vivre ailleurs, tandis que Nannie rentre chez ses parents, avec Melvina et Florine.

Fin du premier acte. Il y en aura cinq, comme dans les tragédies classiques... Nannie, qui a repris son poste à la manufacture de lin, décide de ne pas perdre de temps. Elle passe des annonces matrimoniales dans le journal local et ne tarde pas à trouver un remplaçant à Charley. Il semblerait, cette fois, qu'elle ait trouvé l'oiseau rare. Le nouvel élu, Frank Harrelson, a 23 ans, comme elle. Il possède un physique de cinéma et il écrit de la poésie.

Inutile de dire que, quand il lui propose le mariage, Nannie accepte immédiatement et déménage pour Jacksonville, la ville natale de Frank, avec Melvina et Florine. Mais une nouvelle fois, la déception est au rendez-vous. Tout comme son mari précédent, Frank se révèle alcoolique et brutal, ce qui n'empêchera pas leur mariage de durer seize ans. Frank est particulièrement violent avec les deux filles, qui préfèrent quitter le foyer, en se mariant très jeunes.

C'est ainsi que Nannie devient grand-mère à l'âge précoce de 37 ans. En 1943, son aînée Melvina donne naissance à un fils, Robert. Deux ans plus tard, elle accouche d'une fille. La délivrance est difficile, mais Nannie assiste Melvina de son mieux et l'enfant est bien portant et vigoureux.

C'est ici que se produit le second événement dramatique et troublant de la vie de Nannie. Melvina s'endort, épuisée, mais quand elle se réveille, sa fille est morte dans les bras de sa mère. Durant son sommeil, elle a fait un rêve étrange : sa mère enfonçait une aiguille à chapeau dans la tête du bébé. La chose est tellement absurde qu'elle se dit que ce n'était précisément qu'un rêve. Le médecin diagnostique une mort subite du nourrisson et les choses en restent là.

Du moins, elles en restent là pour l'instant, car, six mois plus tard, l'aîné Robert meurt à son tour dans des circonstances mystérieuses, alors qu'il avait toujours été en excellente santé. Le médecin ne peut déterminer la cause exacte de sa mort. Il n'y a pas d'enquête et Nannie touche l'assurance vie qu'elle avait contractée sur son petit-fils. Sa fille a pourtant trouvé la chose étrange…

Un décès dont la cause est évidente, c'est celui de Frank Harrelson quelques semaines plus tard : il s'est empoisonné avec de la mort aux rats. Il y en avait un paquet à la maison pour se débarrasser des rongeurs et il l'a confondu avec le sucre. Nannie, qui ne manifeste pas un chagrin excessif, répète aux uns et aux autres, en guise d'oraison funèbre :

– Je lui avais dit de faire attention, mais il devait être saoul, comme d'habitude.

En attendant, elle est une nouvelle fois veuve et elle doit se chercher un mari. Cette fois, elle met plus de temps. Au bout de deux ans, elle ne fait guère un meilleur choix en rencontrant Arlie Lanning, un agriculteur, qui est comme les deux précédents : alcoolique et coureur de jupons. Tandis qu'il s'abrutit d'alcool, Nannie s'occupe de bonnes œuvres et se montre l'une des paroissiennes les plus actives de l'église méthodiste. Elle suscite un grand respect autour d'elle et on la plaint sincèrement, quand son mari meurt d'un arrêt du cœur, après une brusque maladie. Le temps de toucher l'assurance vie, Nannie s'en va vers d'autres aventures.

La malchance semble la poursuivre, car les décès s'accumulent autour d'elle. Elle emménage avec la mère d'Arlie, mais la vieille femme meurt subitement. Ensuite, elle rejoint à Gadsden, en Alabama, sa vieille sœur malade. Malgré ses soins attentifs, celle-ci ne tarde pas à mourir à son tour.

Pour trouver un nouveau mari, elle s'inscrit au *Daimond Circle Club*, une société qui s'occupe des gens malheureux en amour. Moyennant 15 dollars annuels, eile est abonnée au bulletin et elle se décide pour Richard Morton, un homme d'affaires retraité. Il est riche, il est sobre, il est beau : il semble, cette fois, qu'elle ait déniché le partenaire idéal.

Ils se marient en octobre 1952. Elle ne tarde pas à découvrir que Richard entre dans une autre catégorie de mauvais maris : c'est un menteur, un imposteur. Non seulement il n'est pas riche, mais il est carrément sans le sou. Il mène grande vie en empruntant à droite et à gauche et il doit de l'argent à tout le monde. En plus, il a une maîtresse… Elle songe à le quitter, mais elle apprend à ce moment-là la mort de son père. Elle dit à sa mère de venir habiter chez eux, malheureusement, celle-ci meurt deux jours plus tard et, trois mois après, c'est au tour de son mari lui-même.

Comme à son habitude, Nannie ne reste pas longtemps veuve, mais cette fois, elle bat tous ses records. Elle épouse Sam Doss quelques semaines à peine après l'enterrement de Richard. Nous sommes en 1954, c'est son cinquième mariage : le cinquième et dernier acte commence.

Sam ne ressemble à aucun de ses précédents maris. Il est inspecteur des ponts et chaussées à Tulsa, en Oklahoma, une profession sérieuse et stable. Il est réellement riche, il ne boit pas une goutte d'alcool, il est fidèle et il aide sa femme à la cuisine. Mais il a, lui aussi, son défaut caché : il est avare. C'est l'origine d'un incident en apparence secondaire, mais lourd de conséquences.

Nannie a une manie futile, qui compte énormément pour elle : elle lit, elle dévore des magazines sentimentaux et des romans à l'eau de rose. Un jour, peu après leur mariage, Samson Doss s'empare de cette littérature qui traîne dans le salon.

– Qu'est-ce que c'est que ces bêtises ? C'est une dépense inutile. On ne va pas gaspiller l'argent du ménage avec ces âneries !

– Ne touche pas à cela !

– Je vais me gêner !

Et il lance livres et revues dans le feu de la cheminée... Nannie est devenue toute pâle.

– Tu as eu tort...

Elle ne fait ni une ni deux, elle boucle ses valises et rentre dans son Alabama natal. Sam, qui était réellement épris, est atterré. Il lui écrit des lettres suppliantes : il ne savait pas l'importance que cela avait pour elle ; qu'elle revienne, elle pourra lire autant qu'elle voudra !

Peine perdue, elle ne répond même pas. En désespoir de cause Sam Doss lui demande ce qu'elle veut : quoi que ce soit, il le lui accordera. Cette fois, Nannie répond. Elle souhaite qu'il mette tout son argent sur un compte joint et qu'il prenne une assurance vie à son bénéfice. Son mari s'empresse de s'exécuter et, cette fois, elle consent à revenir.

Elle semble avoir oublié leur différend. Elle se montre même empressée et lui prépare les plats qu'il aime. Malheureusement il tombe malade après avoir goûté un gâteau aux prunes. Son médecin l'envoie à l'hôpital où il est traité pour une inflammation de l'appareil digestif. Il revient guéri, mange un rôti de porc, boit une tasse de café et meurt le lendemain matin. Mais cette fois, le médecin a des soupçons : il refuse le permis d'inhumer. Une autopsie est ordonnée : la cause de la mort est une absorption massive d'arsenic. Nannie Doss est arrêtée.

Tout de suite, elle acquiert dans le pays une incroyable célébrité. C'est sans doute à cause de sa personnalité, si peu conforme à celle des criminels. À près de 50 ans, elle a tout de la grand-mère traditionnelle : un embonpoint rassurant, un visage aux courbes douces, un bon regard. Les journaux, la radio et la télévision naissante parlent d'elle tous les jours ou presque. On la surnomme « Mamie Nannie », elle est devenue une vedette du crime.

Il y a aussi l'affaire elle-même, qui est loin d'être banale. On exhume les corps de Frank Harelsson, Arlie Lanning et Richard Morton, ses trois autres maris décédés, de sa mère, de sa sœur et de son neveu : ils sont tous bourrés d'arsenic. Et on la presse de questions : si elle avait un mobile pour ses époux et pour son neveu, pourquoi donc a-t-elle empoisonné sa mère et sa sœur, qui ne pouvaient rien lui rapporter ? Et pourquoi (car le rêve de sa fille n'était pas une illusion) a-t-elle tué avec une épingle à chapeau, le nouveau-né de Melvina ?

À ces interrogations, Nannie Doss ne répond strictement rien. Parfois, elle esquisse un petit sourire, qui ressemble à un ricanement, ce qui lui vaut un second surnom dans la presse : « la mamie qui ricane »... Selon la loi de l'Oklahoma, elle ne sera poursuivie que pour le seul crime qui a eu lieu dans cet État, le dernier.

Même si sa culpabilité est évidente, des aveux faciliteraient le travail de la justice. Seulement, elle n'est pas plus loquace sur ce sujet que sur les autres ; elle se contente de son étrange mimique, aux allures de ricanement.

Elle n'est pas en bonne santé non plus. Le médecin de la prison, qui l'a examinée, ne lui a trouvé aucune maladie précise, mais il est visible qu'elle dépérit. Un jour, un policier a la curiosité de lui en demander la raison. Et, alors qu'elle était restée muette jusque-là, elle parle pour la première fois.

– C'est que je n'ai plus mes revues et mes livres. J'ai beaucoup de mal à m'en passer.

La presse du cœur et les romans à l'eau de rose qui ont joué un rôle déterminant dans le processus criminel... L'enquêteur a une idée.

– Si on vous les donnait, vous seriez d'accord pour avouer le meurtre de votre mari ?

Nannie Doss réfléchit un moment et répond :

– Peut-être. Donnez-les-moi d'abord.

On lui procure les revues et les livres dont elle raffole et, quelques jours plus tard, le policier l'interroge de nouveau.

– Alors, c'est vous qui avez tué Sam Doss ?

– Oui.

– Vous êtes d'accord pour plaider coupable ?

– Oui, mais il faudra continuer à me donner ma lecture...

C'est ainsi que le procès de Nannie Doss s'ouvre le 17 mai 1955. Étant donné la célébrité de « Mamie Nannie », la salle est comble. Le suspense est réel aussi, car, bien qu'elle plaide coupable, les faits sont suffisants pour l'envoyer à la chaise électrique. Mais son avocat va tout faire pour l'empêcher. Dans un premier temps, il met en avant l'accident qu'a eu sa cliente dans le train, alors qu'elle était âgée de 10 ans. Selon lui, c'est ce traumatisme au cerveau qui a entraîné ses comportements meurtriers.

Mais l'audition en tant que témoin de Charley Braggs, son premier mari et le seul qui a survécu, va ruiner ce système de défense. Après qu'il a raconté leur vie de couple et son soulagement de s'en être sorti vivant, il est interrogé par l'avocat général.

– Durant la période où vous avez été mariés, l'accusée a-t-elle eu ces maux de tête dont parle son avocat.

– Jamais. D'ailleurs, elle m'a dit une fois qu'ils avaient disparu quand elle avait 15 ans…

Dans ces conditions, son avocat va employer une autre tactique. Bien que le procureur ait rappelé qu'elle avait tué ses deux petits-enfants, il met en avant son statut de grand-mère. Il s'écrie, dans sa plaidoirie :

– J'ai consulté les archives de l'Oklahoma : jamais, depuis qu'elle existe, une grand-mère n'a été envoyée sur la chaise électrique. Est-ce vous qui allez prendre cette décision pour la première fois ? Non, jurés de l'Oklahoma, vous ne ferez pas une chose pareille !

Et, sans doute, cet argument a-t-il porté, car Nannie Doss, bien qu'elle ait été reconnue coupable et n'ait bénéficié d'aucune circonstance atténuante, n'a pas été condamnée à la peine de mort, mais à la prison à perpétuité. Elle y est morte dix ans plus tard d'un cancer, quelques jours avant d'atteindre son soixantième anniversaire.

L'ALLUMEUSE

Les pompiers de Miami sont à l'ouvrage, en cette nuit du 16 janvier 1962 : pas moins de sept sorties pour des incendies en ville. Normalement, c'est en été que les sinistres sont nombreux, tant en raison de la sécheresse que de l'imprudence des nombreux touristes. En hiver, la situation est plutôt calme.

Mais dans le cas présent, ce déchaînement subit ne doit rien au hasard. Tous les incendies sont criminels : on a constaté chaque fois une forte odeur d'essence. Et ce qui est plus curieux, c'est que dans tous les cas, le feu s'est déclaré à l'intérieur d'une chambre à coucher, qu'il s'agisse d'un hôtel, d'un appartement ou d'une maison individuelle. Enfin, autre similitude tout à fait troublante, ce sont des hommes seuls qui ont appelé les pompiers et ils ont tous été dans l'incapacité de dire quoi que ce soit sur l'origine du sinistre. Ils étaient dans leur chambre quand le feu a pris. C'est tout.

Tels sont les éléments pour le moins surprenants qui parviennent sur le bureau du lieutenant Greg Adams de la police de Miami. Les sept incendies sont volontaires, mais comment imaginer qu'ils soient le fait des sept hommes qui ont appelé les pompiers ? Comme s'ils avaient été pris, en même temps ou presque de la même impulsion irrésistible. Cela fait penser à de la science-fiction, aux histoires de loups-garous, de pleine lune et d'autres de ce genre. Tout cela n'est pas très sérieux et, d'ailleurs, ce n'est pas la pleine lune…

Au matin, lorsqu'il commence son enquête, toutes les victimes sont à leur travail, après avoir reçu des soins pour des brûlures superficielles, sauf une, Patrick Wallace, qui est toujours à l'hôpital dans un état sérieux. Ses jours ne sont pas en danger, mais il a subi des blessures profondes aux mains et à la face. Parce qu'il se trouve à sa disposition, le lieutenant Greg Adams décide de l'interroger en premier. Il espère apprendre des choses intéressantes, car les pompiers ont fait une enquête plus approfondie de son cas. Or, les résultats sont formels : le feu, qui a détruit presque totalement sa villa, est parti de son lit.

Patrick Wallace repose, enroulé de bandelettes. Le médecin a demandé au lieutenant de ne pas le fatiguer, pourtant ce dernier est décidé à ne pas trop le ménager. Cette affaire est incompréhensible parce que les victimes, les sept hommes, mentent. Il est impossible qu'ils n'aient rien vu et pourtant tous se taisent. Pourquoi ? Il ne le comprend pas pour l'instant, mais celui-là va parler, il le jure !

– Qu'est-ce qui est arrivé, monsieur Wallace ?

– Je ne sais pas, je dormais.

L'homme a la quarantaine. Le lieutenant a consulté ses papiers en arrivant à l'hôpital. Il est employé de banque. Visiblement, c'est le type même de l'individu moyen, sur lequel il n'y a rien de spécial à dire. Les bandages empêchent de voir sa physionomie, mais il y a gros à parier qu'elle est tout à fait passe-partout.

– Vous dormiez pendant que votre maison brûlait ?

– Oui. C'est le feu qui m'a réveillé.

– Vous étiez seul à la maison ?

– Depuis une semaine. Ma femme et mes enfants sont en vacances à la montagne.

– Et personne d'autre n'était avec vous ?

– Personne, je vous le jure !

– Si vous étiez seul, qui donc a arrosé votre lit d'essence et y a mis le feu ?

– Qu'est-ce que vous me racontez ?

– Les résultats de l'enquête des pompiers. Votre matelas était imbibé d'essence. C'est de là et de nulle part ailleurs que le feu est parti. Comment expliquez-vous cela ?

– Je ne l'explique pas.

Le lieutenant Greg Adams s'approche tout près du visage recouvert de bandelettes.

– S'il n'y avait pas eu six autres incendies semblables, je conclurais que vous avez voulu vous suicider par le feu, mais il y a eu ces incendies. Et sept habitants de Miami qui décident, la même nuit, de mettre fin à leurs jours de la même façon, j'ai du mal à y croire. Alors, monsieur Wallace, j'attends !

– Qu'est-ce que vous attendez ?

– La vérité.

L'homme s'agite sur son lit, ce qui lui arrache un cri de douleur.

– Laissez-moi ! Vous ne voyez pas que je souffre ?... J'ai été victime d'un attentat et ma maison est détruite. Je suis la victime, vous n'avez pas le droit de me traiter comme un criminel !

– Je ne vous laisserai pas tranquille tant que vous mentirez.

– Pourquoi mentirais-je ?

– Je ne sais pas. Mais je sais une chose : vous ne quitterez cet hôpital que pour être inculpé de faux témoignage et cela prendra le temps qu'il faudra, mais vous parlerez !

Cette fois, le lieutenant sent qu'il a gagné... Il y a un long silence, puis le brûlé pousse un soupir.

– Vous avez raison, il faut que je parle. Mais avant, je voudrais vous demander une chose.

– Dites toujours...

– Est-ce qu'il serait possible que ma femme ne soit pas mise au courant ?

– Cela dépend. Si ce n'est pas trop grave, je veux bien ne rien dire. Mais je ne pourrai pas empêcher les journaux d'en parler et, à partir de ce moment...

Le brûlé pousse de nouveau un profond soupir.

– Je vous remercie. Ce n'est quand même pas facile à dire !

– Vous n'étiez pas seul ?

– Non. J'ai été victime d'un sadique, enfin, d'une sadique.

Et, Patrick Wallace, employé de banque de 40 ans, à la conduite jusque-là irréprochable, raconte ce qu'il tenait tant à cacher...

Il s'ennuyait tout seul chez lui, dans sa maison vide. Alors, il est allé faire un tour. Il est parti à pied et, comme il faisait froid, l'idée lui est venue d'aller boire un verre dans un bar.

Dans ce bar, il a rencontré une femme. Elle avait la quarantaine ; elle était blonde, ni jolie ni laide, mais elle avait un charme certain, fait d'audace, de piquant. Il a été au comptoir et il s'est produit alors quelque chose d'extraordinaire : elle lui a offert un verre ! Il en a été tellement surpris qu'il a accepté. Ensuite, ils en ont bu un autre, puis un autre et, à la fin, elle a proposé de le raccompagner chez lui.

Dans la voiture, elle a fait plus que répondre à ses avances, c'est elle qui a pris l'initiative et, une fois arrivée à la villa avec lui, elle lui a demandé de se déshabiller et de se mettre au lit. Il ne s'est pas fait prier, bien entendu. Elle lui a dit alors qu'elle allait lui faire une surprise, mais que, pour cela, elle avait besoin de retourner à sa voiture juste une minute.

Elle est réapparue peu après, souriante, les mains dans le dos. Elle lui a susurré :

– Ferme les yeux.

Et il a obéi… Il n'a donc pas vu ce qu'elle a fait, mais il a compris quelques secondes plus tard, trop tard, hélas. Elle a prestement renversé le contenu d'une bouteille d'essence sur le lit et craqué une allumette. Après quoi, elle s'est enfuie en claquant la porte de la chambre.

Cette fois, le lieutenant Greg Adams peut passer à la seconde partie de son enquête : l'arrestation de la coupable. Mais les choses sont encore loin d'être claires dans son esprit. La pyromane en cause est certainement dérangée, mais l'aberration de son comportement n'est pas commune. Les femmes sadiques, c'est extrêmement rare. En ce qui le concerne, au cours d'une carrière déjà longue, il n'en a jamais rencontrées. Or, celle-ci a voulu faire griller un homme dans son lit et même sept, au cours de la même nuit ! Qu'est-ce qui a pu lui arriver pour qu'elle en vienne à faire une chose pareille ? Quelle peut bien être sa motivation ?

En tout cas, il se posera ces questions plus tard. Pour l'instant, il doit mettre immédiatement la main sur elle, car elle est fort capable de recommencer. Et si, jusqu'à présent, elle n'a tué personne, cela pourrait bien arriver.

Faire parler les six autres victimes ne s'avère pas plus difficile. Ils commencent tous par dire qu'ils ne savent rien, qu'ils n'ont rien vu, mais quand le lieutenant leur met sous le nez le témoignage de Patrick Wallace, ils sont bien obligés, eux aussi, de dire la vérité.

La mystérieuse femme, que la presse – qui s'est emparée de l'affaire au grand désespoir des sept messieurs – a surnommé « l'Allumeuse », n'a pas fait preuve de beaucoup de variété dans ses travaux d'approche. Elle a rencontré toutes ses victimes dans un bar et leur a offert un verre. Puis, elle les a raccompagnées dans sa voiture. Une fois qu'elle a été dans leur chambre, la scène finale a, dans tous les cas, été la même.

Cela fait tout de même sept témoins qui l'ont vue de près, pendant un long moment, ce qui permet d'en dresser un portrait-robot très précis. Et, avec ce document en main, durant les nuits suivantes, plusieurs équipes de policiers (car de grands moyens ont été déployés) prennent position dans les bars de Miami.

Leurs efforts finissent par payer. L'un d'eux aperçoit une femme d'une quarantaine d'années répondant au signalement, qui s'approche d'un homme seul et lui offre un verre. Malgré ses protestations et celles du monsieur, elle est arrêtée et conduite devant le lieutenant.

Peu de temps après, il la regarde avec curiosité. Elle est bien telle que l'ont décrite les témoins, ni jolie ni laide, mais avec un air hardi, provocant, qui est sans pareil pour attirer les hommes. Elle mérite tout à fait le surnom d'« Allumeuse » que lui ont donné les journaux.

À part cela, le lieutenant a pas mal de renseignements sur elle, que viennent de lui communiquer les services de police. Elle s'appelle June Olson, elle est âgée de 38 ans et elle a fait de la prison pour prostitution.

Lorsqu'elle se trouve devant lui, elle opte d'emblée pour la provocation.

– Qu'est-ce que vous attendez pour me violer ?

– Pardon ?

– Oui, comme votre collègue. Le shérif qui m'a arrêtée !

Et sans que le lieutenant Adams ait eu à lui poser la moindre question, elle lui raconte toute son histoire. Elle le fait avec un emportement et une violence qui traduisent un déséquilibre certain, mais ce qu'elle dit n'est pas insensé. Les tragiques événements qu'elle décrit sont peut-être à l'origine du drame...

Orpheline de père et de mère à la suite d'un accident, elle est recueillie par une tante qui la déteste. Pour se débarrasser d'elle, celle-ci monte une machination. Alors qu'elle a 16 ans, un ami à elle, âgé de 30 ans, fait une déposition selon laquelle elle l'aurait racolé dans la rue.

Elle est arrêtée et, sur le chemin du poste de police, elle est violée par le shérif. Après quoi, elle fait trois mois de prison préventive et elle est condamnée par un tribunal pour enfants à rester dans une maison de redressement jusqu'à sa majorité.

Quand elle en sort, à 18 ans, elle n'a plus qu'une idée en tête : se venger. Elle pourrait choisir de se venger de sa tante, qui est à l'origine de tout, mais elle préfère se venger des hommes en général, du sexe masculin dans son ensemble. Elle met pourtant vingt ans à passer à l'action, pendant lesquels elle vit seule et subsiste de petits boulots. Et puis, brusquement, lors de cette nuit de janvier 1962, elle se décide. C'est l'embrasement, le feu d'artifice !

Telle est la déposition que June Olson fait devant le lieutenant Greg Adams. Ce dernier l'a écoutée sans mot dire. Dit-elle la vérité ? C'est possible, tout comme il est possible qu'elle affabule. Dans ce cas, sa santé mentale serait précaire et elle serait sans doute déclarée irresponsable. Il y a pourtant un point qu'il veut éclaircir.

– Pourquoi avoir attendu si longtemps ? C'est très long, vingt ans.

– Je ne sais pas. J'y pensais depuis longtemps, mais là, il a fallu que cela explose ! Si vous saviez le bien que cela m'a fait. Chaque fois que j'entendais les cris que poussaient ces cochons, j'imaginais que c'était le shérif qui grillait et j'étais heureuse, heureuse !

– Et si vous n'aviez pas été arrêtée, vous auriez continué longtemps ?

– Jusqu'à avoir mis le feu à la moitié de Miami !

– Comment cela, la moitié ?

– Eh bien, oui : les hommes...

En fait, il s'avère, au cours de l'enquête qui suit, que June Olson a menti. Elle n'a pas attendu vingt ans pour passer à l'acte. Elle a commis déjà une cinquantaine d'attentats du même genre ; comme ils se sont échelonnés sur des années, et qu'ils ne présentaient pas le côté spectaculaire de ceux de la dernière nuit, les pompiers n'y avaient pas fait spécialement attention.

Pour ce qui est du récit qu'elle a fait à Greg Adams, des vérifications sont, bien sûr, effectuées. La tante est morte et il ne sera pas possible d'apprendre quoi que ce soit de ce côté. L'homme qui l'a dénoncée pour racolage a disparu. Il est vraisemblablement parti pour l'étranger. Dans quel pays ? Il est impossible de le savoir. Reste sa condamnation pour prostitution et son placement en maison de correction, qui, eux, sont bien réels et qui sont les seuls éléments figurant dans son dossier.

C'est sur ces bases que June Olson comparaît, en août 1963, devant le tribunal criminel de Miami, pour tentatives d'homicide et incendies volontaires, des faits qui peuvent lui valoir la perpétuité.

Dès le début, elle se montre extrêmement agressive, tenant des discours véhéments contre les hommes. De tels excès pourraient la ranger parmi les déséquilibrés, mais sur ce point, il n'y a aucune certitude. Les psychiatres sont partagés. Si le premier la considère sans hésitation comme malade :

– June Olson souffre d'un délire de persécution. Elle doit être déclarée irresponsable.

Le second est tout aussi affirmatif dans l'autre sens :

– C'est une perverse et une simulatrice. Son discernement est entier et elle est parfaitement responsable de ses actes.

Dans ces conditions, c'est l'accusée elle-même qui a sans doute entraîné la décision des jurés, en déclarant à plusieurs reprises :

– Si on me libère, je recommencerai !

Et, à l'issue des débats, elle se voit condamnée à la détention à vie.

La vie, dans son cas, a été courte. Elle est morte trois ans plus tard d'une maladie, vraisemblablement mentale, dont elle a dépéri peu à peu. « L'Allumeuse » s'est éteinte en prison.

LE JARDIN DE DOROTHEA

Charles Wallace s'ennuie. Cet ancien employé de banque à la retraite, âgé de 60 ans, ne sait pas quoi faire de ses journées. Il faut dire qu'il est veuf, sans famille et qu'il vit seul dans son appartement de Los Angeles. Alors, il regarde la télé ou, comme c'est le cas ce 18 décembre 1988, il va se promener en ville.

Charles Wallace soupire. Il ne marche pas vite, il a même du mal à avancer. Il ne souffre d'aucune maladie précise, mais il a vieilli prématurément. Il sait bien qu'il fait beaucoup plus que ses 60 ans. Et encore, le physique, ce n'est pas le pire, c'est la tête qui lui pose le plus de problèmes, la mémoire surtout : parfois, il lui arrive d'oublier ce qu'il a fait la veille.

Il frissonne… Il fait froid, ce qui n'est pas fréquent en Californie, même en hiver et, comme il passe devant un bar, il lui prend l'envie d'entrer. L'établissement s'appelle le Monte

Carlo, il n'a l'air ni bien ni mal. Il pousse la porte : à l'intérieur, une douzaine de consommateurs plutôt âgés. Il s'installe au bar et c'est alors que la chose se produit. Une femme fait son entrée. Elle est habillée élégamment d'un tailleur rouge, sur lequel elle a passé un court manteau violet. Elle doit avoir la cinquantaine ou peut-être soixante, mais elle ne les fait pas. Elle s'assied au bar, à quelques tabourets de lui, et commande une vodka orange. Il fait de même. Elle regarde dans sa direction et lui sourit. La dernière fois qu'on lui a souri comme cela, c'était... il y a très longtemps. Il se décide.

– Vous aussi, vous prenez quelque chose parce que vous avez froid ?

Malgré la pauvreté de l'entrée en matière, elle continue de sourire.

– Oui. On n'a pas souvent ce temps-là !

Et voilà qu'elle se lève et vient s'asseoir à côté de lui. Charles Wallace a rarement vu une telle élégance dans les gestes et la façon de se mouvoir : il est totalement subjugué.

Il se présente. Elle le fait à son tour. Elle s'appelle Donna Ring et elle habite au Viking, un hôtel non loin de là. Elle lui raconte une histoire triste. Son mari est décédé un mois plus tôt à Sacramento, elle est venue à Los Angeles dans l'idée de s'y installer. Elle cherche un appartement, car elle n'est pas assez riche pour s'offrir une villa. Charles Wallace saute sur l'occasion.

– Mais je pourrais vous aider. J'ai toujours habité ici.

– Vous feriez cela pour moi ?

– Bien sûr. Mais il faudrait qu'on se revoie. Qu'est-ce que vous diriez de venir dîner chez moi ce soir ?

Wallace a lancé l'invitation sans vraiment y croire, mais elle accepte ! Il lui donne son adresse et elle promet d'être là pour 20 h. Sur ce, elle le quitte. Elle doit rentrer à son hôtel... Lui-même est dehors peu après. Il ne sent plus du tout le froid. Il pense aux mille choses qu'il lui reste à faire avant ce soir : du ménage chez lui, car son appartement est dans un désordre infernal et puis des courses. Voyons, que va-t-il choisir comme plat ?

C'est à ce moment qu'il est traversé par une curieuse sensation : il a déjà vu cette femme quelque part. Mais il chasse aussitôt cette idée. Comment la connaîtrait-il ? Cela n'a aucun sens...

Et pourtant, si, il l'a vue ! C'était la veille, aux actualités télévisées. Elle ne s'appelle pas Donna Ring, mais Dorothea Puente. La caméra montrait le jardin de sa villa de Sacramento, dans lequel la police venait de découvrir sept cadavres. Ses victimes étaient des personnes âgées ou vulnérables qu'elle avait tuées pour leur argent, en les droguant. Elle était soupçonnée aussi de deux autres meurtres. Après quoi, elle apparaissait en photo et le commentateur disait qu'elle avait réussi à prendre la fuite.

Voilà ce dont se serait souvenu Charles Wallace, s'il n'avait ces problèmes de mémoire et s'il n'oubliait le lendemain ce qu'il a vu la veille. Celle qui va venir chez lui ce soir est une tueuse impitoyable, qui a déjà neuf victimes à son actif et, à moins d'un miracle, il sera la dixième.

Dorothea Gray, de son nom de jeune fille, naît en 1929. Elle grandit en pleine crise économique, à l'époque du chômage et des soupes populaires. C'est aussi le moment des séquelles de la Première Guerre mondiale. Son père, gazé dans les tranchées, est handicapé moteur et cérébral et sa mère a sombré, pour ces raisons, dans l'alcoolisme.

En 1937, lorsqu'elle a 8 ans, son père meurt et sa mère se tue un mois plus tard dans un accident de voiture. Elle était ivre et il s'agit peut-être d'un suicide. Mais cela ne change rien pour l'enfant, qui est envoyée dans un orphelinat tenu par des religieuses, dont elle sort à 18 ans.

Ces débuts catastrophiques dans l'existence pourraient ruiner par avance toutes ses chances, mais, au contraire, ils la stimulent. Elle est décidée à prendre sa revanche sur ce qu'elle a subi et, pour cela, elle est prête à employer tous les moyens.

En attendant, elle se marie. Il faut dire qu'elle est belle fille, brune, grande et dotée d'une rare élégance naturelle. En 1945, à 16 ans tout juste, elle convole avec un séduisant soldat rentrant du Pacifique, Fred McPaul. L'union n'est pas heureuse, l'homme est volage et fainéant. Il vit à ses crochets, car c'est elle qui gagne l'argent du ménage, d'une manière pas très régulière, il est vrai, en faisant des chèques sans provision et en commettant des petits délits.

Ils se séparent au bout de trois ans. Un second mariage en 1952, avec un certain Axel Johansson, n'est pas plus heureux. Il est alcoolique et vit tout autant à ses crochets que le précédent. Elle continue ses activités illicites, en ayant la chance de ne pas se faire prendre. Elle divorce de nouveau et, quand elle sent l'étau de la police se resserrer un peu trop autour d'elle, elle se marie, uniquement pour changer de nom.

Elle le fait à Reno, dans le Nevada, la ville des mariages et des divorces faciles où, pour une centaine de dollars, on contracte une union légale, qu'on peut rompre pour la même somme, tout aussi légalement. Le nouvel élu a dix ans de moins qu'elle, il est d'origine hispanique et il s'appelle Roberto Puente. Mais qu'importe sa personnalité, il n'est qu'un prête-nom, qu'elle a payé lui aussi. Elle devient Dorothea Puente et ils divorcent deux semaines plus tard.

Elle se rend à Stockton, en Californie et, sous sa nouvelle identité, elle échappe effectivement aux recherches. Il y a plusieurs mandats lancés contre elle, mais ils sont au nom de Dorothea Johansson et on ne fait pas le rapprochement... Ce manque de conviction dans les poursuites provient sans doute de la modicité de ses actions malhonnêtes. La police est encombrée de délits mineurs et elle se réserve pour la criminalité importante. Et, justement, c'est à cette période que Dorothea Puente va commettre son premier meurtre. Mais, avec la chance qui la caractérise jusqu'ici, elle va bénéficier de l'impunité.

Ruth Monroe est une charmante veuve de 38 ans. Elle est aussi blonde que Dorothea est brune et elle est d'un caractère aussi simple et ouvert que la seconde est calculatrice et dissimulée. Elles se rencontrent dans un salon de thé. Dorothea Puente a toujours eu un contact humain très facile. Elle repère cette jeune femme, qui lui semble un peu perdue et elle ne tarde pas à sympathiser avec elle.

Ruth Monroe en vient vite aux confidences. Son mari est mort il y a deux mois, en lui laissant une assurance vie de 10 000 dollars, et elle ne sait ce qu'elle doit faire. Elle peut les placer, mais cela ne rapporte pas beaucoup. Dorothea saute sur l'occasion.

– Montons une entreprise ensemble. Il y a longtemps que j'attends de le faire.

– Une entreprise de quoi ?

– Un restaurant. Je suis très bonne cuisinière et j'en ai repéré un qui a fait faillite dans le centre de Sacramento. Il n'y a qu'à le racheter et je suis certaine de la réussite !

– 10 000 dollars, c'est assez ?

– J'en ai autant en économies. Nous les mettons ensemble et, avec cela, nous pouvons démarrer...

Ruth est vite convaincue. Elle met son argent sur un compte joint et les choses ne s'arrêtent pas là. Elle confie à sa nouvelle amie et associée qu'elle s'ennuie dans sa villa vide où il y a, en plus, le souvenir de son mari. Dorothea réplique immédiatement :

– Il n'y a qu'à venir habiter chez moi. Cela me ferait plaisir, j'ai besoin de compagnie...

Aussitôt dit, aussitôt fait. Ruth emménage chez Dorothea, aidée par son fils, qui est ravi de voir sa mère retrouver goût à la vie après son deuil... Malheureusement, dans les jours qui suivent, Dorothea l'informe que sa mère est sujette à des « crises de nerfs ». Elle a fait venir le médecin, qui lui a donné des sédatifs qui la laissent totalement apathique.

Son fils vient peu après lui rendre visite et la trouve dans sa chambre, sur son lit, les yeux ouverts et immobiles. Il essaie de la faire parler, mais il n'y parvient pas. Pensant qu'elle est sous l'effet du médicament prescrit par le médecin, il la quitte en lui disant :

– Ne t'inquiète pas, Maman, ça va aller ! Dorothea va s'occuper de toi.

Il voit une larme, une seule, couler de ses yeux. Il saura plus tard, qu'en réalité, elle essayait de l'appeler au secours, mais elle ne pouvait pas, car la drogue que Dorothea lui avait donnée l'avait totalement paralysée. Lorsqu'il est parti, elle a compris qu'elle allait mourir et elle a juste eu la force de verser une larme.

Le lendemain, Ruth Monroe est morte. À la demande du médecin, une autopsie est ordonnée et on trouve dans son corps une dosse massive de codéine, une drogue mortelle et paralysante. Mais contrairement à ce qu'on pourrait imaginer, Dorothea Puente n'est à aucun moment soupçonnée. On pense que, suite à son deuil, la veuve a fait une dépression et s'est suicidée. Dorothea peut ensuite très facilement mettre la main sur les dollars du compte joint. Le fils n'était pas au courant des opérations d'argent de sa mère...

Avec son butin, Dorothea Puente s'octroie quelques bons moments, après quoi elle recommence, non pas à tuer, mais à pratiquer ses délits habituels. Elle séduit un homme, le drogue pour l'endormir et lui vole sa carte de crédit ainsi que son chéquier. Son intention est de se rendre au Mexique. Mais il a porté plainte et elle est arrêtée avant d'avoir quitté le pays. Elle passe en jugement et, en août 1982, elle se voit condamner à cinq ans de prison. C'est la première fois qu'elle se retrouve derrière les barreaux. Elle a 53 ans.

La nouvelle prisonnière ne perd pas de temps. Elle correspond avec un veuf de 70 ans, Everson Gill, qui vit dans une caravane, sur la ferme de sa sœur, quelque part dans l'Oregon. Il est seul depuis le décès de sa femme et se morfond, sans occupation et sans avenir.

Heureusement pour lui, il y a Dorothea ! Celle-ci n'est pas seulement une séductrice dans ses rencontres, elle sait se montrer tout aussi enjôleuse par courrier. Elle a la plume facile, elle est gaie, elle est spirituelle, elle est tendre. Elle se prétend rongée par le remords de ses fautes passées, et désireuse d'être ramenée dans le droit chemin par quelqu'un de bien. Elle lui promet, en retour, de lui donner tout ce qu'une femme peut donner à un homme.

En août 1985, après trois ans de détention, elle apprend sa libération pour bonne conduite. Elle s'empresse de l'annoncer à Everson, mais lui demande, avant de la rejoindre à Sacramento, de lui laisser le temps de s'installer. Là, elle loue une magnifique maison de style colonial, avec seize pièces et un jardin superbe. C'est qu'elle a des projets en tête. Mais auparavant, elle va s'occuper de son correspondant !

Lorsqu'elle lui fait signe, Everson Gill vend sa vieille roulotte, s'achète un pick-up rouge flambant neuf et se précipite à Sacramento. Il est ébloui par la luxueuse demeure et, plus encore, par son occupante. Elle est plus belle encore que sur les photos. Comme elle le lui a demandé, il a apporté toutes ses économies. Avec cela, il va profiter pleinement des années qui lui restent à vivre.

À la mi-septembre, n'ayant pas de nouvelles de lui, sa sœur appelle la police de Sacramento. Elle n'a jamais approuvé la liaison épistolaire de son frère avec une détenue et elle est inquiète. Pour la même raison, la police, qui ne se serait jamais déplacée si une ancienne prisonnière n'était en cause, se rend dans la maison coloniale. Mais là, pas de problème : elle est reçue par le couple, qui est à la fois surpris et choqué de cette visite. D'ailleurs, le soir même, Everson le dit à sa sœur par téléphone.

– Cesse de me surveiller comme un enfant ! Je fais ce que je veux.

Que peut-elle, sinon se plier à la volonté de son frère ? Il ne lui reste qu'à attendre de ses nouvelles et elle va en avoir dans les mois qui suivent. En novembre, elle reçoit un télégramme signé de lui, annonçant qu'il a rompu avec Dorothea et qu'il part vers le sud. Pourquoi un télégramme, alors qu'il aurait été plus simple de téléphoner, comme il l'avait déjà fait ? Elle se pose longtemps la question... En avril 1986, c'est une carte postale qui lui parvient. Elle est rédigée par la nouvelle amie de son frère, une certaine Eva. Elle lui apprend qu'ils vivent tous les deux au sein d'une communauté dans le désert et qu'il est impossible de les joindre. Tout cela est très étrange et même inquiétant, mais encore une fois, la sœur d'Everson ne peut rien faire...

Ses inquiétudes n'étaient malheureusement que trop fondées. Le sort véritable de son frère fait froid dans le dos.

Fin décembre 1985, Dorothea Puente fait réaliser des travaux de menuiserie chez elle, par un homme qu'elle a rencontré dans un bar. Quand il a fini, elle lui demande encore :

– Est-ce que tu pourrais me faire une grande caisse de déménagement ?

L'homme s'exécute et rapporte la caisse. Plusieurs jours après, Dorothea lui demande de revenir. Elle lui montre la caisse.

– Il faudrait la transporter dans un garde-meuble en dehors de la ville.

Avec difficulté, car elle est très lourde, l'homme parvient à la hisser dans le pick-up rouge de Dorothea. Celle-ci s'installe à ses côtés et il démarre. Mais alors qu'ils ont quitté la ville et longent le fleuve Sacramento, elle se ravise.

– Après tout, ce n'est pas la peine. Ce ne sont que des vieilleries. Il vaut mieux les jeter à l'eau.

Décidément docile et bien peu curieux, son compagnon s'exécute avec les mêmes difficultés. Une fois qu'ils sont repartis, Dorothea conclut :

– On n'est pas loin de l'embouchure, les courants vont l'emmener à la mer...

Elle se trompe. La caisse est rejetée à la rive un peu plus loin. Quelques jours plus tard, un passant la découvre. Elle contient un cadavre entouré de plastique et de pastilles désodorisantes. Il y a, bien sûr, une enquête, mais l'état de décomposition du corps ne permet pas d'identifier le mort et l'affaire est classée.

En louant cette immense bâtisse, Dorothea Puente avait un projet bien arrêté : y installer une maison de retraite et de repos pour les personnes âgées et handicapées pensionnées par la Sécurité sociale, en éliminer une de temps en temps et continuer à percevoir ses allocations à sa place.

Bientôt, les pensionnaires affluent, car la maison de Dorothea a tout pour plaire : elle-même occupe un luxueux appartement au 3e étage, les premier et deuxième niveaux sont réservés aux locataires les plus aisés, les pauvres sont logés au sous-sol, dans des réduits séparés par des rideaux, mais tous mangent très bien. Elle est excellente cuisinière et elle surveille personnellement les fourneaux.

Pour asseoir sa position, elle fréquente et parraine les hommes politiques de tous bords qui la comblent les uns et les autres de leurs attentions. Au cours d'un dîner de charité, elle est invitée à danser par le gouverneur en personne, ce qui lui vaut une grande notoriété. Ses ennuis de justice sont oubliés.

Dorothea Puente est désormais une dame respectable, une figure qui compte dans l'État de Californie.

Les années suivantes, elle assassine sept personnes à l'aide de diverses drogues et les enterre dans son jardin. Elle fait creuser par des ouvriers des trous peu profonds, à la recherche, dit-elle, de canalisations. Les jours suivants, elle va y déposer ses victimes, remet la terre et fait installer au-dessus des vasques, des bancs ou des statues.

Il y a bien sûr des contrôles des services sociaux, pas moins de quatorze durant la période, mais les employés sont débordés et ne s'aperçoivent de rien. Pour eux, Dorothea Puente est une charmante vieille dame qui a à cœur de se racheter, après avoir commis des erreurs. En outre, elle est bien vue des autorités, ce qui n'incite pas à y regarder de trop près.

Il faut attendre novembre 1988 pour qu'une assistante sociale obstinée fasse éclater la vérité. Elle recherche en vain la trace de Bert Montoya, un handicapé mental de 55 ans, pensionnaire chez elle. Dorothea Puente, comme à son habitude, est très sûre d'elle.

– Il est parti vivre au Mexique. Je n'ai plus de nouvelles de lui.

– Parti avec qui ?

– Personne. Il est parti tout seul.

– C'est impossible. Son handicap ne le lui permettrait pas.

– Cherchez-le, si vous voulez ! Je vous dis qu'il n'est plus ici.

– C'est la police qui va le faire. Je porte plainte.

Les policiers se présentent le mois suivant dans la luxueuse villa. Leur chef est très gêné de déranger une personnalité de la ville.

– Je suis désolé, Madame, mais il y a eu une plainte. Je suis obligée de creuser dans le jardin. Nous remettrons tout en place, ne vous inquiétez pas.

Dorothea hausse les épaules.

– Je ne m'inquiète pas. Faites, vous ne trouverez rien !

Mais les policiers trouvent dès les premiers coups de pelle. Il ne s'agit pas de Montoya. Il ne s'agit d'ailleurs pas d'un homme, mais d'une femme. Le corps est déjà ancien. Mise devant les faits, Dorothea Puente exprime la plus vive surprise.

– Je ne sais pas qui c'est. Elle a dû être enterrée ici avant mon arrivée. Je ne suis pas là depuis si longtemps.

C'est vraisemblable. Tout comme est vraisemblable la requête qu'elle formule.

– Il y a beaucoup de remue-ménage, ici. Est-ce que je peux passer un moment au salon de thé à côté ? Je ne m'éloignerai pas, rassurez-vous.

L'officier de police est trop heureux de la satisfaire et lui donne l'autorisation. Dorothea le remercie et s'en va. Elle a sur elle 3 000 dollars et elle prend sans plus attendre le chemin de la gare routière…

Au soir, les travaux de terrassement sont terminés. Le joli jardin était, en fait, un cimetière. On n'a exhumé pas moins de sept corps, dont celui de Bert Montoya, l'homme handicapé mental, qui n'a jamais été au Mexique. Parmi les autres, celui d'une femme qui a très vraisemblablement été enterrée vivante. La mort l'a surprise dans un dernier effort pour se dégager. Quant à la maîtresse des lieux, elle est introuvable.

C'est ce qu'explique le chef des policiers aux journalistes des actualités télévisées. Il précise que des recherches viennent d'être faites à son sujet et qu'elle est peut-être liée à deux affaires criminelles non élucidées. Il fait diffuser ensuite une photo de Dorothea Puente et demande à toute personne qui la rencontrerait d'entrer en contact avec les autorités…

Au moment où il parle, cette dernière est déjà à Los Angeles. Elle a choisi de descendre à l'hôtel Viking. Elle fait ses calculs : elle n'a pas assez d'argent pour passer à l'étranger. Aussi, le lendemain, elle sort, en quête d'une nouvelle victime. Le hasard lui fait pousser la porte du Monte Carlo…

18 décembre 1988, 19 h. Le téléphone sonne dans l'appartement de Charles Wallace. Au bout du fil, la voix de Dorothea.

– C'est Donna. Notre dîner tient toujours ?

– Plus que jamais ! J'ai fait le ménage chez moi. Vous ne reconnaîtriez pas l'intérieur d'un homme seul. Quant au repas, je ne vous dis que cela !

– Alors, à tout de suite. Je me fais une beauté et je vous rejoins…

Dorothea Puente raccroche. Charles Wallace en fait autant. Il doit pousser ce qui encombre sa table pour poser son récepteur. L'ensemble de la pièce n'est pas loin d'être innommable : des vêtements sales et des assiettes avec des restes de repas traînent un peu partout. L'officier de police qui se tient à ses côtés repose à son tour l'écouteur, par lequel il a suivi la conversation. Deux de ses agents se tiennent derrière lui.

– Elle est sans méfiance, elle viendra. Vous nous avez rendu un fier service !

– C'est un petit miracle. D'habitude, je ne me souviens pas de ce qui s'est passé la veille et, là, en faisant les courses, tout m'est revenu…

Dorothea Puente est ponctuelle. À 20 h précises, elle sonne à la porte. Elle n'a pas le temps de revenir de sa surprise que trois hommes lui passent les menottes. Cette fois, tout est fini !

Elle est inculpée de neuf meurtres : les sept cadavres du jardin, plus Ruth Monroe et Everson Gill. Elle passe en jugement devant les assises de Sacramento. Les faits, ainsi que la manière dont ils se sont déroulés, auraient pu lui valoir la peine capitale, mais elle est seulement condamnée à la prison à perpétuité. Sans doute, le fait qu'elle soit une femme, ses bonnes manières, voire ses appuis politiques ont-ils joué.

Pendant sa détention, Dorothea Puente n'a trouvé personne pour correspondre avec elle, mais elle a passé quand même beaucoup de temps à écrire. Elle a rédigé un livre de cuisine fort bien fait, qui a connu un grand succès et lui a rapporté beaucoup d'argent. Elle était plus riche que jamais lorsqu'elle s'est éteinte, le 27 mars 2011, dans la prison de Chowchilla, en Californie.

MEURTRE PAR INTERNET

Jerry Cassaday prend sa place attitrée à l'entrée de la salle de jeux de l'hôtel casino Kansas City, à Las Vegas. Il est 22 h et il sera là jusqu'à 4 h du matin. À 30 ans un peu passés, il est incontestablement beau garçon. Il est brun, avec le regard perçant, le menton carré ; son charme très viril lui donne des allures de gangster de cinéma.

Pourtant, il n'a jamais été mauvais garçon. Au contraire, il vient de la police. Il a commencé sa carrière comme shérif adjoint à Cass Country, dans le Missouri. Il avait toutes les qualités pour réussir : de l'esprit de décision, du courage et, en plus, il était excellent tireur. Il n'a pas tardé à gravir les échelons, jusqu'à devenir lieutenant. C'était au début des années 1990, une brillante carrière s'ouvrait à lui. Malheureusement le destin en a décidé autrement.

En 1994, sa femme le quitte brusquement pour un autre homme. Cela faisait longtemps qu'elle le trompait et il ne s'était rendu compte de rien. Il a sombré dans le désespoir. Il s'est mis à boire, puis à se droguer. Ses chefs ont longtemps toléré ses écarts dans le travail et puis, il a fini par être renvoyé. Il a traversé des moments très durs, jusqu'à ce qu'il trouve un emploi au service de la sécurité de l'hôtel casino Kansas City...

Cela va faire cinq ans qu'il est là et il n'a pas à se plaindre. Le cadre est vivant et le travail n'est pas trop difficile : quelques ivrognes à expulser, quelquefois la crise de nerfs d'un joueur ou d'une joueuse qui a perdu. Jusqu'ici, il n'y a pas eu d'actes de banditisme. L'endroit est également idéal pour faire des rencontres. Mais ces aventures ont été passagères, il a refusé de s'attacher, car il était encore sous le coup de son mariage malheureux.

Les heures passent et, comme il ne se produit pas d'incident, il observe les joueurs. Il y a, entre autres, une superbe blonde qui joue gros jeu au black-jack. Elle est un peu plus jeune que lui, elle n'a pas la trentaine. Quelquefois elle gagne, quelquefois elle perd, mais dans un cas comme dans l'autre, elle garde tout son sang-froid, ce qui n'est pas si courant. Jerry Cassaday espère qu'elle ne partira pas avant 4 h du matin, car il n'a pas le droit d'approcher les clients pendant ses heures de travail...

Par chance, elle part un peu après 4 h. Il l'aborde avec son plus beau sourire.

– Vous avez gagné ou perdu ?

La blonde pourrait l'envoyer promener, mais elle ne le fait pas. Au contraire, elle lui sourit à son tour. Elle est vraiment superbe.

– Plutôt perdu.

– Alors, je peux vous offrir un verre pour oublier ça ?

Ils vont au bar de l'hôtel et ils font connaissance. Elle s'appelle Sharee Miller. Elle a 27 ans. Contrairement à ce qu'imaginait Jerry, elle est mariée. Son mari, Bruce, est un affreux bonhomme, qui a vingt ans de plus qu'elle, mais il est riche. Il a une casse de voitures, qui rapporte beaucoup. Pour s'occuper, plus que par nécessité, elle est vendeuse sur Internet d'une gamme de produits de beauté. C'est la raison pour laquelle elle a pu s'échapper à Las Vegas. Elle a dit à son mari qu'il y avait une réunion des représentants de la marque…

Ils parlent ainsi longtemps ; il est 6 h du matin lorsqu'elle émet le désir de rentrer à son hôtel. Il ne rate pas l'occasion.

– Je vais vous raccompagner. À cette heure-là, on peut faire une mauvaise rencontre. Avec quelqu'un de la sécurité, vous ne risquez rien.

Elle accepte et, une fois à son hôtel, il lui propose d'aller prendre un dernier verre dans sa chambre. Elle accepte encore et cette courte nuit de mars 1999 est le début de leur liaison.

Tout de suite, la relation est enflammée. Sharee Miller manifeste le tempérament fougueux qui a toujours été le sien, Jerry Cassaday, pour la première fois depuis son divorce, est profondément amoureux. Il retrouve confiance dans les femmes et dans la vie. C'est une véritable renaissance !

Seulement, il y a l'éloignement : ils sont à plus de mille kilomètres l'un de l'autre et Sharee ne peut pas prétexter trop souvent des réunions de représentants, sans attirer les soupçons de son mari. Leur deuxième rencontre a lieu seulement un mois plus tard ; la troisième, un mois plus tard encore. Alors, entre-temps, ils correspondent par Internet. Sharee n'a aucune difficulté, elle est tout le temps derrière son ordinateur, soi-disant pour son travail de représentante ; lui, qui travaille la nuit et dort le jour, diminue son temps de sommeil.

Pendant des mois, ils se disent des banalités amoureuses et puis, soudain, Sharee annonce une grande nouvelle.

– Jerry, je suis enceinte !

– Ce n'est pas possible ?

– J'en suis certaine à 100 %.

– Alors, tu divorces et je t'épouse !

– C'est compliqué…

– Tu n'oses pas le lui dire ?

– C'est que tu ne le connais pas.

– Je vais venir et je le lui dirai, moi !

– Non, il te tuerait ! Je vais essayer de le faire…

Le lendemain et pour la première fois, Sharee Miller ne se manifeste pas sur Internet. Jerry, follement inquiet, multiplie les questions angoissées. Malgré cela, c'est le silence informatique. Ce n'est que le troisième jour qu'il y a enfin un message de Sharee.

– Pardon d'avoir tardé à te parler. J'étais à l'hôpital.

– À l'hôpital ?

– J'ai perdu mon bébé. J'ai fait une fausse couche.

– C'est affreux ! Comment ça s'est passé ?

– J'ai parlé à Bruce. Sa réaction a été terrible.

– Il t'a battue ?

– Oui. Et c'est à cause de ça que j'ai fait une fausse couche.

– Sharee, tu vas le quitter immédiatement, tu m'entends ? Tu le quittes et tu me rejoins ici.

– C'est impossible.

– Tu as peur ?

– Oh, oui ! Tu ne sais pas de quoi il est capable. Il a déjà tué. Il s'en est sorti, mais c'était lui.

– C'est un gangster ?

– La casse de voitures n'est qu'une façade. Il fait du trafic de drogue et du blanchiment d'argent. Et ce n'est pas le pire.

– Qu'est-ce qui pourrait être pire ?

– Il fait partie de la mafia.

– Tu en es sûre ?

– Je n'ai pas de preuve, mais j'en suis sûre.

Jerry, abasourdi, reste un long moment sans réaction. C'est Sharee qui reprend la parole, par Internet interposé.

– Jerry, fais attention à toi. Maintenant, il connaît ton existence. Il est capable d'envoyer quelqu'un te tuer...

Près de six mois passent encore. Sharee a défendu à Jerry de lui reparler de quitter son mari et, en faisant de gros efforts, il lui a obéi. Mais il a beaucoup de mal à supporter la situation qui est la leur. Il est de plus en plus amoureux, c'est la femme de sa vie, il en est sûr. Alors il devient littéralement fou de joie lorsque, début novembre 1999, elle lui annonce :

– Jerry, je suis de nouveau enceinte !

Il est tellement ému qu'il reste immobile devant le clavier de son ordinateur sans pouvoir frapper une seule lettre. C'est

Sharee qui se manifeste la première et ce qu'elle annonce est plus extraordinaire encore :

– Ce sont des jumeaux ! J'ai passé une échographie. Ne bouge pas, je te l'envoie...

Une minute plus tard, le cliché apparaît sur son ordinateur : deux petites silhouettes se serrant l'une contre l'autre dans le ventre de leur mère. Il explose.

– Cette fois, nous nous marions. Dis « oui », Sharee !

Sharee Miller n'en a pas le temps. Elle tape :

– Il arrive. Je t'appelle plus tard...

Pourtant, elle ne rappelle pas. Pendant deux jours, c'est le silence complet et puis Jerry reçoit un nouveau message. Mais cette fois, il émane de la messagerie de Bruce Miller :

– Sharee grossit avec deux bâtards en elle. Je lui ai dit de se faire avorter. Elle est partie à la clinique. Je crois qu'elle n'avait pas le choix.

Jerry Cassaday passe par toutes les émotions. Non seulement, il y a l'annonce de la fin de ses espoirs de paternité, mais il découvre que le mari de Sharee connaît l'adresse de sa messagerie et qu'il est sans doute au courant de tout.

Il attend un moment, mais il n'y a pas d'autre message. Il ne sait que faire. Lui répondre ? Mais pour dire quoi ? Aller le trouver pour une explication ? Compte tenu de l'individu, cela se passerait très mal... En désespoir de cause, il choisit d'attendre.

Deux jours s'écoulent encore et puis, enfin, il y a du nouveau. Le message provient de Sharee. Il ne s'agit pas de texte, ce sont des photos d'elle. Elles sont terriblement inquiétantes. Elle a un air tragique. Sur son visage et ses bras, on peut discerner des traces de coups. Les photos, au nombre de quatre, défilent et elle s'exprime enfin.

– Il m'a battue quand je suis rentrée de la clinique.

– J'arrive. Je vais le tuer ! Cette fois, tu ne m'en empêcheras pas !

Brutalement, la conversation par Internet s'arrête. Sharee Miller a encore dû être surprise par son mari. Il craint le pire, mais elle se manifeste à nouveau.

– C'était lui. Il m'a encore frappée. Je crois qu'il va me tuer.

– Je vais le tuer avant. Dis-moi comment faire.

Il y a un moment d'attente. Jerry sent que Sharee est en proie à un violent débat intérieur, puis elle répond. Elle a pris sa décision.

– Il faut que tu viennes à la casse automobile vers 18 h 30. À cette heure-là, il est seul dans son bureau à travailler...

Et puis, de message en message, elle lui donne toutes les explications concernant l'itinéraire et les détails matériels. Elle ajoute qu'il ne faudra pas qu'ils communiquent pendant un certain temps à cause de l'enquête qui va suivre. C'est elle qui reprendra contact avec lui.

Le lendemain, Jerry Cassaday prend la route pour le long trajet qui mène de Las Vegas dans le Nevada, à Flint, dans le Missouri. Il ne met pas moins de onze heures, mais il arrive à temps. Les indications de Sharee étaient bonnes : il est devant la casse automobile à 18 h 30.

Elle est vraiment sinistre : des carcasses de véhicules éclairées par quelques lampadaires, qui projettent une lumière crue. Il entre dans le vaste hangar qui abrite les bureaux. Bruce se trouve dans une pièce fermée par une porte vitrée. Il est penché sur une pile de feuillets. Jerry est surpris de son apparence : il est chauve, petit, plutôt grassouillet. Mais cela ne doit pas l'étonner. Il se souvient d'avoir vu, dans des photos ou des reportages, des chefs de la mafia : ils avaient la même apparence insignifiante. Il pousse violemment la porte :

– Salut, je suis Jerry !

L'homme est totalement surpris, mais il n'a pas la réaction de terreur et de rage attendue. Il ouvre des yeux ronds.

– Jerry qui ?

– Tu le sais parfaitement, ne fais pas l'imbécile !

– Je ne comprends pas...

Jerry Cassaday sort son revolver. L'autre devient livide.

– Qu'est-ce que vous voulez ? J'ai beaucoup d'argent dans mon portefeuille.

Il veut mettre la main à sa poche, mais le revolver se pointe dans cette direction.

– Ne bouge pas ! Ce n'est pas l'argent qui m'intéresse, c'est Sharee.

– Vous connaissez ma femme ?

Bruce a, de toute évidence, décidé de jouer la comédie. Il est inutile de perdre davantage de temps. Jerry lui tire une seule balle en plein cœur. Il n'a jamais raté sa cible et l'homme s'écroule dans une mare de sang... Il s'apprête à partir, mais se ravise. Il plonge la main dans le veston de sa victime et sort son portefeuille, qui est effectivement bourré de billets. Il n'est pas inutile de faire croire à un crime crapuleux.

Après quoi, il refait la route en sens inverse et il attend... Sharee lui a dit qu'elle laisserait passer du temps avant de reprendre contact. Et il se passe, effectivement, pas mal de temps avant qu'il ait de ses nouvelles : exactement quinze jours.

Pendant ce temps, à Flint, l'enquête suit son cours. Elle est menée par le shérif de la localité, Gregor Fallings. Celui-ci s'oriente effectivement vers un crime crapuleux. Le portefeuille de la victime était, du dire des témoins, toujours rempli de dollars : c'est, de toute évidence, le mobile du meurtre. Car, à part cela, on ne voit pas qui aurait pu en vouloir à Bruce Miller. C'était le plus doux et le plus paisible des hommes. Il était incapable de faire le moindre mal, tout le monde l'adorait.

Il y a bien la veuve, Sharee Miller, que cette mort rend riche du jour au lendemain. Le shérif Fallings garde un œil sur elle, d'autant que ses investigations lui ont appris qu'elle avait un amant : Tom Hankok, un agent immobilier de Flint, avec lequel elle avait souvent des rendez-vous clandestins. Elle avait peut-être même un autre amant, car, une fois par mois environ, elle partait seule en week-end. Dans un cas comme dans l'autre, Bruce Miller, mari complaisant, fermait les yeux...

C'est pourquoi, Gregor Fallings privilégie la piste crapuleuse. Or, il se trouve qu'il y a, parmi les employés de la victime, le coupable idéal : John Hutchinson, un repris de justice, qui a fait de la prison pour vol à main armée. Bruce Miller, avec sa générosité coutumière, lui avait offert une place dans son entreprise, pour l'aider à se réinsérer. Il lui avait même prêté de l'argent, plusieurs milliers de dollars. Persuadé de tenir son homme, le shérif arrête Hutchinson et l'interroge sans relâche.

– Où est-ce que tu as mis l'argent ?

– Je n'ai rien fait. Je n'ai jamais tiré un coup de feu de ma vie !

– Alors que tu as fait un vol à main armée ? Tu te fiches de moi ?

– J'étais armé, mais je n'ai pas tiré.

Les choses en sont là, quand Sharee Miller décide de jeter le masque. Jerry Cassaday a fait ce qu'elle attendait, elle n'a plus besoin de lui. Quinze jours ont passé, c'est suffisant. Elle prend son ordinateur et tape :

– Je suis désolée, c'est fini entre nous.

Jerry, qui était devant son écran, attendant fébrilement un message, croit avoir mal lu.

– Qu'est-ce que tu dis ?

– J'ai quelqu'un d'autre. Salut !

Pendant toute la journée qui suit, Jerry ne veut pas y croire. C'est un malentendu, c'est une erreur, elle va se manifester... Ce n'est que le lendemain qu'il lui vient à l'esprit que tout est peut-être vrai, qu'il a été manipulé par une femme qui n'a aucun sentiment pour lui et qui l'a simplement utilisé pour se débarrasser de son mari.

Il a alors une intuition : il regarde l'écographie des jumeaux qu'il a gardée sur son ordinateur. Il l'étudie attentivement et il a l'impression de tomber dans un gouffre : là, dans le coin droit du cliché, il y a une date à laquelle il n'avait pas fait attention la première fois, 25 novembre 1994. Cinq ans, la photo date de cinq ans ! Sharee n'a jamais été enceinte. Elle lui a joué la comédie pour qu'il tue son mari, lui, l'ancien policier, qui savait mieux que quiconque se servir d'une arme. Elle voulait être débarrassée de Bruce, mais elle ne voulait pas divorcer, ce qui l'aurait privée de sa fortune. À présent, elle peut refaire sa vie avec un autre homme qu'il ne connaît pas et qu'elle aime.

C'est le surlendemain, 11 février 2000, que Jerry Cassaday décide de mettre fin à ses jours. Il se suicide d'un coup de son fusil de chasse. Près de lui, il a laissé une lettre d'adieu :

> « *J'étais si aveugle et stupide et tellement amoureux ! Elle voulait juste garder son argent et ne plus avoir de mari. Je sais aujourd'hui qu'il ne s'agissait que de mensonges et de manigances. Je ne peux supporter cette trahison. Je demande pardon à celui que j'ai tué et qui ne méritait certainement pas un pareil sort.* »

À côté de cette lettre, il a déposé la transcription intégrale de sa correspondance informatique avec Sharee Miller. Les policiers de Las Vegas l'adressent immédiatement à leurs collègues de Flint. Le shérif Fallings libère aussitôt George Hutchinson et fait arrêter la veuve. Sur son ordinateur, on retrouve exactement la même correspondance. Il s'agit d'une manipulation d'un rare cynisme. Même si ce n'est pas elle qui a appuyé sur la détente, elle est bien plus coupable que le malheureux auquel elle a tourné la tête…

À son procès, les débats ont confirmé toute l'étendue de la machination. Bruce Miller, loin d'être un bandit, était un pauvre homme, que sa jeune épouse menait par le bout du nez. Non seulement il ne la battait pas, mais il lui arrivait quelquefois d'être battu par elle. Il lui passait tous ses caprices et ses infidélités. Bien entendu, elle n'avait jamais été enceinte et n'avait jamais avorté.

Les jurés, scandalisés par son comportement, l'ont condamnée au maximum, étant donné qu'elle n'avait pas tué : la perpétuité réelle. Le président lui a précisé le sens de ce verdict : elle ne pourrait pas présenter de demande de libération avant 2055 !

LA MEURTRIÈRE DU LAC

Susan Vaughan naît, en septembre 1971, à Union, une petite ville industrielle de Caroline du Sud. Dès le début de son existence, les malheurs s'accumulent autour d'elle. Ses parents sont de condition modeste. Le père est alcoolique et bat sa femme, ce qui lui vaut d'être arrêté et de faire un séjour en prison. Il ne le supporte pas et, de retour chez lui, il se suicide. Susan a alors 6 ans.

Sa mère ne tarde pas à se remarier avec un homme d'affaires aisé, Beverly Russel. Du coup, la petite fille se trouve plongée dans un autre univers : une maison luxueuse, un grand parc, des domestiques. On pourrait penser que tout s'arrange pour elle, mais elle va se trouver confrontée à un autre genre de problème.

Le jour de son quinzième anniversaire, son beau-père l'agresse sexuellement. Elle n'ose rien dire et il continue pendant des mois. Quand elle menace de tout révéler, il lui donne de l'argent pour acheter son silence et les choses en restent là.

À 18 ans, elle quitte la maison. Elle a terminé ses études sans grand succès et sans grand regret et elle n'a qu'une hâte : entrer dans la vie active. À Union, cité dynamique, ce ne sont pas les emplois qui manquent et elle trouve un poste de vendeuse dans le supermarché de la ville. Susan est jolie, très jolie même : grande, bien faite, de longs cheveux châtains. Elle a deux aventures successives. Elles sont, hélas, toutes deux malheureuses et elle fait une tentative de suicide.

En 1991, année de ses 20 ans, les choses semblent changer. Elle est courtisée par un employé du magasin, David Smith. Cette fois, c'est sérieux. Ils se marient et ils ont un enfant, Michael, au mois d'octobre. Le couple ne tarde pourtant pas à se déchirer. Susan et lui ont des disputes, puis des aventures chacun de leur côté. Après de multiples séparations, arrive un deuxième enfant, fin 1993 : un petit garçon, Alex. Mais cet enfant ne les rapproche pas. David quitte sa femme un mois après la naissance.

Il était le supérieur de Susan au supermarché et, pour éviter une situation difficile à vivre, elle démissionne. Ce n'est toujours pas un problème à Union. Elle est embauchée presque aussitôt chez Conso Products, la plus importante société de la ville.

C'est là que son destin va se jouer. Jusqu'à présent, Susan Smith avait été une femme ordinaire. Mais ordinaire, elle va cesser de l'être. Elle va être connue dans tous les États-Unis, elle va même faire la couverture de *Time*, le plus grand magazine du pays, honneur réservé habituellement aux vedettes internationales et aux chefs d'État.

Conso Products est spécialisé dans la décoration de la maison. L'environnement est agréable et Susan se plaît tout de suite au milieu des meubles, des lampes et des bibelots. Le deuxième jour après son arrivée, elle est justement en train d'apporter sur les rayons une grosse caisse de bibelots qu'elle a été chercher dans la réserve. Elle est particulièrement lourde et elle a du mal. C'est alors qu'un jeune homme de son âge vient à son secours.

– Je peux vous aider ?

– Ce n'est pas de refus !

L'arrivant lui prend la caisse des mains et va la porter là où elle le lui indique. Il est vraiment beau garçon : blond bouclé, les yeux bleus, un sourire éclatant. Elle le remercie et lui demande :

– Vous êtes un de nos clients ?

– Non, je travaille au magasin. Vous ne m'avez jamais vu ?

– Je suis arrivée avant-hier.

– Alors, bienvenue chez nous ! Je m'occupe de l'administration. Je m'appelle Tom.

– Et moi, Susan...

Il l'aide à déballer sa caisse et à placer les objets sur les rayons. Tout en accomplissant ce travail, ils discutent. Elle le trouve vraiment charmant. Il est galant, distingué, spirituel. Aussi, elle ne l'envoie pas promener, lorsqu'il lui dit :

– J'aimerais qu'on se revoie.

– Pourquoi pas.

– Ce soir, au restaurant. À moins que vous ne soyez prise.

– Non, je n'ai rien…

Susan Smith n'a pas l'habitude de se laisser faire aussi vite, mais ce garçon lui plaît vraiment. De toute manière, elle pourra toujours faire marche arrière si besoin est… Il vient tout juste de la quitter, quand une de ses collègues vient vers elle.

– Eh bien, tu as de la veine, toi !

– C'est vrai qu'il est beau gosse…

– Je ne parle pas de ça. Tu ne sais pas qui c'est ?

– Non, je viens d'arriver.

– C'est Tom Finlay, le fils du patron. Un jour, c'est lui qui dirigera tout ça.

Susan Smith hoche la tête. Elle a compris :

– Il veut m'ajouter à son tableau de chasse, c'est ça ?

– Pas du tout. Il serait plutôt du genre timide. C'est la première fois que je le vois se comporter comme avec toi. Tu as dû lui taper dans l'œil !

Du coup, Susan Smith devient toute songeuse. Elle pense, malgré elle, aux romans à l'eau de rose qui constituent sa seule lecture, avec des histoires de bergères qui épousent des princes charmants, d'infirmières qui épousent des médecins et de petites employées qui se marient avec leur patron… Elle s'entend demander :

– Est-ce qu'il est marié ?

– Non, il est à prendre. Et c'est un sacré beau parti, crois-moi : des millions de dollars !

Le soir, au restaurant, Susan Smith n'en mène pas large. Elle est passée en catastrophe chez le coiffeur après son travail et elle a mis sa robe la plus convenable. Et elle ne tarde pas à se rendre compte que sa collègue avait raison : Tom Finlay n'a rien du jeune homme fortuné, persuadé que toutes les femmes vont lui tomber dans les bras à cause de son argent. Il n'est guère plus à l'aise qu'elle. Il est presque gêné d'avouer qu'il est le fils du patron. De son côté, elle se présente. Elle est en instance de divorce, elle a deux enfants en bas âge... Après quoi, ils parlent de choses et d'autres. Le temps passant, ils se détendent et en viennent aux confidences.

– Je n'ai jamais eu de chance avec les hommes. Je n'en ai pas trouvé un seul de bien.

– Moi, c'est pareil avec les femmes. J'ai peur qu'elles n'en veuillent qu'à mon argent.

– Peut-être qu'entre nous, ça pourrait être différent.

– Peut-être...

Ce premier tête-à-tête est suivi d'autres. Tom et Susan se sentent de plus en plus attirés et ce qui devait arriver arrive : ils deviennent amants. Nous sommes à l'été 1994. Au même moment, le divorce entre David et Susan est prononcé. Elle est officiellement libre. Elle l'annonce à Tom. Ce dernier comprend ce que cela signifie. Et il fait à sa compagne une déclaration étonnante :

– Si on se mariait, je ne voudrais pas d'enfant. J'ai horreur des enfants.

– Nous ne serions pas obligés d'en avoir.

– Il n'y a pas que cela. Des enfants, tu en as, toi.

– Cela te gêne ?

– Oui. Je suis désolé.

À l'automne, Susan Smith traverse une crise. C'est sans nul doute dû à l'attitude de Tom, qui lui a demandé de prendre du recul. Du coup, elle paraît, à tous ceux qui l'approchent, en proie à un grand trouble. Elle a des absences, des sautes d'humeur. Elle est bizarre surtout avec ses enfants, dont le juge lui a confié la garde : Michael, 3 ans et Alex, 14 mois. Elle crie quand le petit dernier pleure, elle rabroue l'aîné pour un oui ou pour un non…

Le 25 octobre 1994, elle part avec eux, à bord de sa voiture, une Mazda marron. Elle les a installés sur le siège arrière. Au bout d'une dizaine de minutes elle arrive devant le lac Long, pas très loin d'Union. Elle s'engage sur une pelouse, qui descend en pente douce vers les flots. Il n'y a personne, les lieux sont le plus souvent déserts. Le petit Alex dort, avec son nounours à côté de lui. Michael interroge sa maman :

– Qu'est-ce qu'on fait ?

– On va s'amuser.

– En faisant quoi ?

– Tu vas voir, c'est une surprise !

Elle coupe le moteur, met au point mort, sort du véhicule et ferme la portière. La voiture, dont le frein à main n'a pas été mis, glisse en direction du lac. Elle pénètre dans l'eau, flotte un moment, puis s'enfonce doucement. Bientôt, seul le toit est visible, puis plus rien du tout. Susan vérifie qu'il n'y avait aucun témoin et se met à courir.

Elle arrive devant une maison. Elle carillonne à la porte et on finit par lui ouvrir. Elle se trouve en présence d'un couple entre deux âges.

– Qu'est-ce qu'il se passe ?

– Mes enfants… En voiture… Un homme noir…

Elle est en proie à la plus grande agitation, incapable de prononcer autre chose que des bribes de phrases. Tout ce qu'on peut comprendre, c'est qu'il s'agit d'un enlèvement. Le couple décide de la conduire au commissariat de police d'Union. Là, elle s'est un peu calmée et peut faire un récit cohérent.

– J'étais en voiture avec mes enfants…

– Quel genre de voiture ?

– Une Mazda marron.

– Quel âge ont vos enfants ?

– 3 ans et 14 mois… J'étais à Union. Je me suis arrêtée à un feu rouge. Là, un homme noir est monté. Il s'est installé sur le siège avant.

– Il était armé ?

– Non. Mais je lui ai obéi quand même. Il était jeune, un vrai athlète. Qu'est-ce que je pouvais faire ? J'ai pensé aux enfants… J'ai conduit un moment. Quand nous sommes arrivés près du lac Long, il m'a ordonné de m'arrêter et de descendre. Je lui ai dit qu'il pouvait prendre la voiture, mais qu'il laisse les enfants. Il ne m'a pas écouté, il s'est installé au volant et il a démarré.

Le policier qui prend sa déposition hoche la tête.

– D'après vous, il s'agit d'un enlèvement ?

– J'ai peur que oui. S'il voulait la voiture pour s'enfuir ou quelque chose comme ça, il n'aurait pas gardé les enfants.

– Vous êtes riche ?

– Je suis vendeuse chez Conso Products. Je gagne 800 dollars par mois.

– Il n'y a personne, dans votre famille, qui ait de l'argent ?

– Mon beau-père, peut-être...

Les policiers lui demandent ensuite de décrire le ravisseur. Elle en fait une description relativement précise, qui permet d'en dresser un portrait robot exploitable. Ils lui posent encore d'autres questions.

– Lorsque vous êtes partie, c'était dans quel but ?

– J'étais allée faire des courses au supermarché d'Union.

– Vous vous êtes garée au parking ?

– Oui.

– Il était quelle heure ?

– 15 h 15, environ.

– Et vous n'avez rien remarqué de particulier ? Personne n'a essayé de vous aborder ?

– Non, rien...

La police est du même avis que Susan Smith : il s'agit sans doute d'un enlèvement. D'autant qu'il y en a eu un, peu auparavant, en Caroline du Sud, qui s'était terminé tragiquement par la mort du jeune enfant kidnappé. Les journalistes ne tardent pas à être au courant, notamment la télévision. Une chaîne propose aux parents, Susan et son ex-mari David, de lancer un appel aux ravisseurs. Et il ne s'agit pas d'une chaîne locale, mais nationale, ce qui fait que leur intervention est entendue dans tous les États-Unis.

– Nous vous en supplions, ne faites pas de mal aux enfants ! Contactez-nous, s'il vous plaît. Nous ne sommes pas riches, mais nous paierons tout ce que nous pourrons.

Susan ajoute même :

– Je sens que mes enfants sont vivants. J'en ai la certitude. Rendez-les-moi !

Les policiers, prenant la parole après eux, diffusent la photo de la voiture et le portrait robot du ravisseur présumé. Cet appel pathétique suscite une grande émotion dans tout le pays et des témoins signalent le passage des enfants et du ravisseur dans tous les États-Unis. Les pistes sont systématiquement explorées, mais en vain.

Autour de Susan Smith, c'est le même empressement. Sa mère et son beau-père l'assurent qu'elle pourra compter sur eux. Pendant une semaine, elle est entourée d'affection, comme elle ne l'a jamais été, même si, à sa grande déception, Tom ne se manifeste pas. Concernant l'enquête, il n'y a pas le moindre résultat, malgré les importants moyens déployés. Des recherches sont effectuées dans le lac par des plongeurs, mais elles sont faites sur la mauvaise rive et elles ne donnent rien.

Le neuvième jour, la tragi-comédie prend fin. Susan Smith est convoquée par les policiers. Ses déclarations ont été soigneusement vérifiées et il y en a une qui n'est pas crédible.

– Vous avez bien dit avoir fait des courses au supermarché vers 15 h 15 et vous être garée sur le parking ?

– Oui. C'est pour cela que je suis sortie avec les enfants.

– C'est impossible. Le parking est équipé de caméras. Nous avons visionné les enregistrements. Aucune Mazda marron n'apparaît sur les images.

– J'ai pu me tromper. C'était peut-être avant ou après.

– Nous avons regardé tous les enregistrements de 14 h à 16 h. Alors, madame Smith, qu'est-ce qui s'est réellement passé ? Où sont la voiture et vos enfants ?...

Susan Smith s'entête. Elle maintient son histoire d'homme noir et d'enlèvement, puis, au bout de plusieurs heures, elle finit par craquer, elle dit la vérité. Le lendemain matin, une grue retire le véhicule du lac, avec les deux petits cadavres à l'intérieur.

Pour l'opinion publique, qui avait suivi l'affaire avec passion, c'est l'horreur ! Horreur, qui est encore renforcée quand Susan Smith avoue son mobile : elle a commis son meurtre, parce que Tom Finlay lui avait dit qu'il n'aimait pas les enfants. Elle a tué deux petits innocents pour épouser le fils du patron !... Le numéro suivant du magazine *Time* porte sa photo en couverture, avec la légende : « Comment a-t-elle pu faire ça ? »

Le procès de Susan Smith s'ouvre, à Union, le 18 juillet 1995. Il est prévu pour durer seulement trois jours, tant les faits sont incontestables. Le seul enjeu véritable des débats sera la condamnation prononcée. L'accusée échappera-t-elle à la chaise électrique, manière dont est appliquée, à l'époque, la peine capitale en Caroline du Sud ? C'est la seule question qui se pose.

Le procureur Tommy Pope fait tout pour obtenir sa tête. Il rappelle le mobile particulièrement odieux du meurtre. Susan Smith a délibérément sacrifié ses enfants pour épouser le fils de son patron. L'avocat de la défense, David Bruck, un fervent opposant à la peine de mort, insiste sur l'enfance difficile de Susan et les abus sexuels commis par son beau-père. Concernant les faits, il soutient la thèse qu'elle a voulu se suicider, mais qu'au dernier moment, elle a quitté la voiture, dans un réflexe de survie.

Les deux plaidoiries sont impressionnantes. Tommy Pope essaie de mettre les jurés à la place des enfants. Il décrit leurs derniers instants de manière particulièrement réaliste, prononçant à plusieurs reprises :

– La voiture s'emplit d'eau…

David Bruck, de son côté, fait un discours pathétique. S'adressant aux jurés d'Union, issus d'une population pieuse et conservatrice, il cite à plusieurs reprises la phrase de l'Évangile :

– Oserez-vous jeter la première pierre ?

Et, à la surprise générale, c'est lui qui l'emporte. Susan Smith échappe à la chaise électrique. Elle est condamnée à la perpétuité, avec une peine de sûreté de trente ans. David Smith, son ex-mari, qui aurait souhaité la peine de mort, déclarera à la sortie des débats, aux journalistes :

– Dans le fond, rester toute sa vie avec ses remords, c'est peut-être pire pour elle.

LA LESSIVEUSE

Denise Labbé a vraiment du chic, dans la robe qu'elle a mise pour se rendre au bal ! Sur son corsage, elle a épinglé un brin de muguet, car nous sommes le 1er mai 1954 et, comme chaque année, à Rennes où vit Denise, il se donne, à cette occasion un grand bal.

Denise Labbé a 28 ans. C'est une belle brune, avec une certaine retenue dans le maintien. Elle n'a pas toujours eu une vie facile, mais elle veut croire en l'avenir : la preuve, sa présence à ce bal où elle espère faire enfin la rencontre tant attendue.

Elle est issue d'une famille modeste, mais honorable. Son père est facteur. Toute jeune, elle est mise en pension à Dol-de-Bretagne, pour y faire ses études, peut-être jusqu'au baccalauréat. Elle est intelligente et elle devait y parvenir, mais la mort brutale de son père, alors qu'elle a 14 ans, met un terme à son ambition. Il est tombé dans un canal et il s'est noyé.

Comme Denise a trois frères et sœurs, il n'y a pas assez d'argent pour qu'elle continue à s'instruire. Elle quitte les bancs de la classe pour devenir bonne à tout faire chez un boucher. C'est là qu'elle passe la guerre. Cela ne l'empêche pas de continuer à se cultiver. Elle va à la bibliothèque. Elle lit beaucoup.

À la Libération, âgée de 18 ans, elle passe le concours de l'Institut national de la statistique de Rennes, qui deviendra l'INSEE, et obtient un emploi de secrétaire. À Rennes, il y a beaucoup d'étudiants. Elle en fréquente plusieurs, jusqu'à ce qu'un interne de l'hôpital de Lorient la séduise et qu'elle tombe enceinte, en 1951.

Mais celui-ci, par manque d'argent, tente l'aventure en Indochine et en revient dépressif et alcoolique. Denise a accouché entre-temps d'une petite fille prénommée Catherine et se sépare de lui. Elle se retrouve fille-mère, comme on dit à l'époque.

Toujours en fonction des habitudes de l'époque, elle ne garde pas son enfant avec elle. Elle la met en nourrice à Villelouvette, dans la Région parisienne, chez monsieur et madame Laurent. Pourtant, si elle s'en est séparée, Cathy reste tout pour elle ! Elle se prive pour payer son hébergement, elle lui brode et lui tricote ses vêtements et elle s'impose de faire le trajet en train chaque semaine pour aller la retrouver. À chaque visite, elle la voit s'épanouir. C'est une fillette ravissante, aux cheveux blonds bouclés et au sourire charmant. Elle est vive, enjouée. Elle est en avance pour marcher et, bientôt, pour parler.

Toutefois, la vie de mère célibataire est compliquée. Si elle ne trouve pas un père à sa fille, qui a maintenant deux ans et demi, Denise Labbé vivra en marge de la société. Voilà pourquoi elle est venue au bal du 1er mai. Peut-être, celui qu'elle attend se présentera-t-il enfin...

– Vous dansez, mademoiselle ?

Le jeune homme a un visage mince et d'extraordinaires yeux verts. Il est en habit militaire, lieutenant ou sous-lieutenant, elle ne saurait dire, elle n'a jamais été très forte sur les grades. Elle accepte et les voilà partis sur la piste.

– Vous vous appelez comment ?

– Denise.

– Moi, c'est Jacques.

Jacques Algarron a quatre ans de moins qu'elle, il vient de fêter ses 24 ans. C'est le fils naturel d'un commandant d'infanterie. Il a fait de bonnes études et, tout naturellement, il s'est orienté vers Saint-Cyr où il est reçu en 1952. Jacques Algarron est studieux, mais il multiplie les aventures sentimentales. Il le fait en militaire, à la hussarde, sans trop se soucier des conséquences. Il a l'habitude de dire : « Les assauts d'alcôve préparent les futurs combats. » Résultat, il est père à 18 ans. Il ne reconnaît pas l'enfant et le laisse à son ancienne conquête. En 1952, une autre de ses petites amies est enceinte et garde son enfant, malgré la réticence de Jacques...

Après avoir dansé, le couple fait plus ample connaissance devant un verre. Denise Labbé est éblouie de sa rencontre avec un saint-cyrien, mais ce n'est pas pour elle l'élément décisif. Tout bascule, quand, réunissant son courage, elle lui avoue :

– J'ai une petite fille de deux ans et demi.

À ce moment, elle a vu, jusqu'ici, les hommes se fermer. Une femme avec un enfant, c'est trop de complications, c'est un poids trop lourd. Ils ont tous fini par renoncer. L'un d'eux s'est même carrément enfui sur-le-champ. Mais pas Jacques. Lui, il répond calmement :

– Ce sont des choses qui arrivent. Moi, j'ai déjà deux enfants…

Le week-end suivant, ils passent leur première nuit dans un hôtel. Denise Labbé est folle de bonheur.

C'est le début d'une liaison passionnée. Pendant deux mois, ils sont aussi amoureux l'un que l'autre et puis, insensiblement, tout change. Denise se donne corps et âme à son amant ; il est tout pour elle, il est l'homme de sa vie.

Jacques Algarron se rend compte qu'elle est totalement à sa dévotion… C'est un curieux garçon. Ce n'est pas, comme on pourrait l'imaginer, un militaire, pour qui les centres d'intérêt se limitent aux choses de la guerre. C'est aussi un littéraire ou, du moins, il se veut tel. Il a fait beaucoup de lectures, qu'il a plus ou moins bien assimilées : Gide, d'Annunzio, Nietzsche et le marquis de Sade, entre autres.

Il en a tiré une vision exaltée et un peu confuse de l'existence, selon laquelle les êtres d'exception sont ceux qui s'élèvent au-dessus de la morale ordinaire. Denise, de son côté, s'est cultivée en autodidacte. Elle en a tiré un vernis suffisant pour comprendre, mais insuffisant pour critiquer. Alors, elle l'écoute bouche bée, éblouie. Elle s'est trouvé un dieu, il s'est trouvé un public.

À partir de ce moment, il pérore devant elle. Ce sont tous les jours des envolées lyriques, des discours impressionnants et creux. Il est narcissique, grandiloquent, phraseur.

– Il faut vivre pour soi-même et non pour les autres. Il faut trouver au fond de soi la force de se séparer de l'humanité !

Pour Jacques, tout doit tourner autour de lui, il doit être l'axe de leur couple et une chose lui devient bientôt insupportable : Denise l'aime, mais elle n'aime pas que lui, il y a aussi cette petite Cathy qu'elle adore, qu'elle va retrouver aussi souvent qu'elle peut et dont elle lui parle avec un sourire radieux... Un jour, il lui déclare :

– L'amour parfait réclame le sacrifice suprême.

Pour la première fois, elle n'approuve pas. Elle n'a pas compris ce qu'il veut dire. Elle lui demande de s'expliquer. Il ne le fait pas. Il change de sujet, il en reparlera un autre jour... Ce jour ne tarde pas. Il lui dit, une semaine plus tard :

– Notre couple se doit d'être extraordinaire ! Tu dois prouver ta supériorité sur les autres femmes en reniant ta fille.

– « Renier », pourquoi « renier » ?

Encore une fois, il refuse de s'expliquer, mais il revient, peu après, à la charge d'une manière plus claire :

– L'amour n'existe pas sans sacrifice, sans souffrance. Rien n'est plus beau que d'immoler une jeune proie !

Denise commence à deviner ce qu'il a en tête et, si c'est cela, elle se sent perdue ! Elle a encore un espoir de s'être trompée. Mais cet espoir disparaît un jour de début septembre, alors qu'ils déjeunent dans un restaurant, à Paris.

– Si je te demande de tuer ta fille, que répondras-tu ?

Denise se tait. Elle ne lui dit pas « non », elle ne lui a jamais dit « non », mais elle a eu la force de ne pas dire « oui » non plus. Il n'insiste pas, mais il revient à la charge par lettre. Il lui écrit : « Il faut que tu immoles ton propre sang, seul ce sacrifice glorifiera notre amour ! » Elle ne répond pas, elle espère encore qu'il va renoncer.

Mais Jacques Algarron ne renonce pas. Il veut rompre et, pour le garder, elle sera bien forcée de lui obéir. Denise Labbé se trouve chez sa mère à Rennes, le 22 septembre 1954, lorsqu'elle reçoit une lettre de son amant : « Tu as manqué de courage. Nous n'avons plus rien à faire ensemble. Adieu ! » Alors, elle franchit le pas, elle décide de sacrifier Cathy. Elle la suspend sur le balcon au-dessus du vide, mais au dernier moment, elle renonce.

Elle appelle Jacques, pour lui raconter ce qu'il s'est passé. Il lui répond :

– Voyons-nous dans une semaine. D'ici-là, tu sais ce que tu dois faire pour me prouver ton amour.

Elle le sait et elle le fait ! Six jours plus tard, elle va se promener avec l'enfant le long du canal, ce même canal où son père s'est noyé dans son enfance. Arrivée devant une écluse, elle jette sans hésitation Cathy à l'eau. Mais la mort ne veut pas d'elle. Un promeneur la voit se débattre, il se jette à son tour tout habillé et parvient à la sauver.

La petite en est quitte pour un refroidissement. Mais, avec sa vivacité et son intelligence, elle a compris qu'elle était en danger auprès de Denise. La mère de celle-ci lui dit peu après :

– Je ne sais pas ce qu'a Cathy, elle ne cesse de me réclamer. Elle veut tout le temps que je sois près d'elle...

Jacques Algarron n'est pas homme à laisser sa proie filer. Il sait ce qu'il faut faire pour obtenir ce qu'il veut. Une semaine plus tard, il vient trouver Denise.

– Je te quitte. J'ai quelqu'un d'autre.

– Une autre femme ?

– Bien sûr. Cela fait des mois qu'elle me tourne autour. Je n'ai qu'un mot à dire pour qu'elle me tombe dans les bras. Eh bien, ce mot, je vais le dire…

Et il s'en va… Denise est devenue pâle comme une morte. Une autre femme : elle n'avait jamais imaginé cela ! Une autre dans les bras, dans le lit et dans le cœur de Jacques, c'est plus qu'elle ne peut supporter. Elle va tuer Cathy, et, cette fois, il n'y aura pas de promeneur miraculeux pour la sauver !

Trois semaines ont passé depuis l'épisode du canal. Nous sommes le 6 novembre 1954. Denise Labbé a décidé d'aller, avec Cathy, chez sa sœur, à Vendôme. C'est l'après-midi. Sa sœur quitte l'appartement pour faire des courses. Denise prend son enfant par la main.

– Viens, chérie. On va laver ta poupée dans la lessiveuse !

La lessiveuse est haute et étroite. Elle est pleine d'eau. Denise ne recule pas, ne tremble pas, elle empoigne son enfant et, lorsqu'elle la lâche enfin, elle est morte… La sœur ne tarde pas à rentrer. Denise se précipite.

– C'est affreux : Cathy s'est noyée dans la lessiveuse !

Elle lui explique que l'enfant est allée jouer. Elle-même était restée dans une autre pièce. Lorsqu'elle a voulu voir ce que faisait Cathy, elle l'a trouvée, la tête dans la lessiveuse. Elle l'a sortie de l'eau. Mais il était trop tard, elle était morte.

Les deux femmes appellent les pompiers. Ceux-ci ne parviennent pas à réanimer l'enfant et, comme elle ne présente aucun signe de violence, ils concluent à une mort accidentelle.

Denise Labbé se précipite au bureau de poste. Elle envoie un télégramme à Jacques : « Catherine décédée. À bientôt peut-être. » Mais lorsqu'elle le rencontre, deux jours plus tard, il l'accueille de manière glaciale.

– Je suis déçu. Ce n'est pas suffisant pour que nous ayons une intimité totale.

Sous le choc, Denise reprend enfin ses esprits. Elle comprend qu'elle a commis le pire des actes : tuer un être innocent, sa propre fille, de surcroît. Et tout cela pour rien, pour un homme abject, qui ne méritait pas d'être aimé ! Elle sombre dans une profonde dépression, mais elle n'a pas la force d'aller se dénoncer à la police. Elle ne fait rien. Elle attend...

Le rapport des pompiers a été transmis à la police de Vendôme et, comme il conclut à une noyade accidentelle, aucune action judiciaire n'est entreprise. Pourtant, ce n'est pas de Vendôme, c'est de Rennes que vont venir des faits nouveaux.

En apprenant la mort de Cathy, des témoins se manifestent auprès des policiers rennais. Ils avaient trouvé l'attitude de Denise Labbé vis-à-vis de sa fille suspecte ; maintenant, leurs soupçons sont des quasi-certitudes. Une voisine vient dire que Denise a failli jeter Cathy dans le vide depuis le balcon, un promeneur affirme que la petite n'est pas tombée toute seule dans le canal, sa mère l'a poussée.

Tous ces éléments sont transmis aux gendarmes de Vendôme et, le 6 décembre, un mois exactement après les faits, Denise Labbé est interpellée. Interrogée, accusée d'infanticide, elle commence par nier et puis, brutalement, elle avoue :

– C'est moi !

Mais elle ajoute tout de suite :

– Je l'ai fait parce que mon amant me l'a demandé. Je l'aimais.

Les gendarmes ne prêtent pas attention à ces propos. C'est une déséquilibrée ou quelqu'un qui dit n'importe quoi pour se sauver. Mais elle insiste.

– Je vous jure que c'est vrai. Il s'appelle Jacques Algarron. Il y a des lettres de lui chez moi !

Par acquit de conscience, une perquisition est faite à son domicile de Rennes et, effectivement, on trouve deux lettres de Jacques Algarron. Dans la première, figurent des phrases comme : « Il faut que tu immoles ton propre sang, seul ce sacrifice glorifiera notre amour ! » La seconde est une lettre de rupture, qui dit : « Tu as manqué de courage. Nous n'avons plus rien à faire ensemble. Adieu ! » Or, elle est datée du 22 septembre, juste avant que Denise ne fasse sa première tentative contre sa fille, sur le balcon.

Tout cela est troublant, d'autant qu'en apprenant l'arrestation de Denise Labbé, un témoin se rend spontanément à Vendôme. Il s'agit de madame Laurent, chez qui la petite Cathy avait été placée dans sa petite enfance et qui n'a pas hésité à venir depuis la Région parisienne.

– Elle l'adorait ! Elle venait toutes les semaines de Rennes, pour la voir. Elle lui brodait et elle lui tricotait ses affaires. Si elle a pu faire une chose pareille, c'est forcément qu'on lui a fait perdre la tête !

Jacques Algarron est convoqué devant les gendarmes. Il prend la chose de haut.

– Je ne lui ai jamais dit de tuer sa fille, c'est inepte !

– Vous ne lui avez pas écrit : « Il faut que tu immoles ton propre sang ? »

– Ce sont des paroles à prendre au figuré.

– Vous ne lui avez pas envoyé une lettre de rupture juste avant qu'elle fasse sa première tentative contre sa fille ?

– J'ai voulu rompre avec elle, parce que j'avais découvert qu'elle était folle. J'aurais dû prévenir la police. Si je l'avais fait, la petite serait encore là...

Cela n'empêche pas Jacques Algarron d'être arrêté et inculpé de complicité d'assassinat... Le drame, que l'on appelle « l'affaire des amants maudits » connaît immédiatement un immense retentissement dans l'opinion. Il y a d'abord l'horreur du crime : une mère noyant son enfant de deux ans et demi dans une lessiveuse, comme on le ferait à un petit chat. Mais il y a aussi le personnage de Jacques Algarron, dont la malfaisance et la perversité rappellent le marquis de Sade, l'une de ses lectures. Enfin, il y a la question, vieille comme le monde, que pose cette affaire : est-ce que l'amour peut rendre fou ?

Inutile de dire que le procès des « amants maudits », qui s'ouvre le 28 mai 1956, devant la cour d'assises de Blois, a attiré la grande foule. C'est le procès le plus retentissant de l'après-guerre, Jean Cocteau l'a même qualifié de procès du siècle.

Les co-accusés font leur apparition chacun de leur côté. Elle, dans un strict tailleur noir, le visage fermé, les lèvres serrées, les yeux baissés, murée dans sa douleur et ses remords. Lui, très élégant, très sûr de lui, en costume, noir également. Il frappe par la jeunesse de ses traits. Preuve de la notoriété de ce procès, ils sont défendus par les deux avocats les plus en vue du moment :

Denise Labbé par maître Maurice Garçon de l'Académie française ; Jacques Algarron, par maître René Floriot.

Les débats commencent, menés par le président Lecoq. En contrebas, parmi les pièces à conviction, la lessiveuse tragique rappelle que cette affaire s'est terminée par le plus affreux des crimes, la mort d'une innocente.

Durant tout le procès, Denise Labbé et Jacques Algarron auront l'attitude qu'on attend d'eux, elle se montrant perdue et pleurant beaucoup, surtout quand sa mère viendra à la barre et refusera de regarder dans sa direction. Lui, dédaigneux et prenant soin de ne manifester aucun sentiment.

Les plaidoiries débutent par le réquisitoire de l'avocat général René Gay. Il parle pendant quatre heures, évoquant le meurtre de manière dramatique :

– Vous l'avez précipitée dans cette lessiveuse, qui était trop étroite pour que l'enfant puisse se débattre. Vous l'avez entendue suffoquer et, tout à coup, son petit corps s'est détendu dans vos bras. Denise Labbé, vous aurez toujours dans vos mains l'impression horrible de cette fillette qui se débat. Regardez vos mains à travers la lumière : vous verrez ses yeux révulsés, vous les verrez toute votre vie !

Mais il parle aussi contre Algarron :

– Il est coupable, dit-il, d'avoir inspiré ce crime à Denise Labbé, coupable de l'avoir poussée à l'accomplir, avec une cruauté sans égale, une continuité, une dureté de cœur qu'on n'imagine pas.

Cette double accusation est toute la difficulté de sa tâche, car il ne peut charger l'un sans donner des excuses à l'autre. En témoigne sa conclusion, qui est pour le moins gênée : il réclame la mort pour Denise Labbé, tout en rappelant qu'il n'est plus conforme à la tradition d'exécuter les femmes, et les travaux forcés à perpétuité pour Jacques Algarron.

Défenseur de ce dernier, maître Floriot use de toute son autorité pour dénoncer le manque de preuves contre son client. Il n'y a contre lui que les paroles de Denise Labbé et des lettres qui ne parlent pas explicitement de tuer la petite Cathy et il conclut :

– Messieurs les jurés, lorsque, tout à l'heure, on vous demandera : « Est-il coupable ? », vous répondrez « Non » !

Maître Maurice Garçon ne plaide pas une innocence absurde. Il est normal que Denise Labbé soit châtiée, d'ailleurs, elle le demande, mais il réclame pour elle les circonstances atténuantes, tout comme, dit-il, l'a fait implicitement l'avocat général.

Il sera entendu, puisque le jury accorde à Denise Labbé les circonstances atténuantes et la condamne aux travaux forcés à perpétuité. Jacques Algarron, de son côté, est reconnu coupable et se voit infliger vingt ans de travaux forcés.

Denise Labbé a été libérée à la fin des années 1970, après avoir passé vingt-cinq ans en prison. On ne sait pas ce qu'elle est devenue ensuite. On ne sait rien non plus de Jacques Algarron.

LA MASSACREUSE

1er décembre 1996. Le superintendant Simons s'arrête au bord de la route reliant Bromsgrove à Alvechurch, dans le Worcestershire, au centre de l'Angleterre. Le superintendant Simons est une véritable caricature du policier anglais et de l'Anglais en général : petite moustache, haute taille, maintien un peu raide.

Il sort de son véhicule, suivi de deux agents, tandis qu'une ambulance arrive à son tour sur les lieux. Il se dirige vers une Ford Escort blanche arrêtée sur le bas-côté. À l'intérieur, il y a un mort, mais il ne s'agit pas d'un accident de la circulation, la voiture n'a rien. C'est un assassinat.

Le superintendant est un vieux de la vieille, il en a vu de toutes les couleurs au cours de sa carrière, mais il a rarement eu un tel spectacle sous les yeux. Un homme jeune gît sur le siège du conducteur. Il a été littéralement massacré, sans doute à l'arme blanche. On ne peut pas compter le nombre de coups qu'il a reçus sur toutes les parties du corps et il a été, de plus, égorgé : son cou est ouvert sur toute sa largeur.

C'est en s'approchant de lui que le policier découvre qu'il n'est pas seul. Une femme se trouve sur le siège du passager. Elle est dans un état bien moins épouvantable, mais elle a tout de même subi des violences. Elle a un œil au beurre noir, une estafilade à la joue droite et la joue gauche tuméfiée, de toute évidence à la suite d'un coup de poing à la mâchoire. Elle est à peu près du même âge que l'homme et, malgré les blessures qui la défigurent, elle est d'une incontestable beauté ; du genre blonde pulpeuse.

Les pompiers, après avoir constaté qu'il n'y avait rien à faire pour l'homme, se penchent sur la jeune femme :

– Comment ça va, madame ?

– J'ai mal à la tête, mais ça va quand même.

Le superintendant Simons s'approche à son tour :

– Si vous le voulez, on peut vous conduire tout de suite à l'hôpital, mais si vous vous en sentez la force, j'aimerais vous poser déjà quelques questions.

– Bien sûr. Je vais essayer…

– Merci. Qui est la personne décédée ?

– Il est mort ?

– Oui. Je suis désolé.

– Lee Harvey. C'est… enfin c'était mon compagnon. Nous devions nous marier.

– Et vous-même, vous êtes ?

– Tracie Andrews. J'ai 27 ans.

– Dites-moi ce qu'il s'est passé, Mlle Andrews…

– Lee et moi, nous allions faire des courses à Alvechurch.

– C'était lui qui conduisait ?

– Oui. À un moment donné, il a dépassé une Ford Fiesta verte en piteux état.

– Vous êtes sûre qu'il s'agissait d'une Ford Fiesta ? Vous connaissez bien les voitures ?

– Oui, je connais les voitures. Je suis certaine de ne pas me tromper.

– Et qu'est-ce que vous appelez « en piteux état » ?

– Elle était cabossée et rayée. Elle avait l'air très vieille.

Le superintendant hoche la tête.

– Je suppose que le conducteur de la Fiesta n'a pas supporté d'être doublé et qu'il s'est mis à votre poursuite…

– Exactement. Lee a accéléré. Mais il n'est pas excellent conducteur. L'autre nous a doublés, a fait une queue de poisson et on a été obligés de s'arrêter. L'homme est sorti et s'est dirigé vers nous. Je suis allée à sa rencontre.

– Que vouliez-vous faire ?

– Lui parler, le raisonner, empêcher une bagarre.

– Et qu'est-ce qu'il s'est passé ?

– Il m'a frappée plusieurs fois au visage. Après, j'ai du mal à me souvenir exactement…

– Mais avant, vous l'avez vu. Comment était-il ?

– Une peu plus âgé que nous, 35 ans, peut-être 40.

– Brun ? Blond ?

– Je ne sais pas, il avait une casquette.

– Est-ce qu'il y a un détail qui vous revient à son sujet ?

– Il avait le regard fixe.

– Vous dites ?

– Le regard fixe. Je ne peux pas vous dire mieux…

– Et après, qu'est-ce qu'il s'est passé ?

– Comme je vous l'ai dit, j'avais un peu perdu mes esprits… Je pense que l'homme est allé vers notre voiture.

– Votre compagnon n'avait pas bougé ?

– Je ne pense pas.

– Vous-même, vous y êtes retournée plus tard ?

– Oui. Et c'est là que j'ai vu que Lee était plein de sang et qu'il ne bougeait plus…

Le superintendant Simons clôt l'interrogatoire.

– Je ne veux pas vous éprouver davantage. On va vous conduire à l'hôpital et s'occuper de vous.

L'affaire est vite connue du grand public et elle suscite une grande émotion. C'est qu'il y a un précédent. Une semaine plus tôt, une altercation entre automobilistes s'est terminée par des coups de couteau. La victime n'est pas décédée, mais elle a tout de même été gravement touchée et elle est toujours hospitalisée. Six mois plus tôt encore, un autre automobiliste avait sorti un revolver et, cette fois, il y avait eu mort d'homme.

La particulière sauvagerie de ce meurtre est abondamment commentée par la presse. Lee Harvey n'a pas reçu moins de trente coups de couteau, sans parler de celui qui lui a sectionné le cou. Des cris d'alarme s'élèvent dans l'opinion, qui se demande si on n'est pas en train de retourner à l'âge de la barbarie et qui exige de la police une action rapide.

C'est pourquoi le superintendant Simons emploie de gros moyens pour retrouver l'agresseur. Il met plusieurs hommes sur la piste de la Ford Fiesta. Avoir la liste des possesseurs de ce type de voiture n'est pas difficile, mais à partir de là, il faut faire un véritable travail de fourmi pour vérifier les véhicules et retenir ceux qui sont en mauvais état.

Au bout du compte, ils ne sont qu'une vingtaine. Si on élimine les propriétaires ne répondant pas au signalement, dont plusieurs personnes âgées, ainsi que ceux qui ont un alibi incontestable, il ne reste plus qu'un certain Gregor Osborne. L'homme, lui, a tout à fait le profil de l'agresseur : il a 40 ans et il a été condamné plusieurs fois pour coups et blessures. Malheureusement, il est introuvable.

Inutile de dire que le superintendant Simons le traque à travers tout le pays. Son portrait est diffusé dans les journaux et à la télévision. De toute évidence, l'homme ne va pas tarder à être pris. L'enquête aura finalement été très rapide, car il y a seulement vingt-quatre heures que le meurtre a eu lieu...

C'est alors que l'inspecteur Philips, que le superintendant Simons avait chargé du reste des investigations, vient trouver son supérieur.

– Je crains que l'affaire se présente un peu différemment de ce que nous avions supposé.

– Que voulez-vous dire ?

– J'ai mené des recherches le long de la route, chez les riverains et parmi les automobilistes qui l'ont empruntée à cette heure-là : aucun d'eux ne se souvient avoir vu de Ford Fiesta verte, en mauvais état ou pas.

– Ce n'est pas une preuve.

– Certainement, mais c'est troublant... D'autre part, il y a le témoignage de l'automobiliste qui est arrivé le premier sur les lieux et qui nous a prévenus. Lui non plus n'a pas vu de Ford verte, mais ce n'est pas le plus important, elle était peut-être déjà partie.

– Quel est le plus important ?

– Avant de nous appeler, il a été voir les passagers de la voiture blanche. Il a constaté qu'il n'y avait rien à faire pour l'homme, mais il a pu interroger la femme. Elle lui a dit qu'ils avaient été attaqués par le conducteur d'une automobile, mais elle n'a pas pu préciser de quelle marque, parce que, lui a-t-elle dit, « elle n'y connaît rien aux voitures ».

Le superintendant Simons reste sans rien dire. Qu'est-ce que cela signifie ? Avec lui, elle a prétendu exactement le contraire. Elle se moque du monde ? Elle dit n'importe quoi ? Le superintendant écoute l'inspecteur Philips avec une attention redoublée.

– J'ai aussi enquêté sur Tracie Andrews. Savez-vous qu'elle a déjà été arrêtée pour coups et blessures ? C'était contre son amant du moment, avant sa rencontre avec Lee Harvey. Mais lui aussi, elle l'a frappé. C'est dit dans un rapport de police du 19 octobre de cette année. Elle l'a frappé et mordu et, d'après les témoins, il n'a pas fait un geste pour se défendre.

Voilà, effectivement, qui fait apparaître les choses sous un aspect différent. Mais il reste un problème de taille. Que Lee Harvey se soit laissé frapper et mordre sans réagir, parce qu'il ne voulait pas lever la main sur une femme, très bien, mais il n'a pas pu se faire massacrer par elle sans se défendre. En particulier, il n'a pas pu la laisser lui couper le cou d'une oreille à l'autre sans réagir... C'est à ce moment que le téléphone sonne. C'est le médecin légiste pour son rapport et il va apporter des précisions fondamentales.

– L'arme du crime est un couteau à petite lame, genre canif ou couteau suisse. La victime en a reçu trente coups, dont un au cœur, qui a été immédiatement mortel. Mais ce n'est pas le coup qui a été frappé en dernier, loin de là.

– Ce qui signifie ?

– Que l'agresseur a continué à frapper sa victime après sa mort. Il lui a donné une vingtaine de coups de couteau, il est difficile de dire un nombre précis. Pour l'égorgement, en revanche, je suis formel : il a eu lieu *post mortem*. La blessure a très peu saigné.

Le superintendant Simons imagine à présent un tout autre scénario que celui de l'homme à la voiture verte. Il demande au praticien :

– Est-ce qu'une femme a pu porter ces coups ?

– S'il s'agit d'une femme bien bâtie, oui, sans aucun doute. D'autant que la victime est du genre fluet pour un homme.

Le policier remercie et raccroche... Bien bâtie, Tracie Andrews l'est sans aucun doute – il a pu en juger tandis qu'il l'interrogeait. Il n'en est pas absolument certain, mais les choses ont dû se passer de la manière suivante. Lee et Tracie ont une querelle de ménage dans la voiture. Il s'arrête, elle sort un canif qu'elle a sur elle et commence à le frapper. Cette fois, plus question de galanterie. Il sait qu'elle est violente et il comprend que sa vie est en danger. Il la frappe plusieurs fois à la tête. C'est alors qu'il reçoit le coup fatal au cœur. Il est mort, mais elle continue à s'acharner sur lui et, en particulier, elle lui tranche la gorge.

Il reste quand même qu'on ne peut totalement exclure l'hypothèse d'une agression extérieure. Tracie Andrews a pu se contredire sous l'effet de ses blessures et de sa douleur physique et morale. Tant que l'automobiliste ne sera pas retrouvé, un doute subsistera…

Le doute est levé le jour même. On annonce au superintendant Simons la venue d'un témoin important. Et il ne s'agit pas de n'importe qui : Gregor Osborne, l'homme à la Ford verte en personne. Le policier le fait entrer immédiatement. Il a l'aspect du coupable idéal : inquiétant, patibulaire. A-t-il le regard fixe, comme l'a prétendu Tracie Andrews, s'agissant de leur agresseur ? On va vite se rendre compte que cela n'a aucune importance.

– J'ai préféré venir vous voir. Un meurtre, c'est trop grave.

– Si vous avez un alibi, vous ne risquez rien.

– J'en ai un, mais il est… pas comme les autres.

L'homme prend une inspiration, puis il dit tout.

– À l'heure du crime, j'étais à l'autre bout de l'Angleterre, à Brighton. Je cambriolais une villa.

C'est effectivement un alibi pas comme les autres ! Mais Gregor Osborne donne plusieurs détails, qui sont vérifiés par la police, à la suite de quoi il est mis hors de cause et emprisonné pour un chef d'accusation infiniment moins grave que celui de meurtre.

Tracie Andrews se retrouve devant le superintendant Simons, alors qu'elle vient juste de sortir de l'hôpital où elle a été traitée pour ses blessures, plus spectaculaires que graves. Elle s'attend à ce qu'il lui demande de préciser ses accusations : elle va tomber de haut.

Le policier la prie de s'asseoir. Maintenant que son visage est moins marqué, il peut constater à quel point elle est belle femme. Elle doit être particulièrement vigoureuse aussi. Elle a certainement dû faire du sport.

– Pourquoi avez-vous fait cela, mademoiselle ?

– Fait quoi ?

– Massacré votre fiancé.

– Vous êtes fou ?

– Et où avez-vous caché l'arme du crime ?

Le policier peut aussi constater la violence de Tracie Andrews. Elle explose. Elle pousse des jurons, elle se répand en imprécations sur le superintendant et la police entière. Ensuite elle réalise que cette réaction la dessert, elle se calme brusquement, mais elle continue à nier avec la plus grande énergie.

Cela ne l'empêche pas d'être arrêtée… La presse apprend la nouvelle avec stupéfaction. Du coup, son indignation change d'objet. Elle ne met plus en cause la barbarie routière, mais elle découvre que l'auteur du crime le plus violent des dix dernières années en Angleterre est une femme. Tracie Andrews y gagne un surnom inédit : « la massacreuse ».

Son procès s'ouvre le 30 juin 1997, devant la cour d'assises de Birmingham. La salle est pleine à craquer et tous les principaux médias d'Angleterre y sont représentés. L'accusation soutient qu'il s'agit bien d'une scène de ménage qui a mal tourné. Elle s'attarde sur les nombreux coups de couteau et l'égorgement, rappelant que ce déchaînement a eu lieu après la mort du malheureux Lee Harvey. Non seulement « la massacreuse » a tué son fiancé, mais elle s'est acharnée sur son cadavre jusqu'à l'épuisement de ses forces.

En face, la défense est fidèle à la thèse de l'accusée, qui a maintenu qu'il s'agissait d'une altercation avec un automobiliste. Et elle fait venir à la barre un repris de justice, qui affirme avoir été menacé par un homme au volant d'une Ford Fiesta verte et armé d'un couteau. Mais tout cela n'est pas très convaincant et Tracie Andrews est condamnée à la perpétuité, avec une peine de sûreté de quatorze ans.

En prison, elle continue à faire parler d'elle. Six mois après sa condamnation, elle fait une confession écrite, reproduite par la presse. Il s'agissait bien d'une dispute qui a dégénéré. Lee Harvey a voulu la défigurer à l'aide d'un couteau. Elle a réussi à s'emparer de l'arme et, dans un accès de rage, a frappé à de multiples reprises son fiancé. Elle avoue avoir jeté le couteau dans les toilettes de l'hôpital où elle a été conduite. En résumé, elle avoue les faits, mais elle les met sur le compte de la légitime défense. De l'avis général, tout cela n'est guère crédible.

En 2009, elle demande et obtient de subir une opération de chirurgie esthétique. L'intervention est facturée 5 000 livres et, conformément à la loi, elle est à la charge de l'État, ce qui scandalise l'opinion.

Tracie Andrews est libérée à la fin de sa période de sûreté, en juin 2011. Aujourd'hui, elle s'est fait teindre en brune et elle s'est remariée. Elle n'a jamais exprimé le moindre remords.

« IL A CASSÉ UN MICKEY »

Il fait un temps printanier ce 6 mai 1997 et les gens sont nombreux à visiter les stands de la vente de charité Saint-Joseph, dans la petite ville d'Irvington, au New Jersey.

Parmi les acheteurs éventuels qui flânent entre les stands, un homme et une femme attirent spécialement l'attention. L'homme s'appelle Louis Musso, il a 59 ans et il est habillé en cow-boy, mais en cow-boy tout blanc : chapeau à larges bords immaculé, chemise, veste, pantalons et bottes de la même couleur. Seules ses lunettes noires font un contraste sombre avec l'ensemble. À part cela, il est du genre frêle et même chétif et sa silhouette n'en attire que plus l'attention...

Louis Musso n'a pas mis cette tenue pour la circonstance, il est toujours vêtu ainsi, même lorsqu'il effectue son travail de manutentionnaire dans l'un des supermarchés de la ville... Il y a longtemps que ses employeurs ont renoncé à lui faire quitter cette tenue trop salissante pour la tâche qui est la sienne. Ses collègues s'y sont habitués aussi. Il faut dire que Louis Musso n'est pas comme tout le monde: c'est un simple d'esprit, son âge mental est d'environ 8 ans...

Il se promène dans les allées, souriant, comme à son habitude. Il n'est pas riche et ce qu'il cherche ne vaut pas bien cher: une figurine en plastique représentant un cow-boy ou un indien. Il en a des centaines dans le petit logement qu'il habite, au centre de la ville.

Autrefois, ils étaient deux à y vivre. Louis Musso était marié, il l'a été vingt ans et il a connu une union sans nuage. Hélas, son épouse est morte d'un cancer en 1980. Depuis, « Musso », comme on l'appelle, vit seul mais bien entouré. La communauté prend soin de lui.

– Alors, Musso, tu l'as trouvé ton indien ?

– Pas encore, mais ça va venir...

Une autre personne ne passe pas inaperçue à la vente de charité. Il faut dire qu'elle est particulièrement obèse. Aux États-Unis, les personnes en surpoids sont nombreuses, mais à ce point, ce n'est tout de même pas fréquent: Sue Basso, 44 ans, ne fait pas moins de 160 kg !

Suzanne Margaret Burns a eu un début d'existence mouvementé... Elle est née, huitième et dernier enfant d'une famille pauvre installée dans l'État de New York. La vie est difficile, elle commet toutes sortes de délits et elle passe une partie de sa jeunesse en maison de correction.

Dès qu'elle le peut, Suzanne, que tout le monde a pris l'habitude d'appeler « Sue », quitte le milieu familial. À 16 ans, elle épouse un beau marine, James Peek. Mais leur union n'est pas heureuse. Ils sont violents et aussi volages l'un que l'autre. Ils ont des aventures chacun de leur côté et leurs scènes de ménage ne se comptent plus. En 1980, pire encore : James est arrêté et emprisonné pour le viol de sa fille de 9 ans. Quant à Sue, elle n'est pas en reste : elle a des relations sexuelles avec son fils, James Junior.

En 1993, elle divorce et part vivre à l'autre bout des États-Unis, au Texas. Elle se met en ménage avec Carmine Basso, propriétaire d'une société de sécurité. Après tant d'années de galère, c'est la stabilité, car Carmine a de l'argent, il est même riche. Ils ne prennent pas la peine de se marier, ce qui ne l'empêche pas de se faire appeler, à partir de ce moment, Sue Basso.

Malheureusement, cette négligence a de graves conséquences pour elle. Carmine Basso meurt brutalement au début de l'année 1997. N'ayant aucun lien légal avec lui, elle est chassée de la maison qu'ils partageaient et se retrouve sans le sou. Par chance, une amie, Bernice Miller, l'héberge dans l'appartement qu'elle habite à Jacinto, un faubourg de Houston…

Il y a quelques jours, Sue a décidé d'aller rendre visite à sa tante Carla, qui habite le New Jersey et qui est la seule, dans la famille, à posséder un peu d'argent. Sue espérait d'elle un peu d'aide. Mais la tante lui a claqué la porte au nez et Sue s'est retrouvée désœuvrée, en attendant de reprendre le bus qui la ramènera au Texas…

Elle en est là de ses réflexions, lorsqu'elle aperçoit un être curieux, tout de blanc vêtu, avec un chapeau, une veste, un pantalon et des bottes de cow-boy, qui demande à une femme qui tient un stand de figurines de porcelaine :

– Vous n'auriez pas des cow-boys et des indiens ?

Sur la réponse négative de son interlocutrice, il s'éloigne, l'air un peu dépité. Sue Basso s'approche de lui :

– Pourquoi des cow-boys et des indiens ?

– C'est pour moi. Je fais la collection.

– Vous en avez beaucoup ?

– Oh, oui, des centaines !

– Eh bien, on va chercher ensemble.

– Vous feriez cela pour moi ?

– Je prends le bus ce soir pour retourner au Texas. D'ici là, j'ai tout le temps…

– Vous habitez le Texas ?

– Oui. Jacinto, près de Houston.

– Ça doit être joli, là-bas !

– Très joli…

Et ils discutent tout au long des allées de la vente de charité. Lui n'est pas rebuté par le physique de la femme : on s'intéresse à lui et on lui parle gentiment, c'est suffisant pour qu'il soit sous le charme. Elle, qui était en train de se demander ce qu'elle allait faire après le refus de sa tante, vient d'avoir une idée, en découvrant ce simple d'esprit. Le tout est de l'attirer au Texas…

À partir de ce moment, la vie de Louis Musso n'est plus la même. Il est tout le temps guilleret, parfois, il chantonne. Avec ses collègues de travail et ses voisins, qui lui en demandent la raison, il garde longtemps un silence mystérieux et puis, un jour, il se décide. Il répond avec un sourire radieux :

– C'est à cause de la dame de mon cœur !

– Il y a une dame dans ton cœur ?

– Oui. On s'est rencontrés à la vente de charité. Elle s'appelle Sue.

– Où est-ce que vous vous voyez ? Chez toi ?

– Non. Elle habite au Texas. On s'écrit.

– Et tu vas y aller ?

– Je vais bientôt la rejoindre là-bas...

Pendant des mois, Louis Musso continue sa correspondance avec la « dame de son cœur ». Et puis, en juillet 1998, il annonce la grande nouvelle :

– Ça y est : je pars ! Je vais m'installer avec elle au Texas !

– On ne te reverra plus, alors ?

– Non. Mais je vous écrirai...

Et, deux jours plus tard, Louis Musso prend le bus, dans sa tenue de cow-boy immaculée, en direction du Sud des États-Unis. Dans sa valise, il y a ses modestes affaires personnelles et un papier que la dame lui a envoyé, en lui demandant de le lui rapporter signé. Il l'a fait de bon cœur, sans comprendre de quoi il s'agissait. C'est une police d'assurance vie de 15 000 dollars, au profit de Sue Basso.

26 août 1998. Un couple de promeneurs flâne dans les allées du Galena Park, un espace de loisirs de la ville de Jacinto. Soudain, l'homme avise un tas de vêtements dans un bosquet, derrière un banc.

– Qu'est-ce que c'est que ça ?

– Des vieux habits. Ce n'est pas la peine d'y toucher.

– Tout de même ! Il faut aller voir...

L'homme s'approche... Non ce ne sont pas de vieux vêtements abandonnés, il y a quelqu'un à l'intérieur, un homme plutôt frêle. Et il n'est pas mort naturellement : il a une énorme plaie au sommet du crâne.

28 août. Le shérif Benson de Jacinto attend le rapport d'autopsie concernant le cadavre retrouvé par des passants dans le Galena Park. Outre l'identité de celui qu'il a surnommé « l'inconnu de Galena », il y a la cause exacte de sa mort. Il a été assassiné, c'est un fait certain, mais de quelle manière précise ? Cela, c'est le médecin légiste qui l'établira. Le téléphone sonne. Le shérif Benson sent qu'il va apprendre du nouveau. Il ne va pas être déçu !

Au bout du fil, la voix du praticien est tout excitée.

– Je crois que je n'ai jamais vu un cas pareil durant toute ma carrière ! Je vous fais suivre mon rapport. Il y en a sept pages.

– Tant que ça ?

– C'est qu'il y a à dire. L'homme avait environ 60 ans, il était de constitution frêle et même chétive. Il est mort d'une fracture du crâne, due à un objet contondant. Mais ce n'est pas tout, loin de là. Il a eu le nez cassé, dix-sept coupures faciales, quatorze côtes cassées, des brûlures et des contusions sur tout le corps, y compris les parties génitales.

– C'est un véritable massacre !

– Je parlerais plutôt de torture.

– Quelle est la différence ?

– Le temps. Ces sévices se sont étendus sur une période exceptionnellement longue ; je dirais trois semaines. Il a été littéralement tué à petit feu.

– C'est extraordinaire !

– Et ce n'est pas le plus étonnant. Il ne porte aucune trace de liens aux poignets ni aux chevilles. Il n'y a pas non plus de drogue dans l'estomac. Il était donc conscient et en état de se défendre durant tout ce temps.

– Vous voulez dire qu'il s'est laissé martyriser pendant trois semaines ?

– Ce n'est pas moi qui le dis, c'est l'autopsie et les conclusions sont formelles... Une dernière chose : ses vêtements ne sont pas ceux qu'il portait quand il a été tué. On l'a déshabillé et rhabillé après la mort.

L'inconnu de Galena ne le reste pas longtemps. Le lendemain même, on prévient le shérif Benson qu'une certaine Sue Basso est venue signaler la disparition de son fiancé, Louis Musso. Le shérif la fait venir dans son bureau. C'est une femme extrêmement corpulente. Elle est en compagnie d'un jeune homme au crâne rasé, vêtu d'un treillis militaire, qu'elle présente comme son fils James Junior. Le shérif ne perd pas de temps : il part en leur compagnie à destination de la morgue. Lorsqu'on extrait le cadavre de son casier, la femme pousse des cris déchirants.

– Louis, mon pauvre Louis ! Qu'est-ce qui lui est arrivé ?

– Il a été assassiné.

– Je ne peux pas vous croire. Ce doit être un accident.

– Ce n'est pas un accident, il a été torturé et assassiné...

La femme reprend ses cris et ses larmes. Le policier s'apprête à lui dire quelque chose, mais il se rend compte soudain que le jeune homme est resté parfaitement impassible. Il n'a manifesté ni surprise ni aucun sentiment quelconque.

– Ça n'a pas l'air de vous faire grand-chose à vous !

– Ben, non. C'est nous qui l'avons tué.

James Junior a dit cela placidement, sans élever la voix. Du coup, sa mère arrête ses démonstrations de chagrin et tente de le faire taire. Mais il est trop tard.

– Qui ça « nous » ?

– Bernice Miller, son fils, sa fille, maman et moi.

– Et pourquoi avez-vous fait cela ?

– Il a cassé un Mickey.

– Je vous demande pardon ?

– Il a fait tomber une statuette de Mickey qui était sur la table. Elle s'est cassée.

– Et c'est pour cela que vous l'avez torturé pendant des semaines ?

– Torturé, c'est beaucoup dire. On lui donnait un coup de temps en temps. Et on le brûlait aussi avec des cigarettes. À la fin, il est mort.

– Et vous lui avez enlevé ses vêtements...

– Comment vous savez ça ?... Oui, on l'a déshabillé et on l'a mis dans la baignoire. On voulait le faire disparaître avec de l'acide, mais c'était trop compliqué. Alors, on l'a rhabillé avec d'autres habits et on l'a abandonné dans le parc.

– Et cela se passait où, tout ça ?

– Chez Bernice Miller, à Jacinto.

– Eh bien, on va y aller…

Emmenant Sue Basso et son fils, les policiers se rendent à l'adresse indiquée. C'est un grand appartement dans un quartier misérable de Jacinto. Par une chance inespérée, Bernice Miller et ses deux enfants, Hope, 25 ans et Craig, 20 ans, s'y trouvent. Ils sont tous immédiatement arrêtés. Pour le reste, il règne un désordre invraisemblable. Mais, dans les papiers qui traînent un peu partout, le shérif Benson découvre une assurance vie signée par Louis Musso en faveur de Sue Basso. Il est prêt à parier que c'est ce document qui a causé la mort de la victime et non la destruction de la figurine de Mickey, comme l'a prétendu James Junior.

Ce dernier a assisté à la perquisition avec la placidité qu'il n'a pas cessé de manifester jusque-là. Il adresse la parole au shérif :

– Vous voulez voir les vêtements qu'il avait ?

– J'allais le demander…

Sous le regard consterné des quatre autres, il le conduit à la cuisine. Là, il ouvre une poubelle sous l'évier et en sort une tenue de cow-boy. Elle a dû être blanche autrefois, mais elle est à présent tachée de sang et de poussière. Elle dit mieux que tout ce qu'a été le calvaire du malheureux.

Le shérif s'empare de cette pièce à conviction et ne peut s'empêcher de s'interroger sur l'état mental du jeune homme. Des examens, réalisés plus tard par des psychiatres, confirmeront qu'il n'est pas loin de la débilité. Dans ses entretiens avec eux, il répétera d'ailleurs être certain que Louis Musso a été tué parce qu'il avait cassé un Mickey.

Un autre le pensait aussi, c'est le second attardé mental de ce drame. Au cours du calvaire, un voisin, alerté par les bruits de coups et les cris, a sonné à la porte de l'appartement. C'est Louis Musso lui-même qui lui a ouvert. Il avait la tête tuméfiée. L'homme lui a demandé s'il avait besoin de secours. Il lui a répondu :

– Laissez-moi, j'ai cassé un Mickey...

Telle était la raison de son incroyable absence de réaction. Dans son esprit d'enfant, il estimait normal, il estimait même juste qu'il soit maltraité, puisqu'il avait cassé un Mickey.

La justice texane décide qu'il y aura deux procès pour cette affaire : ceux qui sont considérés comme des complices d'abord, et Sue Basso, seule, ensuite... Bernice Miller, ses enfants Hope et Craig, ainsi que James Junior passent donc devant le tribunal criminel de Houston, en avril 1999.

Très prolixe, comme à son habitude, James Junior décrit longuement les mauvais traitements infligés à Louis Musso : il a été battu, torturé et privé de nourriture. À l'issue des débats, Bernice Miller est condamnée à quatre-vingts ans de prison, sa fille Hope, qui avait collaboré avec les autorités, à vingt ans, son fils Craig à soixante et James lui-même, malgré son âge mental, à la prison à vie.

Le procès de Sue Basso s'ouvre trois mois plus tard, en juillet 1999. En prison, elle a extraordinairement maigri, elle a perdu 60 kg. Elle a aussi été atteinte d'une maladie dégénérative, qui lui retire progressivement l'usage de ses jambes et elle paraît devant la Cour en fauteuil roulant.

Hope Miller, conformément au marché qu'elle a passé avec la justice en échange d'une peine réduite, vient l'accabler à la barre. Elle déclare l'avoir vue battre Louis Musso avec un aspirateur, une ceinture et lui sauter sur le corps. Elle a encouragé son fils à le battre avec des bottes ferrées. Le fait qu'elle soit la bénéficiaire de l'assurance vie pèse également très lourd en sa défaveur. Elle est condamnée à mort le 28 août.

Son avocat se bat de toutes ses forces pour qu'elle soit graciée. Elle est maintenant totalement paralysée. L'accusation l'a présentée comme le chef du groupe, mais rien ne prouve que cela soit vrai. Rien ne prouve non plus que ce soit elle qui ait porté le coup fatal.

Les efforts de son défenseur sont méritoires, mais ils ne servent à rien, sinon à lui faire endurer le supplice des condamnés américains : une interminable attente dans le couloir de la mort. Sue Basso y passera plus de quatorze ans !

Elle en est extraite le 5 février 2014, pour être exécutée par injection létale. Par une malchance supplémentaire, sa mort est affreuse et révolte l'opinion : elle agonise pendant pas moins de onze minutes, comme si cette horrible histoire ne pouvait que se terminer de manière horrible !

LA TRUITE

Marybeth Roe naît en 1942 à Duanesburg, une bourgade industrielle de l'État de New York, sans grâce et sans caractère. Et elle ressemble tout à fait à son cadre de vie. C'est une enfant solitaire, qui a la manie un peu agaçante de vouloir attirer l'attention sur elle. Mais on ne peut pas dire qu'elle y réussisse. Insignifiante elle est, insignifiante elle reste. Aucun de ceux qui l'ont côtoyée à l'époque n'a gardé le moindre souvenir d'elle. L'un de ses professeurs dira plus tard :

– Rien ne me revient à son propos, que ce soit en bien ou en mal. Pour moi, elle était transparente.

Fille quelconque, s'habillant de manière quelconque, ni laide ni jolie, Marybeth ne fait partie d'aucune bande, sort très peu et ne se fait pas remarquer par ses flirts. Sur le plan scolaire, elle est un peu au-dessous de la moyenne ; elle n'est bonne dans aucune matière et très mauvaise dans aucune. Quand elle quitte le lycée, elle aimerait bien faire des études supérieures, mais son niveau n'est pas suffisant pour entrer à l'université. Alors, elle débute sa vie active. Elle végète en faisant des petits boulots.

En 1966, à 24 ans, elle se marie. L'élu, Joe Tinning, qui travaille à la General Electric, comme pratiquement tout le monde dans la région, est sa réplique au masculin : un garçon comme il y en a des milliers, pas très malin et désireux, surtout, de ne pas faire d'histoires. Pendant les événements qui vont suivre, on ne parlera jamais de lui, c'est comme s'il n'existait pas. À un détail près, pourtant : les enfants. Durant tout leur mariage, il va lui faire des enfants.

Quant à elle, cette femme banale, elle va avoir un comportement extraordinaire, qui va la faire connaître dans tout le pays : elle va imiter la truite. Ce poisson, élégant et racé, fait les délices des pêcheurs, des gastronomes, voire des mélomanes, mais présente une particularité étonnante : la femelle tue ses enfants ! Tout de suite après avoir mis bas, elle dévore ses alevins. Seuls ceux qui sont assez rapides pour lui échapper auront une chance de grandir ; pour les autres, l'existence n'aura duré qu'une poignée de secondes...

Un jour de janvier 1969, Marybeth Tinning s'aperçoit qu'elle est enceinte pour la première fois : l'histoire peut commencer !

Au début, tout se passe normalement. Fin 1969, Marybeth a une fille, Barbara, et, l'année suivante, elle donne naissance à un garçon, Joseph. L'année suivante encore, elle s'aperçoit qu'elle est de nouveau enceinte. Nous sommes en juillet 1971 et c'est alors que se produit l'événement.

Marybeth est mère au foyer. Elle estime qu'ayant à s'occuper de deux enfants, qui seront bientôt trois, elle a suffisamment de travail. Faire rentrer de l'argent, c'est Joe qui s'en charge, avec son poste à la General Electric.

Or, Joe, justement, fait irruption à la maison à 14 h. Elle est prise d'une vive inquiétude. À cette heure, c'est la première fois.

– Qu'est-ce qu'il t'arrive ?

– Je suis venu te prévenir. C'est ton père...

– Quoi, mon père ?

– Il a eu un accident...

Et Joe Tinning explique que son beau-père, qui est employé comme lui à la General Electric, a été grièvement blessé par la machine sur laquelle il travaillait. Il a été impossible de le sauver... Marybeth adorait son père et elle est prise d'une crise épouvantable : elle sanglote, elle hoquète. On doit faire venir le docteur, qui lui administre un calmant.

À l'enterrement, le même comportement se répète : elle pousse des cris, elle tombe à terre. On craint qu'elle fasse une fausse couche, car elle en est à son septième mois de grossesse. Rien de tel ne se produit, mais dans les jours qui suivent, elle reste totalement prostrée. Il faut que des voisines viennent l'aider à s'occuper des enfants et faire les tâches ménagères. De nos jours, elle aurait été prise en charge par un psychiatre, mais ce n'est pas une pratique habituelle alors, et elle se remet toute seule comme elle peut.

Tout semble s'arranger, car elle parvient sans difficulté au terme de sa grossesse. Dix semaines après la mort de son père, elle donne naissance à une fille vigoureuse et pleine de santé, que son mari et elle prénomment Jennifer. Mais huit jours seulement plus tard, Marybeth revient à l'hôpital avec son nourrisson dans les bras. Elle est dans le même état qu'après l'enterrement de son père : absente, presque hébétée. Elle marche comme une somnambule. L'une des infirmières qui l'avaient suivie lors de son accouchement se précipite.

– Qu'est-ce qu'il se passe, madame Tinning ?

– Je crois que Jennifer ne va pas bien…

« Pas bien », c'est le moins qu'on puisse dire : elle est morte depuis plusieurs heures. Les médecins sont très surpris de cet événement subit, alors que la santé de l'enfant ne semblait poser aucun problème. Faute de mieux, ils diagnostiquent une méningite foudroyante et, pour Marybeth, a lieu un deuxième enterrement dans un temps tragiquement court.

C'est ce que ressentent ses amis et connaissances, qui s'empressent autour d'elle : deux malheurs arrivant de manière si rapprochée, c'est trop injuste ! Elle, jusqu'ici insignifiante, est l'objet de l'attention générale. Elle balbutie des :

– Merci… Merci…

Et elle parvient à esquisser de tristes sourires à travers ses larmes.

Quinze jours seulement ont passé, lorsque Marybeth Tinning franchit de nouveau les portes de l'hôpital, avec un enfant dans les bras. C'est la même infirmière qui l'aperçoit. L'enfant qu'elle porte n'est pas un nouveau-né, il est plus grand. Elle le prend à sa mère.

– Qui est-ce ?

– Mon fils Joseph. Il a 2 ans.

Tout en courant vers le service des urgences, l'infirmière l'interroge.

– Qu'est-ce qu'il lui est arrivé ?

– Il allait bien, mais il a eu une sorte d'attaque. Il s'est arrêté de respirer.

Pour l'instant, en tout cas, l'enfant respire. Et le médecin qui l'examine se veut rassurant.

– Ce n'est pas grave, madame Tinning. Ce doit être une infection virale. Nous allons le soigner et, dans dix jours, il sera sur pied.

Le praticien ne se trompe pas. Dix jours exactement plus tard, il rend le petit Joseph à sa mère.

– Il n'y a plus rien à craindre, maintenant ! Tout va bien aller...

Malheureusement, cette fois, il se trompe. Quelques heures à peine plus tard, Marybeth Tinning fait sa réapparition à l'hôpital, portant l'enfant inanimé.

– Il s'est entortillé dans ses draps.

On ne peut que constater sa mort. Il ne respire plus, il est déjà tout bleu. Les divers examens pratiqués ne donnent rien et, dans l'impossibilité de savoir ce qui est arrivé, on se résout à inscrire sur le registre : « Cause du décès inconnue ». C'est tout. Personne n'a le moindre soupçon. Il s'agit d'une tragique fatalité, rien d'autre.

À l'enterrement qui suit, Marybeth Tinning affiche un visage éploré. Il y a peut-être encore plus de monde que pour les obsèques de Jennifer. Car, pas plus qu'à l'hôpital, personne ne se pose la moindre question. Pour tous, elle est l'objet d'un acharnement incroyable du destin. Perdre deux enfants, après avoir perdu son père, c'est une épreuve abominable ! Marybeth Tinning est entourée comme elle ne l'a jamais été.

– On est de tout cœur avec vous et, si vous avez besoin de quelque chose, n'hésitez pas !

Elle esquisse des sourires tristes et balbutie des remerciements...

Plus d'une année s'écoule sans problème. Marybeth Tinning ne fait plus parler d'elle ; elle est redevenue, avec son mari, un couple banal au possible. Mais au mois de mars 1973, la scène déjà bien connue se reproduit : elle fait son entrée à l'hôpital avec Barbara, 4 ans – dernier enfant vivant – dans les bras... Contrairement aux précédents, son état ne semble pas trop grave. Le médecin de service n'a pas l'air inquiet.

– Qu'est-ce qu'elle a ?

– Elle a eu des convulsions.

Le praticien procède à un examen approfondi, sans trouver de pathologie particulière. Il conclut :

– A priori, elle va bien. Mais les convulsions, cela peut être grave. Je vous propose de nous la laisser en observation.

Marybeth Tinning ne l'entend pas ainsi.

– Ce n'est pas la peine. Si elle n'a rien, je la reprends.

Elle repart donc avec la petite fille et revient, deux heures après, en la tenant inconsciente dans ses bras. Elle mourra dans le courant de la nuit... Les médecins de l'hôpital n'y comprennent rien et, en désespoir de cause, ils notent, comme cause du décès : « mort subite du nourrisson ». C'est sur ce diagnostic absurde concernant une petite fille de 4 ans, que se conclut la mort du troisième enfant de Marybeth Tinning. Pour le reste, il n'y a pas de soupçon particulier.

Il n'y en a pas non plus parmi les personnes présentes à l'enterrement. On ne ressent pas la même émotion que la fois précédente. C'est un peu comme si on s'y était habitué. Marybeth Tinning perd ses enfants, on prend cela comme une fatalité. La seule surprise vient d'une déclaration de l'intéressée, à l'issue de la cérémonie :

– Dans mon malheur, j'ai quand même une consolation : je suis enceinte !

Huit mois, exactement, plus tard, elle accouche de son quatrième enfant, un garçon, Timothy. Il n'aura pas la longévité, pourtant déjà brève, de sa sœur aînée. Deux semaines après, Marybeth le ramène sans vie à l'hôpital, déclarant simplement :

– Je l'ai trouvé comme ça dans son berceau.

Les médecins se satisfont de ces propos laconiques et notent, comme la fois précédente : « mort subite du nourrisson ». Il n'y a pas davantage d'étonnement à l'enterrement. C'est presque devenu une manière comme une autre de se retrouver entre amis et connaissances. De son côté, Marybeth Tinning ne manifeste plus qu'une tristesse modérée...

L'hécatombe continue. En mars 1975, elle donne naissance à son cinquième enfant, encore un garçon, Nathan. Il est aux urgences deux semaines plus tard, avec des difficultés respiratoires, des saignements importants du nez et de la bouche. On diagnostique une pneumonie et, comme il n'est toujours pas question de soupçons la concernant, on rend l'enfant à sa maman, guéri, un mois plus tard. L'enfant n'y survivra pas.

Le 2 septembre, Marybeth revient avec son bébé mort dans les bras. C'est l'interne qui s'était occupé de lui qui la reçoit. Il ne comprend rien à cette rechute fatale :

– Qu'est-ce qui est arrivé ?

– J'étais en voiture, avec lui sur le siège du passager. À un feu rouge, j'ai regardé dans sa direction et j'ai vu qu'il était mort.

– Et, avant, il allait bien ?

– Oui. Je n'avais rien remarqué, en tout cas.

On n'en saura pas davantage et la cause du décès est enregistrée sous le terme d'« œdème pulmonaire aigu »... Pourtant, pour la première fois, il se passe quelque chose. Cette suite de décès a fini par attirer l'attention de l'hôpital, mais pas du tout dans le sens qu'on pourrait imaginer. Alerter la police, demander une enquête : personne n'y songe un instant. Le personnel des urgences est partagé entre deux positions : la moitié compatit avec Marybeth Tinning et la plaint de tout cœur pour la perte tragique de ses cinq enfants ; l'autre moitié penche pour un problème médical. Il y a un facteur en elle, qui rend ses enfants non-viables.

Et Marybeth Tinning, qui sans doute se rend compte qu'elle doit faire quelque chose, intervient en faveur de ce second point de vue. Elle demande et obtient un rendez-vous avec le médecin chef de l'établissement.

– Voyez-vous, docteur, je pense que j'ai un problème génétique qui fait que mes enfants meurent.

– C'est possible, en effet.

– Alors, j'ai pensé que vous pourriez peut-être m'aider.

– Vous voulez que nous procédions à une stérilisation ?

– Ce n'est pas cela. J'aimerais avoir un enfant, mais sans le faire moi-même. Pouvez-vous m'aider à présenter une demande d'adoption ?

Le médecin chef y consent sans problème. La demande d'adoption suit son cours et, alors que beaucoup de couples stériles doivent patienter des années pour finir par essuyer un refus, la requête de Marybeth Tinning est traitée en priorité, en raison des malheurs qu'elle a subis et de ses « problèmes génétiques ».

En août 1978, soit après un délai exceptionnellement court, le foyer des Tinning se voit attribuer un petit garçon, Michael. Marybeth est alors enceinte de sept mois !

L'enfant, une fille prénommé Mary, naît au mois d'octobre suivant. Personne ne fait de remarque à la mère, pour cette nouvelle naissance, que l'adoption était censée éviter. Et personne ne dit rien non plus, lorsqu'elle se présente avec la petite Mary, au mois de janvier 1979. On se contente de donner des soins au bébé et de le rendre guéri à sa mère, qui le ramène mort un mois plus tard. Elle dit qu'elle l'a trouvé inanimé dans son berceau et on ne lui pose pas davantage de question. On enregistre le décès sous le diagnostic de « mort subite du nourrisson ».

Véritable machine à procréer, Marybeth Tinning continue de faire des enfants. Le 19 septembre 1979, elle donne naissance à un Jonathan. En mars 1980, elle l'amène à l'hôpital, parce qu'il a « des problèmes pour respirer ». On ne trouve rien et on le lui rend. Quelques jours plus tard, elle revient avec lui ; il n'a plus d'activité cérébrale et il meurt dans les minutes qui suivent. D'après le médecin qui signe le certificat, il s'agit encore d'une « mort subite du nourrisson »...

En se multipliant, les enterrements changent de tonalité. Ils deviennent banals et presque conviviaux. À chacun des décès, Marybeth fait la tournée de sa famille et de ses amis pour les convier à la cérémonie funéraire, avec une sorte d'excitation. L'un de ses proches dira :

– Chaque enterrement était vécu par elle comme une sorte de fête. Plus ils s'accumulaient, moins elle versait de larmes.

En mars 1981, il se produit un événement, qui, normalement, aurait dû être décisif : Marybeth Tinning arrive chez son pédiatre avec son fils adoptif enveloppé dans une couverture. Il est mort. Ce décès invalide brutalement la thèse génétique et, si la cause de l'hécatombe n'est pas médicale, il ne peut y avoir qu'une seule autre raison. Pourtant, personne n'ose l'envisager. Comme le déclarera le pédiatre :

– Je ne pouvais pas penser qu'une mère ait pu tuer ses huit enfants, plus son fils adoptif.

Dans ces conditions, il y aura une dixième victime.

En août 1985, Marybeth Tinning, qui a maintenant 43 ans, donne naissance à son neuvième enfant, une fille, Lynne. Elle est retrouvée morte le 20 décembre dans son berceau. Pour une fois, Marybeth ne se rend pas à l'hôpital, elle appelle un médecin. Celui-ci diagnostique, bien évidemment, une mort subite du nourrisson et signe sans sourciller le permis d'inhumer.

L'enterrement a lieu deux jours plus tard, le 22 décembre. La belle-sœur de Marybeth, Sandy Roe était souffrante et n'a pas pu y assister. Le lendemain, elle décide d'aller rendre visite à Marybeth pour l'assurer de sa sympathie. Mais elle la trouve toute souriante en train d'installer l'arbre de Noël dans le living. Avant qu'elle ait pu lui dire quoi que ce soit, celle-ci lui demande :

– Qu'est-ce que tu vas faire pour le réveillon ?

– J'avoue que je n'y ai pas pensé. Mais tu vas réveillonner, toi ?

– Évidemment, c'est Noël !...

Pour Sandy Roe, c'est une révélation, c'est comme un voile qui se déchire ! En un instant, elle comprend tout ; l'inimaginable vérité s'impose à elle. Marybeth n'a aucun chagrin, elle est même gaie. Et pourquoi, sinon parce qu'elle vient de tuer sa fille Lynne, comme ses neuf autres enfants avant elle ? Elle quitte la pièce sans rien ajouter et court à la police.

Les policiers sont stupéfaits par son récit. Ils n'étaient au courant de rien. Personne ne les avait informés de cette succession invraisemblable de morts, ni la direction de l'hôpital, ni l'un de ses employés à titre personnel, ni aucun des parents ou connaissances de Marybeth Tinning...

La suite va à une vitesse déconcertante. Une enquête est décidée. Le corps de la petite Lynne Tinning est exhumé et l'autopsie révèle qu'elle a été étouffée. Interrogée, Marybeth ne tarde pas à avouer ses meurtres, sans donner d'explication à leur sujet et elle ajoute, ce que personne ne lui aurait demandé, qu'elle était en train d'empoisonner son mari. Elle refuse en revanche de dire pour quelle raison.

Son procès a lieu en 1987. Sa responsabilité est reconnue par les psychiatres et elle se voit condamner à la perpétuité, avec une période de sûreté de vingt ans... Logiquement, elle dépose une demande de libération au bout de ce délai. Mais elle déclare pour expliquer les meurtres :

– Je traversais une période difficile à l'époque.

Comme elle a tué pratiquement une fois par an, la raison est peu crédible et la commission des grâces refuse sa libération, jugeant que ses remords sont « au moins superficiels ». La condamnée ne montre pas davantage de repentir par la suite, puisque ses demandes de 2011, 2013 et 2016 sont repoussées à leur tour, ce qui est exceptionnel…

Après avoir été une femme tout ce qu'il y a de banal, Marybeth Tinning a donc fini par sortir de l'ordinaire. Être meurtrière de ses dix enfants sans en manifester de regret, c'est effectivement exceptionnel, c'est même peut-être unique.

LES FAUTEUILS VIDES

Le commissaire Romeo Fabri de Bologne arrive dans le parc de la luxueuse villa des Pietri. Il arrête le hurlement de sa sirène et s'immobilise devant la porte d'entrée, en faisant crisser le gravier. Derrière lui, une ambulance, des pompiers et une autre voiture remplie de policiers en font autant.

Il est un peu plus de 9 h du matin, ce 18 mai 1995... C'est la femme de ménage qui a appelé la police, quand elle a pris son service, il y a une demi-heure. D'habitude, le commissaire n'accourt pas lui-même en catastrophe, mais là, il lui aurait été difficile de faire autrement. D'abord, les Pietri sont des industriels connus à Bologne et la domestique, entre deux sanglots, a parlé de cinq morts par balles. Si c'est vrai, si l'émotion ne lui a pas fait perdre la tête, c'est un carnage, un vrai massacre !

La femme de ménage, justement, est là, sur le parvis, à les attendre en tremblant. Le commissaire Fabri court à sa rencontre, suivi d'un médecin des urgences, d'un médecin légiste, de pompiers et de plusieurs policiers. Il interroge brièvement la jeune femme.

– Où est-ce ?

– Dans le salon. Mais je ne pourrai pas...

– Je ne vous demande pas d'y retourner. Attendez-moi. Je reviendrai vous interroger.

Romeo Fabri et sa troupe filent vers le salon. Comme il s'en approche, le commissaire est accueilli par le plus inattendu des bruits : un concert d'éclats de rire ! C'est en arrivant dans la pièce qu'il comprend : il s'agit de la télévision qui est restée allumée et qui diffuse un programme comique. Bien que, dehors, il fasse plein jour, les volets sont fermés. Les lieux sont éclairés par un lustre et un lampadaire. Et c'est à la lumière artificielle qu'il peut découvrir le plus terrifiant des spectacles.

Face au téléviseur, sept fauteuils apparaissent de dos, disposés en demi cercle. Ils sont toujours occupés : sur celui-là, une main inerte dépasse de l'accoudoir ; là, c'est un bras ; là, une épaule... Le commissaire s'avance et ce qu'il voit le laisse sans voix : toute une famille assassinée par balles.

Ils sont bien cinq, la femme de ménage n'avait pas menti : un couple dans la force de l'âge, de toute évidence monsieur Pietri et son épouse, un couple âgé, les parents du mari ou de la femme et un adolescent aux alentours de 13 ans, le fils Pietri sans doute. Ils sont couverts de sang. Les deux derniers fauteuils sont vides.

Romeo Fabri a du mal à conserver son calme : depuis vingt ans qu'il est dans la police, il n'a rien vu d'aussi affreux... Le médecin urgentiste, qui a procédé à un rapide examen, vient vers lui.

– Il n'y a rien à faire. Ils sont tous morts: un balle dans la nuque.

– On leur a tiré par derrière?

C'est le médecin légiste, qui vient, lui aussi, de procéder à des constatations sommaires, qui répond à la question:

– Oui et ils ont été tués ici même. On voit le trou de la balle dans le dossier du fauteuil. Ils ont été assassinés en regardant la télévision, vraisemblablement hier soir.

– Ils ont tous été tués d'une seule balle?

– Il semble bien...

Le commissaire Fabri contemple ce spectacle aussi tragique que surréaliste. Deux des morts sont tournés vers le récepteur, les yeux grands ouverts, l'air attentif, les autres, la tête penchée sur le côté et les paupières closes, semblent s'être endormis. Ils ont été tués comme ça, par surprise; aucun n'a senti l'événement venir.

C'est comme si cinq tueurs avaient surgi ensemble dans la pièce, avaient pris place derrière eux et avaient fait feu ensemble. En d'autres temps, cette hypothèse n'aurait pas été absurde, elle aurait même été prise en considération. Les Pietri sont riches et, durant ce qu'on a appelé en Italie « les années de plomb » une telle attaque terroriste était possible. Mais, en 1995, les Brigades rouges ont disparu depuis longtemps, il faut penser à autre chose.

Alors, un tireur ou peut-être deux, avec une arme forcément munie d'un silencieux, se déplaçant très rapidement derrière les uns et les autres ? C'est un scénario de ce genre qui a dû se produire. Mais pourquoi ? Pourquoi un carnage aussi épouvantable ? Pourquoi tuer un couple âgé et un enfant de 13 ans ?

Le commissaire s'approche alors des deux fauteuils vides. Ils ont été disposés dans l'alignement des autres, faisant face, eux aussi, au téléviseur. Y avait-il deux autres spectateurs, ce soir-là, qui auraient été les tueurs ? Il s'approche des sièges. Rien ne révèle une autre présence…

Tandis qu'il est là, plongé dans ses réflexions, ses hommes ne sont pas restés inactifs. L'un d'eux s'approche de lui :

– Il ne semble pas qu'il s'agisse d'un crime crapuleux, commissaire. Le portefeuille du mari contient une grosse somme d'argent et les deux dames ont des bijoux de grande valeur.

Un autre agent vient vers lui, tenant un sac à main à l'aide d'un mouchoir :

– Il était sur la table du salon et, là aussi, il y a beaucoup d'argent.

Il est temps, pour le commissaire, d'aller retrouver la femme de ménage, à qui il a décidé d'épargner une nouvelle fois le spectacle. Elle l'attend dans le vestibule, tremblant encore de tous ses membres. Il lui parle avec douceur.

– Je comprends ce que vous ressentez, madame. Mais votre témoignage est capital. Vous êtes la première personne à avoir vu le drame.

– Je vais faire un effort…

– Vous êtes au service des Pietri depuis longtemps ?

– Bientôt dix ans.

– Ce sont eux qui ont été tués ?

– Oui. Monsieur et Madame, les parents de Monsieur et le petit Battista. Je devais lui faire son petit-déjeuner... avant qu'il aille à l'école...

La femme de ménage s'effondre en larmes. Le commissaire attend qu'elle ait repris le contrôle d'elle-même pour poursuivre :

– Lorsque vous êtes entrée, la porte était fermée à clé ?

– Elle était fermée, mais pas à clé.

– Comme si on l'avait claquée en sortant ?

– C'est ça. C'était la première fois. D'habitude, je dois faire deux tours pour entrer...

Le commissaire en vient à un point qui est peut-être capital.

– Il semble qu'il y ait eu deux personnes de plus au moment du drame. Est-ce que la famille Pietri était au complet ?

– Oui et non. Il manquait mademoiselle Dorotta, la fille de Monsieur et Madame. Mais elle ne venait plus.

– Pourquoi ?

– Elle s'était disputée avec eux, le jour de ses 18 ans, à cause de son fiancé. Il s'appelle Emilio. Je ne sais pas son nom de famille...

Dorotta et Emilio : cela fait deux personnes, comme les deux fauteuils vides. C'est évidemment la piste à explorer en priorité. Mais cela semble trop simple. Trop affreux aussi : la jeune Dorotta aurait fait assassiner ses parents, ses grands parents et son frère et peut-être y aurait participé elle-même ! On a du mal à le croire.

– Vous ne savez pas si elle était invitée hier soir, avec son fiancé ?

– Non. Monsieur et Madame ne me disaient pas ce qu'ils faisaient le soir.

– Et vous savez où habite Dorotta ?

– Elle a un appartement en ville. C'est tout ce que je sais.

Le commissaire décide de rechercher la jeune fille sans quitter la maison. C'est peut-être de cette manière qu'il trouvera le plus vite. Il y a un annuaire, près du téléphone, dans le vestibule, mais pas de Dorotta Pietri à Bologne, ce qui est somme toute normal : elle est installée depuis trop peu de temps.

Les recherches dans le bureau de monsieur Pietri se révèlent plus fructueuses. En fouillant dans les papiers de l'industriel, il découvre une facture de loyer de l'appartement qu'il lui payait en ville. Il remarque, au passage, que, s'il y a une photo de Battista sur le bureau, il n'y en a aucune de Dorotta, preuve que la brouille entre le couple et sa fille aînée était profonde.

Avant de partir à sa rencontre, il aimerait avoir une photo d'elle. Mais il n'y en a pas non plus dans le sac à main de sa mère, pas plus dans le portefeuille de son père, ou dans la chambre à coucher du couple. Le commissaire a alors l'idée d'aller voir dans la chambre de Battista et, là, sa persévérance est récompensée. L'adolescent avait épinglé au mur deux photos de sa sœur, faisant du cheval et du tennis. C'est une jeune fille distinguée, blonde, mince, mais à la mine fermée. Elle fait plus que son âge et il y a quelque chose de dur en elle.

Le commissaire met les photos dans sa poche et monte dans sa voiture où il fait route vers Bologne, avec trois hommes, sirènes hurlantes, comme à l'aller… Il est près de 11 h lorsqu'ils arrivent au domicile de Dorotta Pietri. Il se précipite chez la concierge, avec ses hommes. Celle-ci recule devant cette invasion policière dans sa loge.

– Il est arrivé un malheur ?

Sans répondre, le commissaire pose une autre question :

– Dorotta Pietri est chez elle ?

– Non, pas aujourd'hui. À cette heure-là, elle est chez son coiffeur...

L'établissement est un des plus chics et des plus chers de la ville. Le commissaire s'y précipite. Tout en effectuant le trajet, il se fait la réflexion que, théoriquement, la jeune fille fait des études, qu'elle devrait se trouver en classe et qu'elle ne manifeste guère d'assiduité.

Il la découvre sortant du shampoing, avec la tête enroulée dans une serviette. Il prend une mine de circonstance :

– J'ai une très mauvaise nouvelle à vous apprendre, mademoiselle Pietri...

Malgré ce préambule, la jeune fille ne semble nullement inquiète. Elle lève un sourcil interrogateur :

– Qui êtes-vous ?

– Commissaire Fabri.

Au nom de « commissaire », elle n'a pas de réaction particulière, pas plus que devant les hommes en uniforme qui l'accompagnent. Elle demande d'une voix froide :

– Quelle mauvaise nouvelle ?

Romeo Fabri sait qu'il devrait faire preuve de ménagement dans des circonstances aussi dramatiques, mais l'attitude de son interlocutrice est telle, qu'il annonce, sans y mettre la moindre forme :

– Vos parents et vos grands-parents sont morts, votre frère aussi.

Dorotta Pietri devrait normalement crier, défaillir, s'effondrer. Mais peut-être le commissaire ne lui a-t-il rien appris qu'elle ne sache déjà. Elle a légèrement pâli, c'est tout. Elle a l'air de chercher quoi répondre et elle finit par dire :

– C'est terrible, ce que vous m'annoncez-là ! Je n'arrive pas à vous croire...

– Vous ne voulez pas savoir comment ils sont morts ?

– Si, bien sûr...

– Ils ont été assassinés d'une balle dans la tête, chez eux, devant le poste de télévision.

Cette fois, elle n'ouvre même pas la bouche. Elle regarde son interlocuteur d'un œil inexpressif, sans la moindre larme. Dans ces conditions, le commissaire Fabri y va carrément :

– Suivez-moi, mademoiselle. J'ai des questions à vous poser.

– Comme ça, tout de suite ? Ça ne peut pas attendre ?

– Si vous ne me suivez pas de votre plein gré, je serai obligé d'employer la force.

Dorotta Pietri est bien contrainte de s'exécuter. Au commissariat, la même conversation déconcertante se poursuit.

– Étiez-vous chez vos parents hier soir ?

– Non. Nous sommes fâchés. Nous ne nous voyons plus.

– Pour quelle raison ?

La jeune fille confirme ce qu'a dit la femme de ménage : ses parents n'aimaient pas son fiancé Emilio. Ils ont eu une dispute à ce sujet le jour de ses 18 ans et, depuis, ils sont brouillés. Le commissaire lui demande les coordonnées d'Emilio. Il l'envoie chercher et continue son interrogatoire…

Tandis qu'il pose ses questions, il ne peut s'empêcher d'éprouver une sorte de fascination. Il a peut-être devant lui la pire criminelle qu'il ait rencontrée durant toute sa carrière ! Sans doute n'a-t-elle pas tué elle-même sa famille et a-t-elle fait faire la besogne par cet Emilio, mais cela revient au même.

Peu après, le jeune homme fait son entrée dans le bureau. Il a 19 ans. Lui aussi est théoriquement étudiant, mais lui non plus n'était pas à ses cours. Les policiers l'ont trouvé au tennis. Curieusement, il ressemble physiquement à Dorotta : il est blond, mince et il fait plus que son âge. Mais il lui ressemble plus encore moralement : il est hautain, dédaigneux.

Il ne manifeste pas davantage de surprise à l'annonce du carnage et il nie catégoriquement avoir été chez les Pietri la veille.

– Pourquoi est-ce que j'aurais été chez eux ? Ils étaient brouillés avec Dorotta à cause de moi. Ils ne m'aimaient pas.

– Et vous non plus, vous ne les aimiez pas.

– Mettez-vous à ma place…

– Vous ne les aimiez pas au point de les tuer !

Devant cette accusation terrible, le jeune homme ne crie pas son indignation. Il se contente de se défendre avec un parfait sang-froid.

– Pourquoi est-ce que je les aurais tués ? Pour l'argent ? Ma famille est aussi riche qu'eux. Pour épouser Dorotta ? Elle est majeure. Nous n'avions pas besoin de leur consentement.

À ce moment, le téléphone sonne. C'est le médecin légiste. Il s'est occupé de l'affaire en priorité et il a obtenu un résultat capital.

– Les victimes ont été tuées par deux armes différentes, deux revolvers de gros calibre, vraisemblablement munis de silencieux.

– Vous en êtes certain ?

– À 100 %…

Le commissaire raccroche et contemple le couple qui lui fait face… Ainsi donc, Dorotta n'est pas seulement complice. Elle n'a pas seulement invité son fiancé chez elle, afin qu'il tue sa famille pour une raison qui reste à découvrir, mais elle a participé elle-même au meurtre. Elle a tué de sa main son père, sa mère, peut-être son frère de 13 ans, qui avait sa photo dans sa chambre !

– Je viens d'apprendre qu'il y avait deux tueurs. Ils sont devant moi !

En entendant cette phrase, Dorotta Pietri bondit. Comme si les choses étaient brutalement devenues trop graves, elle laisse tomber le masque :

– Ah, non ! Je n'ai pas tiré !

– Vous reconnaissez que vous étiez là, hier soir ?

– Oui, j'y étais et Emilio aussi, mais je n'ai pas tué !

– C'était forcément vous, puisque vous étiez deux.

– Nous n'étions pas deux, nous étions trois. Livio était avec nous.

– Qui est Livio ?

– Mon amant.

Emilio a un violent sursaut. Il est bien plus ému que lorsqu'il était accusé d'avoir exécuté cinq personnes de sang-froid. Il se tourne vers sa fiancée.

– Qu'est-ce que tu dis ? Qu'est-ce que c'est que cette histoire, Dorotta ?

Ignorant sa réaction, celle-ci explique au commissaire :

– Emilio n'est pas au courant de mes relations avec Livio.

– Et il a accepté qu'il vous accompagne ?

– Ils sont amis tous les deux. C'est comme cela que j'ai connu Livio...

Dorotta poursuit son récit... Emilio et Livio appartiennent tous les deux à la meilleure bourgeoisie bolognaise mais jouaient à s'encanailler. Ils fréquentaient le milieu. Les vrais malfrats ne les prenaient certainement pas au sérieux, ils devaient même se méfier d'eux, mais comme ils avaient des billets plein les poches, ils les ont accueillis. Ils ont accepté, en particulier, de leur vendre deux armes de professionnels, des revolvers gros calibre à silencieux. Elle a eu l'idée de s'en servir pour tuer sa famille. Elle le leur a demandé et ils ont accepté...

Dorotta en arrive maintenant au dernier acte et on entre dans l'horreur :

– La veille au soir, on a été tous les trois chez moi. J'ai dit à mes parents que je voulais me réconcilier avec eux. Pour expliquer la présence de Livio, je l'ai fait passer pour le frère d'Emilio.

Emilio, poursuit Dorotta, a dit aux Pietri qu'il regrettait son manque de sérieux dans les études, ses mauvaises fréquentations et il a promis de changer de conduite. Monsieur et madame Pietri, sensibles à sa démarche, ont accepté de reprendre leurs relations comme avant. Après quoi, tout le monde est passé dans le salon pour regarder la télévision. Elle-même s'est installée sur le sixième fauteuil, à côté de son frère, et Emilio, sur le septième. Livio est resté sur le canapé, un peu plus loin… La voix de la jeune fille ne tremble pas :

– Je leur avais dit d'attendre un moment où la télé ferait du bruit. C'était un film de guerre. À un moment donné, ça s'est mis à tirer de tous les côtés. Ils se sont levés en même temps et on n'a rien entendu…

Ces aveux monstrueux ont été faits d'une manière calme, presque détachée. Le commissaire est incapable de garder son sang-froid. Il crie :

– Mais pourquoi, Bon Dieu ? Qu'est-ce qui vous a pris de tuer toute votre famille ?

– Ma mère m'a giflée en public.

– Qu'est-ce que vous dites ?

– Elle m'a giflée devant tout le monde, le jour de mes 18 ans, pendant ma réception d'anniversaire. Ça, je ne le lui ai pas pardonné, je ne lui pardonnerai jamais !

Et c'est la seule réponse que le commissaire, le juge d'instruction, les avocats, le président du tribunal et l'Italie tout entière obtiendront pour justifier ce crime abominable : parents, frère, grands-parents, elle les a tous tués pour une gifle !

MEURTRE EN SOLOGNE

À la fin du XIXe siècle, la Sologne est l'une des régions les plus reculées de France. La terre y est ingrate, elle donne peu et des produits de médiocre qualité. C'est pourquoi, elle est laissée bien souvent à l'abandon et ces vastes espaces sauvages sont devenus des terrains idéaux pour la chasse.

Les mentalités sont tout aussi incultes. En Sologne, on croit dur comme fer aux sorcières. Quand quelqu'un est malade, on ne va pas voir le médecin, ni même le vétérinaire, mais le « jeteux de sorts », pour qu'il vous donne un talisman contre le mal. À moins qu'on ne lui demande un sortilège contre un membre de sa famille, un voisin ou toute personne à laquelle on veut nuire.

Mais la croyance en la sorcellerie a une dernière conséquence. Pour se débarrasser de quelqu'un, il suffit parfois de l'accuser d'être un sorcier ou une sorcière. Car l'éliminer, dans ce cas, n'est plus un crime, c'est, pour le groupe social, une mesure de salubrité et, pour soi-même, un acte de défense, presque de légitime défense.

En 1883, ils sont six à vivre dans une ferme misérable du hameau de Luneau, à Selles-Saint-Denis, dans le Loir-et-Cher. Le mot « ferme » est d'ailleurs bien pompeux, celui de « masure » conviendrait davantage. Le bâtiment est composé d'une seule pièce, uniquement éclairée par une grande cheminée et par deux fenêtres si étroites qu'elles ressemblent à des meurtrières.

Le chef de famille Sylvain Thomas, 27 ans, est un garçon dur à la tâche et dur tout court. Sa femme, Georgette, née Lebon, 22 ans, lui ressemble en tous points. On ne peut pas dire qu'ils aient fait un mariage d'amour ! Pris de boisson après la fête au village, il l'a bousculée dans la paille, elle s'est retrouvée enceinte et il a été obligé de l'épouser. Ils ont eu d'abord une fille, Eugénie, puis deux garçons. Enfin, le foyer abrite la mère de Georgette, Marie Lebon. Elle n'est plus toute jeune et ne sert plus à grand-chose, à part faire la soupe.

La terre est particulièrement mauvaise chez les Thomas. Même en la travaillant, elle ne donne pratiquement rien et Marie Lebon, bouche inutile, est le souffre-douleur de sa fille et de son gendre. On la rend responsable de tout ce qui ne va pas. Elle a le mauvais œil, elle porte malheur... Un été pourri : c'est Marie ! Un arbre renversé par le vent : c'est Marie ! Un cochon qui ne veut pas grossir : c'est Marie !

Un jour, Georgette menace sa mère dans l'étable, avec un gros bâton. La vieille femme tombe entre les pattes d'une vache qui fait une ruade et manque de la tuer. Marie ne veut pas rester plus longtemps, elle va voir le curé de Selles-Saint-Denis, qui lui trouve une place de bonne chez un vigneron de Gièvres. Là, elle sera en sécurité…

Les trois années qui suivent sont plus calmes, mais en 1886, le curé revient trouver les Thomas : Marie Lebon est malade, elle ne peut plus faire son travail, ils doivent la reprendre. Georgette songe un moment à demander à ses frères aînés, Alexandre et Alexis, mais ni l'un ni l'autre n'ont la place nécessaire. Il n'y a d'autre solution que de la reprendre dans la ferme de Lumeau.

Le 1er juillet 1886, Marie Lebon revient donc à la ferme. Elle a beaucoup décliné. Elle est quasi-impotente et elle a des rhumatismes, qui lui arrachent des cris. En outre, elle ne semble plus avoir toute sa tête. Le docteur vient la voir sur le conseil du curé. Il la trouve très maigre et très faible. Il dit aux Thomas :

– Il faut la surveiller et, surtout, ne la laissez pas près du feu. Imaginez qu'elle ait un malaise et qu'elle tombe !

Georgette regarde le médecin avec un subit intérêt :

– Parce que vous croyez qu'elle pourrait mourir en tombant dans le feu ?

– C'est déjà arrivé…

Le praticien regrettera plus tard ces paroles, aux conséquences qu'il n'avait pas imaginées, mais sur le moment, il n'y pense pas. D'autant qu'il a autre chose à dire aux Thomas.

– Je suis pessimiste sur son état mental. Je pense à une démence sénile.

– Qu'est-ce que vous nous conseillez ?

– Vous devriez faire une demande à l'asile de Blois. La démarche est gratuite et, s'ils la prennent, elle sera à leur charge…

C'est effectivement la solution. Georgette et Sylvain Thomas se rendent à Blois, pour faire interner Marie. À l'asile, on leur dit que leur demande a toutes les chances d'aboutir, mais la réponse tarde et les Thomas, Georgette surtout, ne sont guère patients. Le 28 juillet, moins d'un mois après l'arrivée de sa mère, elle déclare à son mari :

– Ça ne peut plus durer, Sylvain ! Elle nous coûte trop cher à nourrir.

– Je sais. Mais qu'est-ce qu'on peut faire ?

– L'autre chose qu'a dit le docteur.

– La cheminée ?

– Oui, la cheminée.

Sylvain Thomas ne fait pas d'objection, mais il a une curieuse idée.

– D'accord, mais il faut d'abord en parler à tes frères.

Georgette y consent et, le lendemain, Alexandre et Alexis Lebon se retrouvent à la ferme. Devant la proposition de ce parricide particulièrement horrible, ils ne disent ni « oui » ni « non ». C'est Alexis qui résume leur point de vue, par un laconique :

– Faut voir...

Sur ces mots, comme c'est l'heure, tout le monde se met à table pour souper, à part Marie Lebon, qui s'est endormie sur sa paillasse... Personne ne prononce un mot. On n'entend que le raclement des couverts sur les assiettes et les bruits de mastication et de déglutition. Soudain, alors que le repas est presque terminé, Georgette se dresse à sa place. Elle hurle, elle est comme hystérique.

– La vieille est possédée du démon, c'est une sorcière ! Il faut la brûler !

Autour de la table, tout le monde la regarde avec une sorte de terreur. Sur sa paillasse, Marie Lebon n'a pas de réaction ; il faut dire qu'elle est pratiquement sourde. Les enfants se sont réfugiés dans un coin de la pièce et se serrent les uns contre les autres… Georgette poursuit :

– Cela fait des années qu'elle nous jette des sorts ! C'est à cause d'elle qu'on est dans la misère !

Son allure et sa voix sont si terrifiantes que les hommes restent pétrifiés.

– Alors, qu'est-ce que vous attendez ?

Les deux frères Lebon se lèvent en même temps et on assiste à une scène hallucinante ! Ils soulèvent leur mère de son grabat et la jettent dans la cheminée. Sylvain Thomas les rejoint, et, avec son pied, la maintient dans les braises. Ses vêtements s'enflamment lentement, trop lentement au goût de Georgette, qui prend des bottes de paille, les enflamme, et les jette sur elle.

Marie Lebon, qui criait au début, ne fait plus que se débattre faiblement, en geignant. Cela dure longtemps, jusqu'à ce que tous les quatre se saisissent de la vieille femme, la mettent au centre de la pièce, l'arrosent de pétrole et y mettent le feu.

Ils doivent aussitôt sortir de la pièce, car le corps qui brûle dégage une odeur répugnante, doublée d'une épaisse fumée qui menace de les asphyxier. Les adultes et les enfants se précipitent dans la cour. Alexis et Alexandre Lebon, eux, s'enfuient carrément, l'un abandonnant son chapeau, l'autre sa carriole et son cheval. Sylvain Thomas les course en criant :

– Revenez, canailles ! Allez-vous revenir ?

Peine perdue : ils disparaissent dans la nuit. Ils se rendent à Selles-Saint-Denis. Sans se concerter, ils ont eu la même idée : aller chez le curé pour se confesser. Arrivés dans le jardin du presbytère, ils tambourinent à sa porte.

– Ouvrez, monsieur le curé, ouvrez !

Une fenêtre finit par s'ouvrir à l'étage.

– Qu'est-ce que vous voulez ? Je suis couché.

– On veut se confesser, monsieur le curé. C'est urgent !

Le plus extraordinaire, c'est que Georgette arrive à son tour pour se confesser… L'homme d'église finit par descendre. Il découvre la fratrie Lebon dans le plus grand état d'agitation.

– Mais qu'est-ce qu'il se passe ?

– On a brûlé notre mère. C'était une sorcière. On veut votre absolution.

Totalement dépassé par les événements, le curé leur dit d'aller chez les gendarmes. Ils s'y rendent, pour les réveiller à leur tour. Georgette leur déclare :

– Notre mère est morte. C'est un accident.

Les gendarmes se rendent sur les lieux où les attend une scène épouvantable. La ferme est emplie d'une fumée noire si épaisse et si nauséabonde qu'ils doivent reculer. D'ailleurs, Sylvain Thomas, le seul qui était resté, a dû battre en retraite dans la grange, en compagnie des enfants.

Après avoir mis un mouchoir devant leur nez, les gendarmes parviennent à pénétrer à l'intérieur. C'est pour découvrir un spectacle d'horreur. Marie Lebon gît au milieu de la pièce. Elle est morte, c'est une évidence. Les chairs calcinées découvrent la moitié des côtes et une partie du crâne. Mais en d'autres endroits, les vêtements ont à peine brûlé... Indifférente à la scène, Georgette fait le récit qu'elle avait préparé.

– Elle a eu une faiblesse et elle est tombée dans le feu. Le docteur nous avait pourtant prévenus...

Pour toute réponse, elle est arrêtée sur-le-champ en compagnie des trois hommes. L'enquête qui suit n'est pas longue. Les faits ont été vus par un témoin en âge de tout dire : la petite Eugénie, 8 ans, qui raconte, encore terrorisée, ce qui s'est passé. Les époux Thomas et les frères Lebon sont inculpés d'assassinat et de parricide.

Leur procès s'ouvre le 22 novembre 1886, à Blois, devant un public considérable, car ce crime sauvage et arriéré a connu un grand retentissement dans toute la France. Les quotidiens nationaux ont dépêché sur place leurs chroniqueurs judiciaires... Le président Chenon fait entrer les accusés. Ils sont tous en habits paysans, blouse pour les hommes, bonnet blanc pour la femme. Ça ravit l'assistance : les acteurs du drame ont revêtu des costumes appropriés.

D'emblée, les époux Thomas adoptent une attitude qui les dessert. Georgette nie systématiquement tout. Quoi qu'on dise, elle lance depuis son box :

– J'ai jamais dit ça !... J'ai jamais fait ça !

Comme les faits sont établis sans discussion possible, elle apparaît comme une menteuse, ce qui ne peut que se retourner contre elle. De plus, elle est chargée par son frère Alexis, qui reconnaît les faits et la dénonce comme la principale responsable, ce qui la met hors d'elle. Elle s'écrie :

– Y fait tout ce qu'il peut pour me faire mal ! Y m'en a toujours voulu !

Mais le comportement de son mari est peut-être pire encore. Il a choisi de se faire passer pour un simple d'esprit. À toutes les questions, même lors de son interrogatoire d'identité, il répond :

– J'en ai point connaissance, M'sieur.

Comme il s'est comporté normalement pendant toute l'instruction, ce ne peut être que de la simulation et il apparaît, lui aussi, comme un menteur. De plus, le procédé finit par devenir ridicule, voire comique. Ainsi, lors de son interrogatoire, Alexandre Lebon affirme qu'il n'a agi que parce qu'il avait peur. Georgette était effrayante, comme possédée, et Sylvain le menaçait avec son couteau. Le président se tourne vers ce dernier :

– Thomas, vous souvenez-vous avoir menacé votre beau-frère avec un couteau ?

Ce qui déclenche l'inévitable :

– J'en ai point connaissance, M'sieur.

Et la salle croule sous les rires. Décontenancé par cette réaction, Sylvain Thomas décide alors de renoncer à ce procédé et répond normalement pendant le reste des débats. Mais le mal est fait.

La dernière déposition est celle de la petite Eugénie, qui comparait en raison du pouvoir discrétionnaire du président. Son arrivée suscite une grande émotion. Autant les accusés, avec leur aspect mal dégrossi, avaient pu prêter à sourire, autant à son arrivée, la gravité revient d'un coup. La fille du couple Thomas a un visage intelligent et sérieux, qui contraste avec le reste de la famille. Le président Chenon l'interroge avec douceur.

– Tes parents t'ont interdit de parler de ce que tu as vu ?

– Oui, Monsieur. Ils m'ont dit que, sans quoi, ils me battraient.

– Mais maintenant, tu n'as plus peur, n'est-ce pas ?

– Non, Monsieur.

– Alors, dis-moi : avant ce soir-là, comment étaient tes parents avec ta grand-mère ?

– Ils criaient contre elle. Chaque fois qu'il y avait quelque chose de mal, c'était de sa faute.

– Et ce soir-là, qu'est-ce qu'il s'est passé ?

– Oncle Alexis et oncle Alexandre sont venus à la maison. On a soupé. Et puis, Maman a crié. Elle a dit que grand-mère était une sorcière et qu'il fallait la jeter au feu.

– Elle a dit cela ?

– Oui, Monsieur.

Georgette s'est mise à pleurer à chaudes larmes. Elle comprend que, sans s'en rendre compte, sa fille est en train de l'envoyer à la guillotine.

– Et après ?

– Ils ont été chercher grand-mère dans son lit et ils l'ont jetée dans la cheminée...

Et, avec peine, mais sans faiblesse, la fillette décrit la scène de cauchemar qui s'est déroulée sous ses yeux. Il en résulte que Georgette et Sylvain Thomas ont joué le rôle de meneurs ; les autres ont participé à tout, mais ils n'ont fait que suivre... Quand Eugénie se retire, le public des assises de Blois a la gorge serrée. Chacun a conscience que les mots de l'enfant viennent d'annoncer la suite du procès.

Les choses se déroulent donc sans surprise. Le lendemain, dans son réquisitoire, le procureur Fachot ne fait pas de détail : il demande la mort pour tout le monde. Les avocats de la défense plaident l'attardement mental. Les jurés se retirent et reviennent peu après avec le verdict : le couple Thomas est condamné à mort, Alexis Lebon à la perpétuité, Alexandre à 20 ans.

Dans leur prison, Georgette et Sylvain Thomas gardent confiance. Ils sont sûrs de la grâce présidentielle. Jules Grévy a une grande réputation d'indulgence, ce qui lui a valu le surnom de « papa Gratias ». Georgette sait qu'on n'exécute pratiquement jamais les femmes. Et Sylvain, de son côté, se sent bien moins coupable qu'elle, tant parce que c'est elle qui a tenu le rôle principal que parce qu'il ne s'agit pas de sa mère à lui.

Malheureusement, le président Grévy ne justifie pas, pour une fois, son surnom bienveillant. Malgré les supplications de leurs avocats, il refuse leur grâce. L'exécution est prévue pour le 24 janvier 1887, à Romorantin...

Georgette et Sylvain Thomas y sont transférés la veille, sans qu'on leur en dise la raison. Pendant la nuit, le bourreau et ses adjoints montent la guillotine sur la place d'Armes, une vaste esplanade entourée d'immeubles. Au petit matin, malgré le froid, plusieurs milliers de badauds sont déjà là, tenus en respect par les soldats du 113e régiment d'infanterie.

Le couple Thomas est réveillé à 6 h. Pour l'homme et la femme, qui étaient sûrs d'échapper à la mort, c'est la stupéfaction. Il est hébété, elle pleure et gémit. On leur demande s'ils veulent boire un verre de rhum ou manger quelque chose. Elle ne répond rien, mais lui réplique, avec un bon sens paysan :

– Ce n'est pas la peine, ce serait du bien perdu !...

Le parricide est alors, dans le Code pénal, un crime spécifique qui entraîne des dispositions particulières, notamment en ce qui concerne l'exécution capitale. Les condamnés doivent aller au supplice en robe blanche, pieds nus, avec un voile noir sur la tête. On les habille de cette manière, y compris Sylvain, qui, bien qu'il ne s'agisse pas de sa propre mère, est assimilé au parricide commis par son épouse.

Après avoir entendu la messe, ils montent dans une charrette, pour faire le trajet assez long qui les sépare de la place d'Armes. Ils y arrivent à 7 h 20 et le véhicule s'arrête à trente mètres seulement de la guillotine. C'est aussi une disposition explicitement prévue par le Code : le parricide doit accomplir lui-même cette distance, en signe d'expiation.

Sylvain Thomas se met en marche stoïquement, mais pas Georgette. À travers son voile noir, elle a vu l'horrible engin de mort et elle est saisie de terreur. Elle refuse d'avancer, elle hurle. Il faut qu'un aide du bourreau la porte à bout de bras. Arrivée devant la machine, elle se débat de toutes ses forces. Elle est enfournée dans la lunette, mais elle parvient à bouger au dernier moment et le couperet lui tranche non le cou, mais la tête.

La barbarie légale a succédé à la barbarie du crime. L'affaire des meurtriers de Sologne a été horrible jusqu'à la fin.